刘 海◎著

重修笔记

在投资中的人生必修课

RECAP:

Critical Things about Investment

中国工人出版社

图书在版编目（CIP）数据

重修笔记：在投资中的人生必修课 / 刘海著. —北京：中国工人出版社，2023.6
ISBN 978-7-5008-8184-1

Ⅰ.①重… Ⅱ.①刘… Ⅲ.①投资—通俗读物 Ⅳ.①F830.59-49

中国国家版本馆CIP数据核字（2023）第086159号

重修笔记——在投资中的人生必修课

出 版 人	董　宽
责任编辑	左　鹏
责任印制	栾征宇
出版发行	中国工人出版社
地　　址	北京市东城区鼓楼外大街45号　邮编：100120
网　　址	http://www.wp-china.com
电　　话	（010）62005043（总编室） （010）62005039（印制管理中心） （010）62382916（工会与劳动关系分社）
发行热线	（010）82029051　62383056
经　　销	各地书店
印　　刷	天津中印联印务有限公司
开　　本	710毫米×1000毫米　1/16
印　　张	18.5
字　　数	200千字
版　　次	2023年7月第1版　2023年7月第1次印刷
定　　价	58.00元

推荐序

这是一本关于投资、生活哲学及其关联类认知的书，是作者近几年以投资为主线的随想录。作者将日常所见所闻引发的深入思考记录下来，并将之汇集成书，没有长篇大论和前后贯通的八股程式，展现了体系化思维的全新写作方式。可以让你从感兴趣的任何一个片段轻松开始阅读并结束，增加阅读的乐趣。

书中的主要论述初看都是常识，似乎没有太多新奇之处，但作者将这些常识分别与相关的生物学、物理学、心理学、社会学、经济学、管理学、哲学等众多领域的知识联系起来，旁征博引，形成了有机的整体，充满了辩证的思维，给人以立体的视角，引发读者深入的思考。

书中对哲学与科学、学习的金字塔、事物成长和发展的规律、黑天鹅的本质、价值的定义、获取成就的公式等方面都有深刻的认识和独到的见解，并对投资的本质和方法、技巧等有深入的研究和判断，是一本很好的心得之作。正如作者在书中所说：“哲学层面的认知，艺术人文方面的认知，社会科学方面的认知，股票投资方面的认知，似乎只有自己的经验才是自己的。同一句哲言，不同人的领悟又有不同，多了解一个践行者的感悟，也许能帮自己理解得更深。”

作者用自己的实践和思考，从“普通人”的角度，用普通人容易理解的语言，为我们诠释了对世界和投资的认知。

中国投资协会原会长　张汉亚

目　录

第三篇 价值选择

第四篇 育竹于胸

前　言

《金枝》的作者人类学家詹姆斯·G. 弗雷泽说，当人类的思维之舟“从其停泊处被砍断缆绳而颠簸在怀疑和不确定的艰难之海”时，他们会感到痛苦和困惑，只有一种方式可以抹平这种痛苦、消除这种困惑，那就是，思维之舟必须重新进入一种“新的信仰体系和实践的体系”中。

雷军曾说：“因为我是一个程序员，在程序员的世界里，只有 0 和 1，只有对和不对，其实这类人很难和世界融合。后来我就说服自己，这个世界是模拟信号，没有 0 和 1，只有偏 0 和偏 1，我就告诉自己眼睛里要能揉沙子，要能够包容地看待这个世界。”作为工科毕业也曾做过程序员的我，眼里的世界也曾经和雷军说的一样，只有 0 和 1，只有对和不对。随着年龄的增长，随着职位的提升，面对的问题越来越复杂，越来越没有边界，当单一科学和单一理论指导实践的方法，在现实中处处碰壁，自己对世界的认知越来越与现实世界格格不入时，就会逐渐陷入弗雷泽说的思维之舟“从其停泊处被砍断缆绳而颠簸在怀疑和不确定的艰难之海”中，巨大的思想痛苦随之而来，以至于抑郁了几年。

为了摆脱长期的低落情绪和严重的失眠，我尝试了很多方法，其中跑步让我得到了一些缓解，但依然无法使我摆脱抑郁。病急乱投医中，我开始读《金刚经》《道德经》《庄子》和《易经》。初读《易经》和《金刚经》时不知所云，于是一遍一遍地读，直到有一天开始理解“无常”是什么意思，并把“无常”和《道德经》开篇第一句“道可道，非常道；名可名，非常名”联系在一起；把“无常”和“《易经》有三易：变易、不易、简易”联系在一起；把“三千大千世界”和“吾生也有涯，而知也无涯。以有涯随无涯，殆已”联系在一起；把“过去心不可得，现在心不可得，未来心不可得”和

“愚惑之类，坚执是非……天下莫不自以为是，以彼为非，彼亦以汝为非，自以为是”联系在一起；这使我对世界的认知发生了变化。认知的变化，使我快速建立了不同于过去单一唯物的（世界是有限的、可知的）认知体系。随着底层逻辑的明晰和更高维度认知体系的建立，过去困扰我的问题大多得到了解决，抑郁逐渐散去，焦虑渐渐远离。

这次认知的转变，让我学会了遇到困难时要探寻本源、探寻底层逻辑的思考习惯。我把这种习惯用在了股票投资上——首先要认知股票的本源和底层逻辑。在探寻股票底层逻辑的同时，我阅读了大量相关书籍，其中《巴菲特之道》中写道：“买下整个企业和以购买股票的形式买一部分企业，实际上没有根本性的不同。”这与我推导出的“股票赚钱的底层逻辑就是，公司是否能持续创造不低于股票价格所对应的合理或超过合理收益的现金利润”如出一辙，这不断坚定了我在投资中走向价值投资一派的信念。

当把对世界的认知和股票投资紧密地融合在一起时，股票市场就不再只是赚钱的场所，而是成为我实践和修习认知的最佳场所——全要素、变化快，能在一至三年这样较短的时间里全面验证许多认知。随着认知的不断提高和完善，我对股票投资越来越自信，这几年的股票投资实践成效也不断验证了这一点。

财富能帮人免去许多现实的烦恼，却无法消除人们内心的痛苦。在解决基本温饱问题之后，人们内心的痛苦，大部分源于错误的世界观、价值观和人生观。外界带来的痛苦，比如受伤、失去亲人、失去财产，都可以随时间或内心的强大而自愈，但错误的世界观、价值观和人生观带给人的痛苦，如影随形，甚至难以消除，有的体现为内心与现实世界的矛盾与冲突，有的体现为对自己深深的憎恶……

历经世事之后，方知浮华短暂，朴实永恒。在人世间起起伏伏，在股市中浮浮沉沉，始终如夜里行路，雾里看花，直到有一天，突然在心中闪现了一缕明亮的光，沿着这缕光，渐渐看穿了迷雾，看透了黑夜。回首望去，来时的路，东冲西撞，曲折徘徊，循环往复。站在这里，望着无尽的远方，一切从头开始，身后走过的路已是过去，身前没有走过的路和必须再次走的路，还要重修。仔细想想，对我来说，重修之路不过是重新学习常识。

我希望自己能真正领悟并写出一些质朴的东西，就好像“树不会长到天上去”这样的话语，它们朴实、自然，能引起绝大多数人的认同，因为它们是常识。有了这样的智慧，就不会提出“一滴水从万米高空落下会不会砸死人”的问题，不会闹出违背基本常识的笑话。

我虽已人到中年，但要真正领悟这些最基本的常识，却需要重修人生的基础课。人生阅历已够丰富，回首看来，可能股票投资对我来说是最好的重修手段、重修课程。因为股票投资足够简单，又足够复杂；股票市场涨跌轮回频繁，更有利于验证自己的认知；股票投资中对抗的是整个世界，更是对抗自己的内心。如何认知世界，如何调服内心，如何心手合一，才能将认知正向变现。

股票投资，无论输赢，无论是否听信了他人的意见，最终都是基于自身认知的决断。正因此，除非不想追求最终的胜利，非要掩耳盗铃，否则就必须不自欺，坦诚面对世界，坦诚面对自心。这是一场修行，是我所认知范围内最有效的一种修行方法——结果显现较快，轮回频次密集，如果能有自省心，能有追求本质的心，能有向善的心，投资能帮助一个人更快认识世界真相，认知自己，并走向彼岸；反之，也可能更快地落入无边的黑暗。

股票投资，是一个很好的修行手段。投资时必须持戒和自律以破除贪念，贪念最终都会让人跌入深渊；投资时不要把错误归罪于别人，所有的投资失误，都是自己造成的，唯一能做的就是反思和自省，而这恰是破除嗔念的舟楫；市场的复杂远远超越个体的认知，必须承认自己的渺小和不足，不能抱守任何确定的法则，必须开放心态，不断学习和吸收新的思想、方法，必须不断适应社会的发展和变化。每次获得了成功，就必须放下获得成功的方法，因为下一次必定会有不同，而放下恰是破除痴念的法门。

重修，修什么，这是关键。认真思量后，我认为最重要的是世界观、价值观、人生观，以及三观下与世界、与自己和与他人相处的模式，投资本身专业上的技能却在其次。股票市场是检验和修正三观的一个极好的实验室，在股票市场中能否长期最终胜出，基本由投资者的三观所决定。

股票投资的行为和结果，是投资者的世界观、价值观、人生观的体现，是全部认知的最终体现，是智慧和知本的变现。股票投资是自然科学和社会科学天地；一切皆有因果。

杨绛先生说："年轻的时候以为不读书不足以了解人生，直到后来才发现如果不了解人生，是读不懂书的。读书的意义大概就是用生活所感去读书，用读书所得去生活吧。"深以为然。这本书是写给自己和有足够人生阅历的朋友的。阅历不足，可能不会喜欢这本书，可能也读不懂。40 岁以下的人，应该更多的是"行"，而不是坐而论道，年轻人要边行动边思考，有了足够多的阅历和思考，才能读懂更多书，更多读懂书。如果你很年轻，30 岁甚至 20 岁就能读懂这本书，建议你不用读像我这种普通人的感悟和总结，应该去读圣贤、大师们的著作。

本书分为十篇，首先，分享了对世界基本规律的认知，并试图探究这些基本规律的背后的底层逻辑。在开篇之初，对人类解决问题的两种基本方法——哲学和科学做了溯源和分析，明确了它们的特点和适用范围；解读了为什么世界如此不确定和不可尽知，并提出了世界运动不确定下的概率特性和往复特性。其次，分享了对价值的认知，并提出了我所秉持的价值观，这些价值观决定了我在生活、工作和投资中的方向性选择。再次，在前文认知的基础上又分享了如何与世界相处，如何与自己相处。最后，记录了在股票投资中实践前面篇章认知的所思所想所为。作为一个摸象的盲人，我的感悟是片面的或错误的，不当之处，请不吝赐教。

好吧，下面就和大家谈谈我这个"盲人"当前所摸到的"象"。

第一篇

窥见世界

我的经历告诉我，那些深层次的、巨大的心灵痛苦，多源于对世界认知的较大偏差。一个人的世界观是其对世界的基础认知，这决定了一个人的思想和行为高度。很多人并没有形成有基石、有逻辑的体系世界观，他们的世界观是支离破碎的或者是碎片化的，于是他们的思想和行为就会随风摇摆，很难有独立思考的主见，于是在生活中随波逐流。

基石认知

世界观也叫宇宙观，是一个人对整个世界的根本看法。世界观是建立于丰富认识基础上的一个人对自然、人生、社会和精神方面的科学的系统认知，它包括自然观、社会观、人生观、价值观和历史观。每个人对世界观的认识又有所不同。

经过不断思考、求证，并把自己看到的现象和前人的认知及理论联系在一起，我逐渐形成了自己的世界观。我的世界观的起点或者说基石，建立在如下六个基础认知之上：①世界是无限的，人不可尽知；②唯一不变的是变化，变化是无限的；③一切都不确定，但有概率；④无平不陂，无往不复，均值回归；⑤天道熵增，人道熵减，人法天地；⑥一切皆有因果。

世界很简单，一阴一阳而已。《易经》说："一阴一阳谓之道。"《道德经》说："道生一，一生二，二生三，三生万物。"然而万物为不可数之数，万物又相互交织、相互作用，更是无穷无尽。世界如此复杂，根本无法度量，未来变化又具有不确定性，这就是无常，无常就是不能恒常不变。一切常识、规律、公理、定理，都是建立在人为假定的确定边界之上，而边界本身并不真实存在，这些常识、规律、公理、定理也注定是无常的。"道生一，一生二，二生三，三生万物"，一切均有缘由，无一不生二，无二不生三，无三不生万物，事事皆有因果。

《金刚经》常提到这样的话语："如恒河中所有沙数，如是沙等恒河，于意云何……恒河沙数三千大千世界。"像恒河里面沙子那样多的三千大千世界……这就是我们的世界，它是如此复杂。《金刚经》说："须菩提。南西北方。四维上下。虚空可思量不。不也。世尊。"《庄子》说："吾生也有涯，而知也无涯。"以我们有限的生命长度，想要完全认知无限的世界，这是不可能的，所以《庄子》紧接着说："以有涯随无涯，殆已！"

什么是熵增定律？熵在热力学中有广泛应用，泛指某些物质系统状态的一种量度，某些物质系统状态可能出现的程度，也被社会科学用于借喻人类社会某些状态的程度。其本质是一个系统"内在混乱程度"。孤立系统总是趋向于熵增，最终达到熵的最大状态，也就是系统的最混乱无序状态（极度平均的状态）。比如将一滴墨水滴到一个封闭的装满清水的容器中，最终会变成一罐均匀的淡墨水，而不会在罐子里形成一幅立体画。通俗一点讲：只要不主动努力整理房间，房间就会变得越来越乱，这个道理可以类比用在任何方面。

熵增定律成立的一个基础是分子或基本粒子总是在无规律地运动（随机性运动）。拿上面墨水滴的例子来讲，由于罐子里的分子在无规律地运动，所以墨水分子和清水分子最终会完全混乱地混合在一起。但这必然吗？其实，熵增的本质是随机性和概率，其结果是均态——最大概率的那种可能性。基于熵增定律的基础，如果更严谨地定义熵增定律，我想应该这么描述：随着时间的推移，一个孤立系统的熵不必然但大概率会增加。

在熵增定律之下，一切熵减的运动都受到它的制约。凡固定不变的，都将被打破；凡极致分布的，都将回归均值——倾向于混乱和平均。《道德经》说“祸莫大于无敌”“飘风不终朝，骤雨不终日”，归根结底讲的是均值回归和熵增。

世界之大，而己之渺小，但我们并不应因此而颓丧，我们还有智慧，我们可以运用智慧，去运用这个世界最根本的法则和利器——因果和概率，并以我们的智慧去战胜自身的偏见，以获得广阔而宁静的心态。

注：

熵增定律是一个让人绝望的定律，如果把整个宇宙想象成一个孤立的系统，那么宇宙的熵就会越来越多，直到宇宙不再进行能量的交换；如果没有能量的交换，宇宙就会停止运行，变成稀薄平均的死寂，这就是“热寂说”。天文观察到的现象也印证了“热寂说”：所有星云都在彼此互相远离，而且离得越远，离去的速度越快——整个宇宙在不断膨胀。

但我并不相信“热寂说”，因为“热寂说”给了宇宙一个不变的终极结果。我更相信“反者道之动”，世界会从热寂出发再向宇宙大爆炸前的方向运动。我愿意相信热寂是一个极态，它是宇宙大爆炸前的相对态，我推断宇宙在热寂后会继续向着宇宙大爆炸前的方向运动，走向“物质”和“能量”集中（宇宙大爆炸前的集中），当达到那种集中的极态后，再返回来走向热寂……我们不妨按太极的思想来假设一个宇宙模型：宇宙物质和能量由一正一反构成，有物质（我们已知的各种物质），也有暗物质；有能量，还有暗能量。这一正一反、一明一暗、一阴一阳是相互作用和相互转化的（我们目前能认知的只是物质和能量，对暗物质和暗能量只能间接验证）。我们目前认知的熵增定律，不过是当前状态下物质和能量的一种规律，如果用太极的思想，那么对应的暗物质和暗能量则正遵循着相反的熵减定律，这一正一反、一明一暗、一阴一阳在相互作用，当物质世界走向熵的最大时，对应的暗物质世界正好走向了熵的最小，两个相反的极态相互作用，都开始从各自的极态向相反的方向运动，我们的物质世界就开始由符合熵增定律转换为符合熵减定律，而暗物质世界则相反。

天地之道是熵增，人之道是熵减。至少在人类之始到人类之终会是如此。

天地之道是让世界变得更加混乱、更加平均。目前，我们所处的宇宙在不断地飞速膨胀，在这个过程中，宇宙中的物质和能量就会不断扩散到更大的空间中去，而不是集中在那些局部的地方，比如恒星。按“热寂说”的描述，届时宇宙将会趋于稳定，而不是像现在这样活跃，最后宇宙空间之内的物质将会异常平静，天体也不再运动，整个宇宙将会走向“死亡”。

人之道是熵减，熵减体现为“马太效应”，反映到股市里，最终的结果就是财富越来越多地向少数人手上集中。如果你想在股市里赚钱，你就要想办法把自己变成那些少数人，要跟他们一样思考和行动，而不是和大多数股民一样。

《道德经》云：“天之道，损有余而补不足。人之道则不然，损不足以奉有余。”天之道为阳，是发散，为熵增，损有余而补不足；人之道为阴，是收敛，为熵减，损不足以奉有余。只要有人在，天道人道就会并存，所谓一阴一阳谓之道，时而天道主位，时而人道主位。

二八定律是人道，平均主义是天道。当社会稳定时，二八定律主位，贫富分化发生，并越来越明显。然而阴阳对立，物极必反，当贫富差距太大、权力过于集中时，是阴极也，这时候就会出现对社会秩序的反对力量，阴阳相搏，最终呈现坤卦上六所说的“龙战于野，其血玄黄”，社会就会动乱。

反对的力量最终会变成武装暴动。《道德经》说“反者道之动，弱者道之用”，讲的就是这个道理，天道总是不断去削弱那些远远偏离于均值的，以使其往复，削弱的手法又是缓慢而渐进的。

在美国，如沃伦·巴菲特、比尔·盖茨等富豪，反对取消和降低遗产税。沃伦·巴菲特不仅反对降低遗产税，还屡屡炮轰美国给予富人阶级特权过多，这其实就是在防止二八定律最终导致贫富差距过大、权力过于集中，是试图在人道主位熵减时施以天道的熵增。

在中国，近年由政府出面，强力推行脱贫攻坚战，也是在人道主位熵减时施与天道的熵增，目前看效果是不错的，还要继续。

阴阳相济才是中庸之道。《道德经》云：“孰能有余而有以取奉于天者？唯有道者乎。”（谁能够在有余的情况下懂得效仿天道呢？唯独一种人，那就是有道的人。）

无尽变化的世界

这是一个无限的世界，这是一个人类不可尽知的世界；这是一个变化的世界，这是一个无限变化的世界。

《庄子·则阳》讲了一个故事：“有国于蜗之左角者，曰触氏；有国于蜗之右角者，曰蛮氏。时相与争地而战，伏尸数万，逐北，旬有五日而后反。”说的是蜗牛的角上有两个国家，左角上的叫触国，右角上的叫蛮国。这两个国家经常为争夺地盘而发生战争。每次战争后，总是尸横遍野，死亡好几万人；取胜的国家追赶败军，常常要十多天才能回来。这个故事看着是个寓言，可又何尝不是真实？蜗牛体内生存着无数细菌、病毒，它们的战争也从未停止过。

电影《黑衣人》里也有个很有意思的故事：拯救世界的关键在一个银河系，而这个银河系就在一只叫猎户座的猫咪脖子项圈上的一个吊坠里，随着镜头的拉近，这颗吊坠里竟然装着浩瀚的星际！

我们仰望高山，那山巨大无边、高不可攀，但如果在太空看地球，那山已渺不可见；从银河系看地球，地球不如一粒沙；以宇宙的视角看银河，银河又不如一粒沙。宇宙之外是什么，不得而知。我们再看山的内部，是无数的巨石，巨石里面又有无数分子，分子里面又有很多原子，原子里面还有质子、中子和电子，再往里面还有什么，不得而知。

它无论多大，都是无边世界的一粒尘埃；无论多小，都是无尽的世界。

始终谦卑如尘，不可妄自尊大；始终勤勉博怀，不可妄自菲薄。要知道，所有的自满、自傲、过度自信，都是对世界认知不足的表现。

清华大学副校长、生命科学学院院长、中国科学院院士施一公教授在《生命科学认知的极限》中讲道："科技发展到今天，我们看到的世界，仅仅是整个世界的 5%。"这种观点更多是从物质世界的角度来讲的，95% 的物质，比如暗物质等，我们是看不到的。我认为，施教授可能高估了人类的认知：一个简单的逻辑——给我们已知的世界增加一个维度，我们看到的世界就连亿万分之一都不到，即便只是把时间这个维度变成双向，就已经不可思量了。

单看眼前，我们就会变得"近视"，所以我们必须回顾一下过去。

英国物理学家威廉·汤姆孙，在 1900 年 4 月 27 日的英国皇家学会新年庆祝会的演讲中说："物理学的大厦已经基本建立，未来的物理学家只需要做些修修补补的工作就行了。"

的确，牛顿建立了他的经典力学圣殿，这在物理学史上，是一个里程碑。17 世纪初期至 19 世纪末期，物理学界又陆续出了和牛顿齐名的麦克斯韦尔以及爱迪生、法拉第等一大批被载入史册的物理大师。物理学发展到 19 世纪末期，可以说是发展到相当完美、相当成熟的程度。总之，以经典力学、经典电磁场理论和经典统计力学为三大支柱的经典物理学大厦已经修建成功，而且基础牢固，宏伟壮观。一切物理现象似乎都能够从相应的理论中得到满意的回答。所以，彼时 18 世纪末期的大部分科学家曾天真地以为物理学的大厦基本完成，其他只是缝缝补补的小事情。在这种形势下，物理学家感到陶醉，感到物理学已大功告成，因而断言以后难有作为了。当时这种思想在物理界不但普遍存在，而且由来已久。诺贝尔奖获得者普朗克的一位名师，柏林大学的 G. 基尔霍夫（1824—1887）说过这样的话："物理学已经无所作为，往后无非在已知规律的小数点后面加上几个数字而已。"

然而，后来量子物理学诞生了。

我们目前还无法解释量子纠缠：两个粒子可以无视空间和时间，即便相隔整个宇宙，当某一个粒子发生改变后，另一个粒子也会同步做出反应。如二维世界里相隔万里的两个点，在三维空间的一个扭曲就可以使它们重叠在一起，如果量子纠缠真的证明了多维空间，两个处于纠缠状态的粒子是在另一个维度的空间重叠，那施一公教授的“我们看到了5%的世界”的说法就是下一个威廉·汤姆孙“物理学大厦已经建成”的论断。

伊曼努尔·康德认为我们认识的只是世界的表象，而作为事物的本质即“物自体”，我们是认识不到的。如果觉得自己已经有较多认知了，那么就应该反思，是否自己自大了，或者自己是否已经僵化了，这时候就应该重新认识自己，重新认识世界，更新自己的知识地图，拓展自己的认知边界。把世界看得无限一些，这样一是可以更加谦卑，二是可以更加奋进。

不仅仅我们看到的世界还不到整个世界的5%，要知道，我们看到的一切还是假象，要么看到的仅是我们想看到的，要么是因局限性而仅看到了局部或片面。我们无法证实所看到的，我们面对的是永远不可能清楚的“真实”，我们不可能了解事物的全部细节！如果想要计量一颗尘埃的全部数据，如颜色、形状、构成粒子、温度、重量、体积、动量、加速度、熵、运动轨迹等，最后我们会发现，需要计算整个宇宙的全部参数！更何况还有更不可知、实时变化的人心。我们所有的理论，包括公理、定理在内，都是对已发生的事物的一种解释，这些解释建立在非常局限的认知基础上，美国纽约大学教授詹姆斯·卡斯在《有限与无限的游戏》一书中写道：“我们原以为在自然中所读到的，其实是我们强加给自然的解读。”

面对一切我们看到的、确认的，都不能证实，只能证伪。即便我们掌握大量数据，它们并不能证实什么，而一个反例就可以将其证伪。人类科学理论的重大发展，都是建立在对过往理论否定的基础上，日心说否定了地心说，量子力学否定了经典力学。真理之所以是真理，只是因为其现在还未被证伪。证伪并非一定是全盘否定，证伪多数是对过往认知的进一步补充和完善，如日心说否定地心说时并没有否定月亮围绕地球公转，量子力学否定经典力学的同时，又清晰界定了经典力学的适用范围。

世界在变化中总有很多暂时的不变，在证伪之前，我们可以“相信它”，并沿之而行，但心里要清楚，那只是未被证伪的假象，在“相信它”往前行进时，要时刻保持怀疑，一旦被证伪，必须立即抛弃过往的看法，放下执念，重新认识，重新出发。

在“相信它”往前行进时，要提醒自己我们的理论认知大厦的基础并不牢靠，不仅如此，就连我们的感知其实也同样并不真实——所有的客观都只是主观。即便实事摆在我们眼前，即便是所有人的看法都是一致的，也不过是一种众人一致的主观罢了。

我们所感知到的世界其实并不是真实的存在，那只不过是对真实世界的一种映像或翻译。我们所看到的色彩，所闻到、品到的味道，所听到的声音，其实都并不真实，那只是生物在演进中进化出来的一种对客观世界的映像，是一种基于有利于生存的对世界的翻译罢了。很多人并不认同这一观点，请往下看：

比如说颜色。我们观察红玫瑰，看到的是绿色的枝叶上盛开着红色的花。可是为什么花是红色的，而枝叶是绿色的?

其实，光波是某个波段范围的电磁波，人类通过眼睛接收电磁波，然后通过大脑把不同波长的电磁波“翻译”成不同的颜色。通常人类把空气中波长为620～780nm的电磁波翻译成红色，把空气中波长为570～595nm的电磁波翻译成黄色。对于色盲来说，他们可能会把这些不同波长的电磁波翻译成另外的颜色；对于其他动物来说，它们可能会在大脑中建立一套完全不同于人类的“翻译”系统，它们看到的世界可能跟我们完全不同。

人类对颜色的翻译系统有点像照相。如果拿照相系统来类比，人类的翻译系统就是用底片为正片来照相，正片上记录的景象跟人类眼睛看到的基本是一致的，波长为620～780nm的电磁波在正片的底片上就会显示为“红色”。但如果把底片换为负片来照相，同样波长的电磁波在底片上则会被记录为“绿色”，这就好像换了另一种动物在观察相同的景物。

如果在人类的感知系统前加上一些扭曲因素，比如我们去观察非常遥远的星系，由于宇宙在飞速膨胀，从遥远星系发射到地球的电磁波的波长被拉长了，我们观察到的遥远星系上原本黄色的东西，在人类眼里就可能显示为红色，失真了它“原本”的颜色。

再如味道。甜味与苦味都是客观的味道，与愉悦和厌恶无关。之所以甜味会给人愉悦的感受，苦味让人感到厌恶，其实那只不过是因为多数甜味的东西对人体有利，而多数苦味的东西对人体有害，于是把甜味与愉悦建立联系、把苦味与厌恶建立联系的物种生存了下来，并逐渐把这种映射或翻译系统写进基因遗传了下来。如果从小就长时间吃某些味道“不好”但对人体并无害处的食物，这种映射系统就会调整和改变。比如不同的地区有不同的特色食物，特别是发酵的食物，在这个地区人们口中的美味，拿到另一个地区就是令当地人作呕的东西了。

我们能够直接感知的颜色、声音、味道，都是根据是否有利于我们的生存，对世界的一种映像和翻译罢了，它们并不是真实的。换种情况，如果人类突然到了另一个星球，那个星球上所有甜味的东西都对人体有害，而苦味的东西都对人体有益，那么用不了多久，人类就会在吃苦味东西的时候产生愉悦，而吃甜味东西的时候则感到难受。因为只有这样，人类才能生存和遗传。

人类对世界的所有认知，都是通过进化出来的翻译系统对感知系统感知到的世界的一种描述，并且这套感知系统和翻译系统并不完善，甚至有很多缺陷。从这个意义上讲，一切都是虚妄。所有的客观都是主观，这需要我们从更多维度、更多层面、更多角度去观察、认识和理解事物，这可以帮助我们从绝对主观走向相对主观。

很庆幸处在这样一个高速发展和变化的时代，让我们更容易认识到自己认知大厦的基础是多么的不牢靠，那仅仅是建立在简陋的假设之上的。在这个快速变化的时代，更容易理解《金刚经》最后那句“一切有为法，如梦幻泡影，如露亦如电，应作如是观”。

对应到投资领域，并没有放之四海而皆准的真理，有沃伦·巴菲特的价值投资，还可以有乔治·索罗斯的反身性理论。在“相信它”的同时，还要有开放的心态，有放下的勇气，不断吸收不同的观点，学习不同的体系，时时努力对自我证伪，以求得进化。

多学科、多维度，能帮助我们降低片面的程度，纠正远离真实的偏离度，也更能提高证伪的可能性，可以在“相信它”时少踩雷、少掉坑。假以时日，放在时间的长河中，结果就能远远超越平均水平。所以说，投资是认知的一种变现。

更珍贵的是，认识到这些，将多一些智慧，少一些执念，消除很多烦恼。

关于人类认知大厦的基础，可以看一个寓言故事，这是英国哲学家伯特兰·罗素的一个关于归纳主义者火鸡的故事。在火鸡饲养场里，农夫每天上午 9 点来给火鸡喂食，火鸡中有一位科学家观察到这个现象，然而作为一个卓越的归纳主义者，它并不马上作出结论，而是一直等到已收集了有关上午 9 点给它们喂食这一经验事实的大量观察，以至观察了近乎一年都没有例外，而且，它是在多种情况下进行这些观察的：雨天和晴天，热天和冷天，星期三和星期四……它每天都在自己的记录表中加进新的观察陈述。最后，它的归纳主义良心得到满意，它进行归纳推理，得出了下面的结论——农夫总是在上午 9 点给我们喂食。这是它发现的自己世界中的伟大定律，并于感恩节的清晨向火鸡们公布了这个定律，但 9 点时食物没有降临，农夫进来把火鸡全杀了。

我们尽可以无情地嘲笑火鸡科学家，但与此同时，我们不妨再看一下当今人类无与伦比的智慧大厦的基础：

先回顾一下几个概念：“公理”“定律”“定理”。

公理是经过人类长期反复的实践检验是真实的，大家普遍公认的，不需要由其他判断加以证明且也不能由其他判断证明的命题和原理。

定律是被实践和事实证明，反映事物在一定条件下发展变化的客观规律的论断，是通过大量具体的客观事实经验累积归纳而成的结论。例如，牛顿运动定律、能量守恒定律、欧姆定律等。

定理是从真命题（公理或其他已被证明的定理）出发，经过受逻辑限制的演绎推导，证明为正确的结论，即另一个真命题。

我们的科学大厦就是建立在这些“公理”“定律”“定理”基础上的。不仅仅是科学，人类的认知、经验也是建立在这些“公理”“定理”“定律”之上的。其实我们跟火鸡科学家并没有本质区别。

虽然如此，但我们也不必惊慌和无所适从，那些并不完全可靠的认知、经验和科学，也并非毫无意义。那些“定理”“常识”虽然只是经验，但我们只能依赖于经验，而且依然可以更多依赖于经验。当我们知道它们不可靠，并把它们的不可靠作为使用它们的前提时，就能更可靠地使用它们了。

经验还告诉我们，那些经久不衰的，未来可能依旧经久不衰；而那些新出现的，大概率会快速衰亡。正如金字塔立在那里几千年了，未来它大概率还会立在那里，而如雨后春笋般耸立起来的高楼大厦，大概率会在金字塔倒下前倒下。比如西医建立在现代“科学”的基础上，并经长期检验有效，我们可以选择相信它，但也不要忘了中医已经有千年的历史，在现代西医强烈的冲击下依然顽强地存在，那么它也不会一下子就完全无效了。

要想博取一战成名、一夜暴富，可以选择追逐那些新生事物，但成功是建立在万骨枯之上，概率不会骗人；若要经久不衰、屹立不朽，更应该相信那些千年不疑的常识。

如火鸡科学家对它的理论坚信不疑，很多人对自己秉持的科学理论也坚信不疑，甚至演变成了信仰，但信仰往往却是知之不足。曾经以为的真相，在知晓更多后却发现它们都不是真相，而且随着知道得越多，就越觉得没有真相。也许，没有真相才是真相。虽然无法了解真相，但却能得到另一个关于信仰的认知：信仰，往往与知之不足有关。

我们知道，在人类历史上出现过很多信仰，但都随人类认知的发展，或被推翻或被证伪或被证实有缺陷。我曾经笃信的那些理念，也随自身认知的不断深入和提升，一一或被推翻或被证伪。这使我困惑，却也在不断擦掉心窗上的尘土，逐渐透过这扇窗去重新认知世界：一个不确定、有概率、不断变化、有因有果、没有开始也没有终结的世界，如画卷般逐渐在眼前展开。

说这些，并不是要否定信仰本身，而是要提醒自己，在坚守某些信念的时候，不应完全封闭——因为，我们有可能是错的。

所有认知都是我们主观的认知，所有主观的认知都是盲人摸象，所有盲人摸象所得都是不完全可靠的。然而，如帕特里克·亨利所说：“仅仅有一盏灯在引导我前进，它就是经验之灯。除了过去之外我不知道还有什么办法能够用来判断未来。”保罗·萨缪尔森也说：“你仅仅有历史这一个样本。”

我们除了从经验和历史中获取的主观认知外，一无所有。

但这并不妨碍我们继续前行，只要认清自己是个盲人，世界就会豁然开朗。相反，如果笃信自己的认知，就相当于一个盲人主动堵住了自己的双耳。

世界太复杂，简单直接的因果逻辑，基本都是在特定条件下才成立的。面对复杂的世界，那些用来解释过往简单直接的因果逻辑，它们要么是事后诸葛亮，要么是幸存者偏差，例外的很少。

面对复杂的系统，企图用一个简单的法则，在不受前提条件约束的情况下去应对整个复杂的系统，其结果可想而知。如果想要运用这些简单的法则，就必须知晓其成立的条件，并在相应的条件下运用。不幸的是，往往条件本身不是我们所能控制的。

面对股票市场这样复杂的无边界、全要素对象，任何固定的理论其实都是不完备的。即便是价值投资理论，也会因市场情绪的疯狂，甚至是较长期的疯狂而不准。在一个由长期疯狂情绪主导的市场里，人们所持有的价值股，也有可能因公司变质而毁灭价值，甚至不给持有者保本卖出的机会。

想要在这样不确定且快速变化的股票市场中存活，需要构建一个多维的认知和交易系统。只采用单一、简单的认知和交易系统，大约是不行的。

在复杂的系统中，那些看上去必然的事，其实不过是可能的事。比如，如果认为氧气是生命的必需，不能呼吸氧气就必须死亡，那只是因为不了解地球生命发展的历史——地球上的生命曾经很长一个阶段是不需要氧气的。

在城市污水处理工艺中，一般都有反硝化工艺段，在这个工艺段里是厌氧的环境，一些特殊的反硝化细菌能利用氧化硫或硝酸盐获得能量，并实现对污水的脱氮处理。其实，在海洋深处的火山口，还生活着其他一些生物，科学家在这里发现了一个有趣的食物链：火山口附近生活着氧化硫杆菌，这些细菌所需的能量是来自火山口的硫化氢，这些细菌是更高级的浮游生物的食物；虾、蟹、贝类、蛤等又以浮游生物为食；而章鱼则以虾来充饥。在这个神奇的食物链里不需要植物甚至不需要阳光，它们自己就能够在这里自给自足。

如果把这种反硝化细菌和火山口的生命奇迹看作特例，也是错误的。让我们去看看地球生命的起源，古生物学家根据地球最原始的自然环境，推测出地球上最早的生物是厌氧生物，因为那时的地球大气层中几乎没有氧气。厌氧生物的生存并不需要氧气，相反地，厌氧生物一般以甲酸盐、碳酸盐作为能量来源，这比较符合当时大气层中多是二氧化碳、甲烷等气体的特点。随着时间的推移，地球上第一种原核生物出现了，它就是蓝藻。蓝藻是一种结构极为简单的原核生物，但它却可以进行光合作用，利用太阳光将二氧化碳和水转化为氧气以及其他化合物。由于蓝藻自身的生命活动不太需要消耗氧气，因此随着越来越多蓝藻的出现，大气中的氧气含量开始不断增加。当大气中的氧气含量达到一定程度后，厌氧生物的生存遭到了威胁，因为氧气的出现会抑制它们的生命活动，大量的厌氧生物开始死亡。到最后，氧气达到一定浓度，厌氧生物遭受了毁灭性的打击，古生物学家推测当时地球上约有 99% 的厌氧生物已经灭绝了。

我们赖以生存的氧气，曾是当时地球上绝大多数生命体的毒气，并毒死了 99% 的生命。现在地球上以氧气为循环的占绝对统治地位的生物，不过是环境改变后能适应新环境的物种。是大自然选择了我们，而不是我们自主地选择。

如果当时的地球有其他能无限消耗氧气的物质，同时又有足够多的甲酸盐、碳酸盐、硫化物和硝酸盐，也许地球上的智慧生命是另外的物种，而不是现在的人类。

没有什么永远是对的。

世界，人生，没有开始，没有结束，没有彼岸，只有过程。

人生，世界，就是一个个五彩的泡泡，一缘起，一缘灭，不过是在这一起一灭中浮浮沉沉，沉沉浮浮……最终消散了自己。而后，五彩的泡泡继续一缘起，一缘灭……

色即是空，空即是色，还可以这么理解：物质就是能量，能量就是物质，持续不断地变化着、转化着。

佛说度彼岸，可哪里有什么彼岸，哪里又有所谓的此岸？不过是一趟旅途，没有起点，没有终点，如果有，任何时刻皆是起点，也可以是终点，全在一念。

《易经》乾卦，用九：群龙无首。一切事物在不断变化的阳气的催动下，不断变化，周而复始，没有开始，也没有尽头。

比如此刻，你想以此为起点，还是终点？每一个起点，都是终点。

试图用不变去看这个世界，本身就是个错误，因为世界是变的，我自己也是变的。我们又不能完全没有依托地去看这个世界，所以需要依据常识、规律去看世界，但又不能全信常识和规律，它们只是更普遍、概率更大些罢了。

没有什么永远是对的，也没有什么永远是错的，因为一切都在变，所谓对错，由前提条件决定，由判断对错人的立场决定。《晏子春秋》说："橘生淮南则为橘，生于淮北则为枳，叶徒相似，其实味不同。所以然者何？水土异也。"布莱士·帕斯卡在《思想录》中写道："在比利牛斯山这边是真理的东西，在比利牛斯山那边就成了谬误。"可谓时势异也。

日本一度因高质量的精益制造、经久耐用闻名，许多产品如汽车等，走向了国际市场，还占领了欧美市场。但精益制造也毁了日本的电子行业，由于电子行业快速更新迭代的特性，用户还远没等到用坏就换新的了，精益制造带来的高成本和无用的过剩质量，逐步使日本的电子行业竞争力不足。

面对未来新的变化、新的事物，不要被过去经验的惯性控制，而是要始终保持开放，大胆假设，小心求证。

现在看日本因精益制造带来的高成本和无用的过剩质量，导致日本电子行业的竞争力不足，是如此清晰，但事前看，一切都是变化的、不确定的，万事皆难；事后看，一切都是唯一确定的。

一件事情发生后，人们总能为此找到一个与事实相符合的合理解释，找到事件发生的某种合理的逻辑，我们甚至可以为之创立某种理论，仿佛如果再次置身事前，我们就会如先知般准确做出预测并采取必然获胜的行动。但是所有的合理解释，其实都是建立在从事后对事前的假说（假定边界条件）之上的，事后分析只是在忽略了很多并没有显现的因素条件下的分析罢了。

所谓“黑天鹅”，不过是那些平常没有显现的因素此时起作用了。这也是为什么事后诸葛亮比较容易，而身体力行实干出来非常困难。事后分析会让我们产生世界其实并不难预测的幻觉。

回顾过去，一切都是简单的，甚至是可以总结出规律的，但面对当下、面对未来的变化，一切变得无比艰难。从根本上讲，其实回顾过去和面对当下或未来并无不同，不同的是我们在回顾和分析过去时，略去了许许多多没发生作用或没认知到的要素，设置了假定的边界条件，在一定的边界条件下看事物，当然会觉得简单明了，自然有理论适用、可用；然而，当面对当下或未来时，一切因素都不可忽略，且不确定哪些因素会起作用，又会发生什么变化，于是应对起来就变得艰难。在无边界、全要素条件下认知和处理事物，与稳定要素或假定要素下认知和处理事物，是两个不同的世界。

过去永远不能代表未来，假定真有时光穿梭机让我们能回到过去，再次经历时成功的概率会大很多，但我们依然未必能获得成功。一方面再次回到原点，各种要素未必会按上次那么运转；另一方面由于当事人本身也是世界全要素中一个重要的要素，人的变化也会引起世界系统新的变化，以至于还是会面对一个全新的世界。这让我想起了一个笑话：

有一个中年妇女，突发心脏病，非常严重，躺在急救室里。后来她踏进死亡门槛来到上帝面前。“我就要死了吗?”她问道，上帝对她保证说她会活下来，又说她还能再活 30 年。果然，她活了下来，心脏中植入了血管内支架，疏通了堵塞的动脉，而且感觉从未这么好过。然后她心里想道：“如果我还能活 30 年，那我可要充分利用这有生之年了。”既然已住在医院里，她便决定来一次整容，于是她焕然一新，貌美迷人。现在，她看上去很棒，自我感觉也很棒，轻松愉快地一抬脚，便蹦蹦跳跳地出了医院。结果却被一辆快速驶来的救护车撞倒，立刻就死去了。她走到天国之门，又遇见了上帝。“怎么回事呀?”她问道，“你说过我还能活 30 年啊。”“非常抱歉，女士，”上帝回答说，“我没认出你。”

沃伦·巴菲特说：投资很简单，但并不容易。在我来看，投资太难了，这就如同我们开着一辆封闭的车子，行驶在未知的地方，车子的前挡风是毛玻璃，只能看见亮光，看不清前方的路，我们无法把头伸出车外瞭望，主要靠看后视镜前行。刚才走过的路，别人走过的路，给我们提供了经验和线索，却不能告诉我们脚下的路，我们只能靠当下的判断，摸索着前行。

在面对无尽且变化的世界时，如果用一套简单的方法去应对世界，就会把可能当成必然，脑袋里就会有着无数的“应该”和“一定”，而这正是产生痛苦的源泉。

在一次聚会中得知朋友被深度焦虑和长期失眠困扰，我也有过这样的痛苦经历。这个世界从来就没有什么感同身受，只有有了相同经历，才能有真正的共鸣。既然有这样的经历，我也就想把自己的经历所得分享出来，期望对有相同困扰的朋友有些用处。

为什么会焦虑，甚至焦虑到长期失眠？

我大致把焦虑的原因分为两种：一种是对变化和未来的不确定的恐惧，其本质是对过去的贪恋；另一种是对可能的坏结果的担心、恐惧或难以接受。

即便我们知道了原因，但对于陷入深深焦虑的人来说，要摆脱焦虑，却并不容易，有可能需要重新认识这个世界和自己，才能解脱。佛家常用的两个词，一个是“接受”，另一个是“安住”，其中的智慧，就是消除焦虑的良药。

大多数的焦虑源于不能接受。不能接受的主要原因，往往是用一个过于简化的模型套用到这个复杂的世界。其根本原因是对世界复杂程度认知的较大偏差和对自己认知能力的过分高估。往往表现为认为“事物应该如何如何”或者“如果怎样怎样，就一定会怎样怎样”。所有的“应该”“一定”，都是产生痛苦的源泉，认定“应该”或“一定”会发生的事却没有发生，会令你痛苦不堪。

这个世界也许极其简单，也许支撑万事万物的最终规律就只有一条，比如“一阴一阳谓之道”，但“道可道，非常道”，又岂是像我这样凡人的智慧能真正懂得的？

当我真正认知到世界的复杂，就开始接受“任何结果都是可能的”这一客观事实。无论我多努力，做了多少准备，但结果却只是“任何结果都是可能的”，我所做的一切，不过是提高预期结果的实现概率，这还是建立在许许多多假设前提不变的情况下，仅仅是可能的概率提高。

世界的复杂不仅仅是要素的无穷尽，那些永不停息又无法准确预测的变化，更加深了其复杂性。影响事物发展的要素如此之多，相互作用的参数如此之多，即便是在它们绝大部分不变化的情况下，我们依然难以预测未来。但我们习惯了事物的惯性，习惯了事物的“不变”，这是我们做出对未来预期、判断、动作的基础。我们太依赖于不变，以至于不愿意接受一切事物永远处于“变化”这一事实，我们拒绝变化、否认变化，试图用一切手段去挽留过去，企图保持不变。然而，除了带来痛苦外，一切试图保持不变的努力最终不过都是徒劳。我的曾祖父曾富甲一方，在四川和平解放后，立即把全部家产捐给政府，在老家做了个普普通通的农民，在跟大家一样吃不饱饭的岁月里，竟享年90有余，我想他老人家想必是悟透了变化，悟到了“放下”。

“三千大千世界”可能是佛陀用来形容世界的复杂和变化的，能精确计算三千大千世界的也许只有佛陀，但我想佛陀自己却不会这么认为，不然就不会留下《金刚经》教人“安住”。

什么是“安住”？这个词如此深奥，有所参悟的人也有不同的理解。

聚会时当众多朋友一起，围坐在轰趴馆里“捕鱼达人”电子游戏桌前，一边嘲笑着这个弱智游戏，一边全神贯注地投入打鱼中。这一刻除了打鱼、打中鱼的兴高采烈和浪费子弹的懊恼外，即便是深陷焦虑和失眠的朋友，也忘却了工作和生活的烦恼。我认为，这就是“安住”，全然沉浸在当下这一刻要做的事情里就是“安住”。佛学大师圣严法师说：“吃饭时吃饭，睡觉时睡觉，这就是修行！”是啊，吃饭时吃饭，真的不容易——满眼都是边吃饭边看手机的人。

接受自己的无知和世界的复杂，接受永恒不变的变化，不恋过去，不惧未来，拥抱变化，全然安住当下，为了期许的未来，尽自己最大的努力，做自己该做的，做自己能做的，坦然接受任何可能呈现的结果，也许就能“睡觉时睡觉”。

当我重新认识世界，改变我与世界相处的模式，形成了与世界相处的弱者体系，就逐渐走出了焦虑与失眠。当我将这一体系用在股票投资时，又越发能体悟这个世界，更加清晰地认识自己。我会在工作、生活、投资的实践中不断进化这一认知体系。

应对变化

世界如此复杂多变而不确定，使我们无法准确预测未来。所有的理论、规律都有其前置条件和适用范围，以至于理论、规律也并不确定。我们无法准确预测，但是我们又不能不预测，不预测将寸步难行。

约翰·肯尼斯·加尔布雷斯说："我们有两类预言家——无知的和不知道自己无知的。"除此之外当然还有一类，他们是知道自己无知却仍然预测的，由于他们知道自己的预测不准，所以获得了优势。就好像生物的变异，生物的基因明确知道自己无法预知未来环境的变化，所以下一代的变异不会向特定方向变异，而是向着各种方向变异，最后总能有可以适应未来世界的后代。如果生物总是朝特定方向变异，可能几代后就会灭绝。

但好在世界并没有像电子在原子中的位置变化那样完全自由随意和不确定，我们所处的世界相对稳定，理论、规律和常识在大多数情况下是适用的，它们的前置边界条件相对确定，这使我们有机会冒着预测不准确的风险而前行。

股市是人类世界变化的最好缩影，它几乎纳入了我们可认知世界的全部要素。常识在这里依然有效，虽然它们如现实世界一样不是时时有效，但长期看它们大概率是有效的。在股市里依据常识而做的预测，能够帮助我们迈步前行，凡与常识相违背的，就要小心。虽然依据常识而做的预测，它们依旧无法准确，但知道自己所做的预测是不准确的，也就获得了相对的优势。

为什么遗传变异是随机的，不具有定向性？其实，遗传变异的随机性本身，就是一个遗传的特性，因为这个遗传特性能更好地让遗传变异适应世界不确定性的变化——总有某个方向的变异刚好同频于不确定的世界变化，使物种得以延续。

当族群数量足够大时，遗传变异时不放弃任何可能，是一种成功的策略，因为总会有成功者来延续族群。对于一个个体而言，变异的成功率其实是很低的，不变异则有更大的成功概率。如果一个个体在各个方面同时变异，成功的可能性更小，这极大概率是个失败的策略。

这种不定向的遗传变异特性，不仅体现在遗传变异方面，而且在我们的思维方式上也会有所体现。在面临选择时，我们不愿意放弃任何机会，如同遗传变异时我们不放弃任何一种可能性一样。

这种为保留可能性或选择权的特性，其实在大多数时候是不必要的，但我们却深深受困于此，这就是所谓的选择困难症。有时候我们甚至为了保留这种选择权，宁可付出昂贵的代价。艾瑞里教授的《怪诞行为学》一书中，关于“让每个人疲于奔命的三扇门”的实验证实了这一特性。

实验在麻省理工学院这样拥有高智商群体的院校中开展，研究人员让每个参与实验的学生用鼠标点击屏幕上三扇门中的任何一扇，每点击一次都可以获得不同数目的奖励（1 美分到 10 美分之间）。如果被试者连续 12 次都没有点击某一扇门的话，这扇门就会消失，但从一扇门切换到另一扇门会浪费一次点击机会。

参与实验的学生事先并不知道点击哪一扇门获得的奖励最多（每一次点击同一扇门获得的奖励不相同，但每扇门各点几次就能知道哪扇门奖励相对更多），他们一共可以点击 100 次。实验结果发现，参与实验的学生倾向于在三扇门之间不断地切换，看起来忙得焦头烂额，他们会极力保证门不会消失——即使这扇门奖励少得可怜，参与实验的学生还是会牺牲有限的点击次数，以确保不失去这个选择。

事实上，这种做法获得的奖励要少得多，因为只点击其中的任一扇门都会获得更多的奖励，但是很少有人会这么做，而且对于麻省理工学院的学生来说，认识到这一点非常容易。我们本能地希望保有多种选择的可能性，并不惜为此付出更多的成本，即使明知收益更少也舍不得放弃。艾瑞里教授反思自己时发现，其实自己也同样陷于其中，并没有逃脱这种非理性，比如关于继续留在麻省理工学院和去斯坦福大学的选择。

这种思维或心理上的非理性，从千万年这样的时间跨度和以千百万人为基数以及世界的不确定性的角度来看，可能是最优解。但具体到一个个体，却并非如此，如同“三扇门”实验的结果。我们看到被时间验证取得巨大成功的人，往往更加专注和懂得放弃，但他们却是少数派。

这让我想起曾经看的一部自然科学纪录片，讲的是某种蛙，这种蛙所产的卵里会孵化出极少数的肉食蝌蚪，它们不但吃其他动物，也吃自己的兄弟姐妹——其他绝大部分蝌蚪则是素食的。当下雨形成池塘时，因为食物多，蝌蚪们迅速成长，给蛙的种群扩大带来机会。如果遇到雨水不充沛，池塘会很快干涸，蝌蚪们就会来不及长大而死去。但肉食蝌蚪则给蛙的繁殖带来了机会，因为它们吃肉，它们可以吃别的蝌蚪，所以生长快速，短时间就成长为蛙，不必因还是蝌蚪而受困于水的有无。研究发现，肉食蝌蚪的后代，却并不会倾向于肉食，它们继续保持着同样的肉食和素食的比例。

我想人类也会一样，那些因遗传而更加专注和懂得放弃，更容易成功的个体，永远会是少数，他们的后代也是如此。这也是一种均值回归。

所幸的是，人类具备了很高的智能，我们可以通过学习和训练，改变自己的思维方式，抑制自己的部分非理性，把自己变成既吃素又吃肉的“蝌蚪”，以增加成功的概率。至少有部分并非天生少数派的人，可以通过学习和训练获得改变。

做企业也是一样，那些找到自身优势，找到长期市场，并能专注于这个市场，持续打造核心竞争能力的企业，往往能获得成功并长期存在，而大面积搞多元化的企业则少有持续领先的，而且多元化往往是其衰败的开始。

企业做大到一定规模后，能抑制住多元化冲动的，并不多见。生物遗传的特性，同样控制着企业的兴衰。

走在崭新的当下，面对未知的将来，经常会犯下刻舟求剑的错误，又或者会夸夸其谈、以今论古。要知道，穿旧鞋走老路是到不了新地方的。世界总是不停在变，穿旧鞋走老路就如刻舟求剑，如果真的求得那剑，也应该是因为运气。过去的经验值得借鉴，但绝对不能照搬，否则一定会输得很惨。

传统媒体行业特别是报业曾是非常有发展前途的行业，沃伦·巴菲特在报业上赚了几十年的钱，但随着互联网的崛起，报业的商业逻辑改变了，报业不再是门“好生意”。面对新的互联网媒体，如果我们还沿用过去报业的生意逻辑和投资逻辑运作，可以肯定地说这就是穿旧鞋走老路，不太可能获得报业过往的收益。

在医保集中采购前，医药行业几乎全都赚得盆满钵满；集中采购后，该行业很快从高毛利模式变成了低毛利模式。集中采购后如果还用老眼光来看待医药行业，就会产生很大的偏离。

在过去总体供给不足的卖方市场环境下，消费行业是总量扩张的增长模式，企业的增长几乎跟行业的增长同步。随着社会的发展，国民收入的提高，形成了消费升级的新形势，行业产生了巨大的分化，部分企业不但随行业成长，还在行业集中度提升中获得巨大的成长动力，比如伊利、蒙牛、美的、格力，而另外很大一部分企业不仅与行业增长无缘，还被快速挤压市场份额，甚至倒闭消失。

回顾一下老庄，老子《道德经》曰："执今之道，以御今之有。"《庄子》曰："夫水行莫如用舟，而陆行莫如用车。以舟之可行于水也，而求推之于陆，则没世不行寻常。古今非水陆与？周鲁非舟车与？今蕲行周于鲁，是犹推舟于陆也，劳而无功，身必有殃。彼未知夫无方之传，应物而不穷者也。"

水上通行莫过于用船，陆上行走莫过于用车。因为船能在水上运行，而把它推到陆地上行走，那一辈子也走不了多远。古和今不就像水和陆地吗？周和鲁不就像船和车吗？现在试图将周代的制度推行到鲁国去，就像行船于陆地上，劳而无功，自身还要遭殃。他不懂得能够应变自然，可以四通八达。

刻舟求剑是因循守旧不知变通，以今论古则常常是站着说话不腰疼。

曾看到一篇《今日头条》推送的文章，论证隔夜水是否可以放心喝。为了论证妈妈告诉他的老话"隔夜水不能喝"，作者从水的分子构成、化学特性，自来水里面所含溶解物的成分、化学特性等方面，对水加热或不加热，白天或黑夜，放置10~20小时后的变化，充分论证了隔夜水是否发生变化以及变化对人体的影响，结论是隔夜水完全能喝，没有任何健康风险。

本来到此为止即完美收官，但作者又开始评论母亲及先辈不懂科学知识和迷信。从科学的角度看，年轻作者的所有论述都没有问题，逻辑严谨，结论正确。唯一的瑕疵是，他的论述是建立在当前物质文明高度发达时代的基础上的，如果回到几十年前、几百年前，让他每天喝一杯隔夜水，恐怕就不会这么自信了。

几十年前、几百年前，人类生活的卫生条件远不如现在。家里老鼠、臭虫、蜈蚣恐怕都是常见的，南方甚至还会有蛇。所谓隔夜水不能喝，是过去人类长期跟自然相处后总结出的常识——夜里人休息，但各种小动物却出来活动，那时候也没有方便密封的容器，杯里的水、壶里的水，很容易吸引动物，放置一夜后，水被污染的概率很大，喝下影响健康的概率也很高。

如果没有搞清楚常识背后的道理，就不要轻易否定常识，不管它是否有点过时，只有在清楚常识背后的道理后，才懂得它真正的含义。

未来是未知和不确定的，在预测未来时，过去的信息仅有参考价值，它们并不能告诉我们明天一定会怎样。那些能清楚解释过去已发生事情的理论，在面对未来时也并不那么确定有效。在参考过去的信息，运用那些理论时，千万不可以笃信，必须警惕足以导致结果完全不同的“不一样”。

面对未来，那情形很像多人在同一个巨大的棋盘上下围棋，除了盘面上的棋子外，要考虑的还有共同游戏的众人。

下围棋的时候，我们并不知道自己下一手会下在哪里，因为我们无法确定对手会下在哪里。

任何事物都有其自身发展的规律，所有的公司都会变质和破产。所以，无论买入了多么蒸蒸日上、看似确定的公司，都要小心地跟踪它的变化，一旦出现商业逻辑的问题、管理层品质或能力的问题、重大经营风险的问题等，都要坚决减仓、清仓。

围棋只是一个非常简化地面对变化的决策模型，它只是在平面上由 19 × 19 路形成的 361 个交叉点，且只有两位选手对弈，而现实世界、实际生活、股票投资等，仿佛是一个没有边界的立体围棋盘，有无数选手在这个立体的棋盘里同时下棋。即便我们面前的选手都已经落子无悔了，我们还是无法确定自己下的这一手是否最优，因为我们背后还有无数看不见的选手在落子。我们唯有拓宽视野，紧盯变化，不断做出新的可能的最优选择。

世界变化无常，无始无终，始即是终，终即是始。先贤圣哲亦有所言，《道德经》曰：“迎之不见其首，随之而不见其后。”《庄子》曰：“日夜相代乎前，而莫知其所萌。”郭象注曰：“日夜相代，代故以新也。”成玄英疏曰：

“日昼月夜，轮转循环，更相递代，互为前后。推求根绪，莫知其状者也。”

世界一刻不停地变化，让过往之真理成今日之谬言。凡僵化保守者，皆已如坠深渊。《道德经》曰：“人之生也柔弱，其死也坚强。草木之生也柔脆，其死也枯槁。故坚强者死之徒，柔弱者生之徒。”讲的也是不可僵化保守。

无论是投资股票还是管理企业，或者是管理国家，过往经验固然重要，却不可以僵化保守，务必要搞清楚那些经验和理论的前提与适用范围，否则“成功”就会成为“失败之母”。不是经验和理论有问题，时世易也，那些应对表象的经验和理论，只适用于彼时彼刻罢了。对于股市而言，虽然背后总有相同的大道使然，但每次的牛熊都有不同的理由和逻辑。要战胜牛熊，要么能洞察每次的不同，要么能无视每次的不同。能洞察不同的人是智者，会成为弄潮儿；能无视每次不同的人是慧者，能在更长周期里无为而成。

我们面对的是永远不可能清楚的“真实”，所以我们不可能了解事物的全部细节！未来的变化正是基于不可知的“真实”，以及不可预测的众多变量的变化，这是无常，故《金刚经》言“未来之心不可得”。

《庄子》云：“吾生也有涯，而知也无涯。以有涯随无涯，殆已！”未来的变化难以捕捉和预测，虽然赌对了变化，将成就奇迹，但追逐变化而成功，终究是小概率事件。在历史的长河中，这些小概率的成功者成为最耀眼的明星，并改变了历史，但其成功终究是建立在很大基数之上的，正如彩票中奖多为低收入人士，因为他们是买彩票的主力，而富豪鲜有靠买彩票成为富豪的。

《老子》曰：“为学日益，为道日损。损之又损，以至于无为。”变化难以把握，但常识可以帮助我们寻找那些“不变”，所谓“不变”，是经历史检验更为稳定的规律，未来也会大概率稳定不变。这使我们得以循草蛇灰线，增加把握未来的概率。

我们对未来有期望，所以会努力奋斗，会有未来。我们对未来有期望，所以会预测未来。但任何预测，不过是半知的结果。所有精确的成功预测，不过是运气罢了。

即便是科学发展到今天，要想准确预测明天的天气，依然并不容易；但预测冬天会结冰，夏天会很热，出错的概率则大大降低。获取明天准确时点的温度，或者是否会有一片云遮蔽自己，这个比较难，而选择春种秋收冬藏，大概率不会错。

赔率与概率的叠加，经过时间的洗练，终将胜过对变化的追逐。这一规律，对投资如此，对做企业亦如此。不断追逐风口的猪，最终难以胜过持续打造飞行能力的鹰。持续伟大的企业，大约都是在抱守常识、抱守不变中适应变化的物种。

这也是为何总体来说，追逐高科技公司，不如投资那些常年不变的必需消费品和金融公司，一个代表了未知的变化，一个代表了相对的不变。固然，追逐高科技公司的投资者中，必定会有取得耀眼的奇迹般收益的人。如1000万人抛硬币，各抛20次，也总有些人全部押中正面，更何况高科技还有其自身的规律可循。

尊重常识，但不能机械地迷恋常识，一切法则都有适用范围，一切都会变。对自己构建起来的法则和体系，要时刻保持学习，感知世界的变化，秉持开放的心态，吸收一切类同的、对立的观点，以使自己能不断进化，适应当下和未来。

不确定的概率

不论多么努力，我们都不可能了解这个世界的全部。过去取得的所有成功，有很大程度的运气成分，“科学”一点来说，就是概率。就算是从家门口走到小区门口这样简单的事情，也一样存在运气的成分：比如途中可能发生大地震，或者半路冲出一辆失控的汽车……正如保险经纪人常说的，谁都无法知道明天和意外哪个先到来。

如塞翁失马，即便出现了坏的开始，也不能确定最终会出现坏的结果，伏尔泰就曾说：“每一件坏事都可能有好的结果。”当然，一件好事出现也未必就一定有好的结果。

爱因斯坦说：“我们必须接受下面的观点：自然界中的事件都类似于机会（掷骰子）游戏。”年轻时我非常不认同这句话，但随着阅历的丰富，对事物更深入的研究，我越来越认同这句话了。这种机会（掷骰子）并不是同样概率的，大多数情况下其结果符合钟形曲线分布（类似于正态分布），我们认为必然发生或应该发生的，只不过是处于概率分布的钟形曲线中线附近罢了。

运气经常会让人有塞翁失马的感觉。

前几年国内的雾霾日益严重，北方大部分城市经常出现 PM2.5 爆表的情况，人们的健康受到了威胁，于是中国下大力气治理环境问题，削减高能耗、高污染产能，严格环保执法，近两年雾霾虽然还没有根治，但污染程度已经有很大减轻。

在被雾霾困扰的那些日子，我们一边抱怨雾霾，一边不得不戴上了 N95 口罩。一时间 N95 口罩脱销，很久之后才正常供给。长期的市场需求，刺激了口罩的产能，随着雾霾的减少，口罩的需求在减少，口罩厂家的效益应该受到了影响，但谁也没有想到，那些为雾霾准备的产能，在 2020 年抗击新冠疫情中起到了关键作用。

影响世界的因素无穷无尽，永远不知道哪个因素在下一刻会发挥主导作用。

一件事情发生了，就有它的必然性，但却并不意味着它就必然会发生，如果时光倒流再来一次，它可能未必就会发生；同样，一件事情没有发生，也并不意味着它一定不会发生。如果可以再来一次，它就有可能发生。

我们能做的就是了解事物发生的概率，并运用它们。常识就是人们长时间总结的普通知识，它们经历了那么多的兴衰循环，经历了那么长的时间，依然被广泛认同，因为它们在大多数情况下都是适用的。常识是对大概率事件的总结，所以如果事物的发展不符合常识，那么就要小心了。比如今年的新冠疫情，面对其飞沫传染的特性，依据常识就可以判断欧美国家宣扬的戴口罩无用论问题很大，老老实实戴上口罩等证实清楚了或者疫情结束，不要去冒没有必要的风险。

常识是大概率的，其实所有理论也只是大概率的，只不过概率更大而已。那些在我们已知范围内概率无穷大，不能被证明，但大家都公认的规律就是公理，比如两点决定一条直线。那些经长期反复实践总结出来的，在一定条件下一定会发生的规律就是定律，注意，它是有条件的，比如热力学第二定律（熵增定律）。定理是依据公理和定律，在一定假设条件下逻辑推导出来的对规律的描述。

拿著名的熵增定律来说，这个看似必然的熵增定律，其实也不必然。罐子里的分子总是无规律地运动，这是熵增定律成立的基础，由于它们无规律地运动，所以墨水分子和清水分子最终会完全混合在一起。但这必然吗？既然分子们是无规律地运动，就不会选择性地朝着混乱的或者不混乱的方向运动，它们只是无规律地运动而已，也就是说，它们是有可能向着有规律的方向运动的，比如形成一幅《思想者》的立体画，只不过这种无规律的运动，其最大概率是变得混乱，而形成一幅立体画的概率实在是太小罢了。

小概率事件不是不会发生，只是很少发生罢了，比如我们会发现有汉字的石头、天然的睡佛，还有像巨龙的云。所以，要提防那些可能带来损害的小概率事件。要应对那些我们根本不知道的会带来损害的小概率事件，一是尽量防止其发生或做好发生后的应对预案，二是主动通过增加安全边际或用分散化来对冲其可能的损害。

充分认识到世界如此复杂和不可准确预测，会带来两个衍生认知：一是放下执念，坦然面对一切结果；二是积极应对，以大概率的规律指导行动，比如遵循常识。

对于投资股票而言，一个常识是过高的估值最终都会回归，而过低的估值也同样会回归。常识不经常在短期内有效，但它在长期大概率有效。

由于运气的存在，从某种意义上讲，所有的成功都是幸存者偏差，只不过偏差的程度不同罢了。很多成功人士常常会说自己的成功是因为运气，这并不仅仅是谦逊，他们可能更多的是认识到了这一点。成功之所以发生，是因为大量可以导致失败的低概率因素和偶然性没有发生。

从根本上认识到概率在事件发生中的作用，会改变一个人的思考方式和行为方式。在追求高概率的同时，不会忘了风险的防范。这对于投资者来说非常重要。

当经过深入的研究，投资一只高概率会增长的股票后，如果出现了新的高概率导致其增长不成立的因素时，应当选择规避风险。比如发现大白马康美药业大概率存在财务造假，而这个财务造假的因素会导致对其“护城河”、高增长分析逻辑的证伪，就应该卖出以规避风险。

关于成功，曾看到创业者周鸿祎的一段演讲视频，他在演讲中有段话：“我们读过太多的创业历史，但是我提醒大家，这些创业历史都有一个问题——人成功了之后，倒因为果。成功了之后，站在这里今天讲什么，我当年都是高瞻远瞩、运筹帷幄，然后就做成功了。所以很多成功学就是这么出来的，在机场的书店，这样的书籍、录像也非常多。”创业成功可以借鉴，但不可复制。投资于创业企业，应该记住周鸿祎的这句话：“创业成功无章可循，成功都是偶然，失败才是必然。”

人们有个习惯性的误区，是把获得最好结果所采用的方法当作“正确的方法”。特别是在一个热潮或者时代的波浪中，更容易把那些获取了巨大成功的案例，当作榜样，并寄希望于采用相同的方法，在未来获取同样的成功。

每一个时代的热潮，都会催生出一批成功者，其中不乏树碑立传者；也会催生出一批与之相应的理论，来解释他们的成功，仿佛成功真的可以复制。但大多数成功者随时代热潮的褪去或切换，则很难再次获取新的更大的成功了。

不同凡响的成功更多是受运气的影响。在热潮中的成功者，大多是因为其认知或思维的不足，简化了认知模型和行动方案，而某种类型的简化恰好在这次热潮中最为适用，形成了偏狭的共振，放大了结果，于是显得耀眼夺目。然而未来不会一成不变地继续，当条件改变，这种偏狭将不再适用，于是跌落神坛。

这一现象在股市中体现得淋漓尽致，且轮回很快。股市每一次的大幅上涨，都会有某一个或几个板块非常突出，或者某种风格特别有效，于是就会看到各种耀眼的明星。对应地，每年都有某几个基金经理会取得远超平均水平的收益，他们被称为明星经理，但这样的明星经理却少有长期收益超过平均值的。

那些认知更加全面、经验更加丰富的投资者或基金经理，往往在市场表现激烈的时候业绩平平，但他们却更能取得长期的优异回报。

在面对失败时，一些人认为自己已经做了全面的考虑，于是把自己遭遇的失败归于“黑天鹅”事件，可为什么“黑天鹅”总是会发生，而人们根本无法预测？其根本原因是我们对于支撑这个世界的必要因素知之甚少，貌似支撑这个世界的绝大部分必要因素很少发生变化，它们看起来是静止不动的，但它们真的会动，只不过很少很少运动罢了，这些很少运动的因素可以称为小概率因素。这些未知的无数的小概率因素，其联合概率并不低，也就是说总有某个小概率因素会突然运动起来，这就是“黑天鹅”会发生的基础逻辑。而造成“黑天鹅”的因素如此之多，且不被我们了解，我们无法预测也就自然而然了。

所以，谨记，要留有足够的安全边界，并通过一定的分散，来防止小概率但可能的灭顶之灾。

近年，一个一直不为人知的冠状病毒，导致了新冠疫情这样的“黑天鹅”事件，在它发生之前，人们对它的发生及其可能带来的后果一无所知，然而，“黑天鹅”一定会发生，一定会在未知的时间和地点，以一种我们意想不到的方式发生。如果我们习惯于使用高杠杆，无论前面业绩多么辉煌，这种辉煌持续了多长时间，只需要碰上一次倒霉的“黑天鹅”，就会从零开始，甚至从负值开始。

当面对不同概率的选择时，我们最大的谬误是把概率下的结果当成必然，还为此写出了很多理论，有很多人还因此成名家。

把高概率下的结果当成必然并非没有好处，因为大多数事物发展结果的概率并非均衡的，而是极度集中于某个狭小的区间，概率分布的钟形曲线高而窄，在这样的概率分布下，用必然性替代概率计算，能带来极大的效率提升。毕竟为了小概率而付出巨大成本是相当不值得的，除非它们是致命的。

遵循“必然”和“常识”是快速寻得大概率的简便方法，但依然要非常小心，一旦发现情况变化，支撑预测结果的依据不再成立时，必须马上终止原有的决策以规避风险。

我见过不少企业依据大概率的方向制定战略和决策，它们大部分最终还是衰落了，有很少一部分的持续成功者，这里面有因运气而成功的幸存者，也有凭实力活下来的成功者。凭实力存活的企业，大多有一个共同的特点，那就是能够快速地调整策略甚至战略，抛弃过去的自己，通过改变自己不断适应世界的变化。

如果企业能坚持面向价值和市场，把不断适应内外部变化的蜕变转化为企业文化理念，往往会有非常强的生命力。而那些因为幸存者偏差而活下来的企业，下一次就未必依然幸运了。

概率和运气，使我们的世界并非一个均匀的世界。

小学数学题常有计算时间的题目，比如："汽车匀速从 A 到 B 需要 2 小时，问汽车跑到一半用时多少?"这样的题目里，匀速的汽车是理想化的，这在现实中是不太可能出现的。于是就有人出了更难一点的题目："有两根质地不均匀的香，香烧完的时间都是一个小时，你能用什么方法来确定 15 分钟的时间?"这道题显然就难了许多，因为考虑到了香的不均匀性。然而，现实世界的不均匀性却远远大于这道烧香的题目。

虽然我们有各种理论，但大多数理论的前提或所描述的世界，都是确定的，如第一道小学数学题一般呈现了一定的均匀性、一致性或连续平滑性。用统计数据描述事件发生概率时，一般都会用到"钟形曲线"，那是一种正态分布的曲线，虽然是描述一种不均匀的曲线，但其实它本身却是连续、平滑的，它与现实世界同样并不相符。现实情况中，在钟形曲线每个点，其实又套着另一个钟形曲线，只不过它是随机的，用最大概率来定义或替代那个点的位置，但对于一次具体的现实，却是什么都可能发生的。我们的现实世界并非如钟形曲线那样连续和平滑，而是如同天空中星星的分布，不均匀、不连续、不平滑是一种常态，我们现实生活中的很多其他事物也是如此，比如人口的分布是不平滑、不连续的，科技的进步往往是跳跃的，矿产资源的分布也同样是随机的。

作为无边界、全要素的股票市场，其涨跌也同样表现出很大的不均匀性，即便是盈利增速相对稳健的公司的股票价格，也同样体现了没有规律的波动，有时平稳上涨，有时快速上涨，有时急速下跌，有时很长时间维持不动——虽然长期看股票价格最终还是体现了公司的盈利增长。如果再叠加公司未来发展的不确定性，投资股票获得稳健收益的难度可想而知。

面对股票市场这种不可预测的不均匀性以及公司未来发展的不确定性，

要想在股票市场长期生存，其实是很不容易的。选择更加确定的标的、设定足够的安全边际并做适度的非相关性分散投资，是生存的一种相对可靠的选择。即便如此，战胜自己内心的贪婪和恐惧，战胜从众心理，依然是另一座横在获得稳定良好收益前面的大山。

对世界的认知越深刻，对股票投资的认知越深刻，我就越发敬畏这个世界、敬畏股票市场，并越发认为大多数人并不适合投资股票——它太难了，虽然它的门槛很低，低到只需要带上身份证到证券公司填写几个表格就能开户，只需要简单地在手机上点几下就能买卖。

人们很容易记住沃伦·巴菲特说的“投资很简单”，却往往忽视了紧跟其后的一句“但不容易”。要知道，股票投资成功的难度并不比创业成功小，甚至比它更大，因为创业一般会选择自己熟悉的领域，这反而降低了难度。

面对不确定的运气，是否就只能听天由命呢？其实勤奋和努力能够带来运气（提升概率），勇气、决心和持之以恒也能带来运气。

通过勤奋和努力，可以提高自己的专业性，提高判断力，这对提高成功概率有非常大的帮助，这个很好理解。勇气、决心和持之以恒也能带来运气，有时候并不那么容易被理解。

持之以恒能带来运气，举个简单的例子：抛一次硬币不一定得到正面，但多抛几次则得到一次正面的概率会加大，如果抛 100 次那么得到正面的概率又会大很多。但我想说的勇气、决心和持之以恒也能带来运气，并不是从这个方面来讲的。当一个人用超出常人的勇气，树立坚不可摧的决心，并能持之以恒保持自己的勇气和决心，还能不畏艰难、不畏困苦、坚持不懈地付诸行动，就会影响他人、感动他人、吸引他人，就能得到越来越多人的帮助。当然，当一个人的勇气、决心和持之以恒产生影响力的时候，也会收到更多反对的声音，而这些反对的声音恰恰是另一种帮助，帮助我们发现风险，发现自己的不足和漏洞。一个人的能力是有限的，靠一个人的能力和资源实现成功的概率，一定会远远低于在一群人的帮助和批评下实现成功的概率。

我在就职的公司曾接下了一个多年难以解决的问题项目，许多人都选择了远离这个项目，怕项目失败影响自己的发展，但勇气、决心和持之以恒帮助我去感染更多的人参与到项目中来，困难的问题在大家的帮助和共同努力下，一个一个被发现和解决，当项目越来越向成功靠近时，得到的帮助就会更多，巨大的困难最终被克服和战胜了。

当我坚定走上“买股票就是买公司，买股票就是做股东”这条投资之路后，随着时间的推移，身边做投资的朋友就越来越多。当我坚持公开发布自己的买卖实盘后，为我提供我买入股票的各类资讯的朋友就越来越多，提示风险和给建议的朋友也越来越多，这让我能更全面地看清自己买入的公司，正面、反面看得越多、越清楚，成功的概率就必然会得到提高。

勇气、决心和持之以恒也能带来运气，这让我想起了儿子上小学那年，北京下了场挺大的雪。那天雪一停，小区就热闹了起来，孩子们都跑出来，打雪仗的打雪仗，堆雪人的堆雪人，还有站在树边假装心不在焉，等人经过时猛地一脚跺树弄人一身雪的。欢声笑语，此起彼伏。

儿子跟小朋友们打了会儿雪仗，看见有人在滚雪球，于是也加入进去，几个孩子开始滚雪球，就带动了一大群孩子都滚起了雪球。滚着滚着，孩子们就较起了劲，暗暗比着谁滚的雪球最大。一些孩子很快就放弃了，一些孩子滚着滚着，觉得别的地方雪更厚，扔掉了手边的雪球到新的地方再开始。儿子默默地滚着雪球，非常专注，随着雪球不断地变大，儿子开始觉得费劲了，有点畏难。我跟他说，坚持一下，你的雪球已经是院子里所有雪球中最大的了，会有人来帮你的。

当雪球经过一个孩子旁边，那孩子发现自己的雪球远远小于我儿子的，于是对我儿子说：“要不把我的雪球合并到你的雪球里吧。”两个雪球合并了，两个孩子也合伙了。两个人滚总比一个人要快得多，于是雪球越滚越大，加入的孩子也越来越多，加入的雪球也越来越多，当雪球大到一群孩子都滚不动的时候，家长们也加入了。最后，一个巨大的雪球矗立在了院子里。

滚完雪球，我跟儿子一起总结：只要肯坚持，成就越大，帮你的人就越多，当你的成就足够大时，连竞争对手都会加入来帮助你，甚至可以完成那些看似不可能的任务。我指了指院子里矗立的大雪球说，就像你滚的那个大雪球。

除了通过勇气、决心和持之以恒来提高概率外，在投资中还可以用选股和分散来对冲不确定。

投资要坚持终局思维下的长期主义，选择好公司、好价格，然后静静地等待。但市场短期变化却无法预测，也许等了很久很久，市场也没有实现均值回归，而在漫长的等待中，好公司也可能变化，可能成为价值毁灭者。这也是无常，需要平常心。投资，不能仅押注在某一个公司上，而且买入后还要紧密跟踪公司变化，随时观察是否出现了本质的变化，如果出现了，须及时断臂去痛。

坚持折价买入，是对冲不确定的重要手段。

对冲企业未来的不确定，可以在选股时选择预期长期存在且能保持增长，至少是预期不会下降的企业，能缓冲部分不确定性。当买贵了的时候，当企业遇到短期挫折的时候，当股市遇到熊市的时候，长期存在且能保持增长的企业，能通过时间和企业经济增长，化解掉这些风险。大部分创新类的科技企业显然不符合这一选股原则，而消费、金融、健康医药、水电等企业，则比较符合这一企业的要求。

无论多么信心满满，单一押注都会冒着押错的风险，因为无论做了多少功课，依然可能是错的。如果我在某个上市公司就职，我的薪金收入均来自这里，那我就不应该把全部投资再押在就职公司上，因为一旦出现风险，将颗粒无收。投资也一样，要降低自己可能犯错或者碰到“黑天鹅”的风险，就必须将资产合理分配到一个多样化的优质资产组合里，这些资产应该没有相关性或只有很小的相关性。当然，避免冒险的代价是快速暴富的可能性也会变小。

无往不复

《道德经》第十六章说：“万物并作，吾以观复。夫物芸芸，各复归其根。归根曰静，是谓复命。复命曰常，知常曰明。不知常，妄作凶。”

翻译如下：

万物蓬勃生长，我看出往复循环的道理。万物纷纷芸芸，最终都要各自返回到它的出发点。返回出发点叫作静，又叫作回归本原。回归本原是永恒的规律，认识永恒的规律叫作明。不认识永恒的规律，轻举妄动就会很凶险。

《道德经》这段不就是在说均值回归吗?

数十亿年来地平面也总是随着海平面上下浮动：青藏高原山高万仞，却有海螺的化石——1.8亿年前这里是大海；海深千丈，亦有森林化石，如深沪湾海底古森林等。有禀赋优势的父母群体，他们子女的平均禀赋大概率不如父母们，所以会有富难过三代和虎父常有犬子的现象。

股市也一样，看似涨跌没有规律，涨多少、跌多少难以预测，什么时候涨、什么时候跌难以预料，但却始终围绕着内在价值而波动，涨得离合理估值太多了就会跌向内在价值，跌得离合理估值太多了就会涨向内在价值。

均值回归是世界运动的一种普遍规律，但并非偏离了所谓“均值”就一定会回归。第一，均值本身是会变化的，它不是一个稳定不变的数值；第二，事物本身也在变化，如果它运动的底层逻辑已经发生了改变，它就不再是原来的事物了，它就不会继续沿着原来的“均值”往复运动，而是沿着新事物的“均值”做往复运动。

在快速变化的全要素活动中，比如股票市场，僵化地、机械地使用均值回归，还不如不知道这个理论。运用某个均值回归规律时，一定要搞清楚它适用的前提，要搞清楚它适用的对象。所以，如果没有一套被验证的估值体系，就去投资股票，无异于置身凶险之地。

河流总是蜿蜒着向前，从来不走直线。从地处高位的大山到地处低位的大海，随便就能画出最短的距离，但河水却九曲十八弯不断迂回向前。地形的起伏、支流的影响、降雨的变化，甚至是地壳的运动等，都影响着河道的走向，如果从亿万年的时空来看，其实我们也很难准确预测河道的变化，但河水从高山到大海，最终会到什么高度，大致走向什么方向，却是可以预测的。如果你愿意，只需要随河水漂流，无论是险滩还是礁石，无论是迂回还是奔腾而下，仅用时间去等待，最终能够到达预期的海拔——海平面——水的位置均值。

均值回归是股票市场一个重要的特征。股票市场并不总是对的，甚至经常不对，但它在一段较长的时间里总会对几次，就好像已经停摆的钟表每天也会对两次一样。这是股票市场往复运动的必然。

建立一套适合自己的价值评估体系，有自己的合理值、高估值和低估值，且经过验证合理的中枢值总能在一个较长的时间周期跨度中与市场“碰对”，然后执行并坚持自己的评估体系，把过程中所有市场的报价当作噪声，忽略它们，直到市场“不对”的时候再行动——低估时买入或者高估时卖出，这的确需要内心的坚定和很好的耐心。

当然，还必须想办法保证在买入和卖出这两次正确之间，自己还在市场。用急用的钱投资，加杠杆投资，很有可能让自己在卖出的“正确”来临之前就不在市场了。

谈到无往不复，就马上会想到周期。

读了霍华德·马克斯的《周期》一书，我了解到一切都是有周期的，就像钟摆，从一个高点滑落，经过低点，又会到另一个高点，周而复始。似乎我们可以从周期中主动获利，低点买入，高点卖出。

然而，我却从书中读出了不同的结论：一切都有周期，有情绪周期、生产周期、商业周期、技术周期、美联储加息周期等。这么多的周期相互交织着，不知道有谁能把握交织后的周期变化规律。因为工作关系，我跟许多研究机构打过交道，即便是一些特征明显的周期行业，比如煤炭、航运、水泥等，长期从事这些行业研究的专业机构，尚不能准确分析其周期，个人又如何能从这么复杂交织的周期中得出未来的准确走向，以及当下所在周期的位置?

从这个角度看，低买高卖似乎是个伪命题，抢反弹和逢高出货似乎也是赌博。不知道在周期博弈中胜出的，究竟是真的掌握了规律，还是幸存者偏差。我想，更多的胜出者更像晨鸣的公鸡，过去公鸡打鸣太阳就升起了，以为太阳是被自己叫起来的，并信以为真，然后继续下一次的下注。

世界过于复杂，我们又如此局限，无论多么努力，我们能看到的只是一个狭窄的侧面。多与那些聪明、智慧的人打交道，多与那些和我们不同的人打交道，交换思想和意见，能帮助我们开阔眼界和思路。这还不够，我们必须学着先放下自己的想法，真正从别人的视角去看问题，理解他所处的环境、熟悉他的逻辑、认可他的结论，如盲人摸象，借助更多盲人的感知和判断，我们这个“盲人”对大象的认识偏差会变得小一点。谦逊和开放是认识世界的起点。

如此复杂的股票市场，影响因素如此之多，预测其波动的峰谷是不可能的。我没有见过谁能长期不断准确预测波峰和波谷或者总能逃顶和抄底。有一些成功的股评家，他们有不少的粉丝，但他们只是坚定地看多或坚定地看空——总有一些时候他们是对的——在牛市时看多的被人追捧，在熊市时看空的被人追捧。

如果真有人能做到准确预测股票市场波动的峰谷，那他应该在很短时间就成为世界首富，可事实上这类事件从未发生。

今天恰好读到《巴鲁克自传》，关于逃顶抄底的内容，深以为然。伯纳德·巴鲁克被誉为“在股市大崩溃前抛出的人”，但他却不相信有人能做到逃顶和抄底：“有些人自吹自擂，说什么可以逃顶抄底——我绝不相信谁能做到这一点。”

不仅仅是股票投资，社会浪潮也是一样。20 世纪 80 年代改革开放初期，一大批个体户成了暴发户，也许是胆大，也许是被迫，也许是抓住了机会，也许是勤奋……一波浪潮过去，在下一波浪潮里依然在潮头的，已经寥寥无几，几波浪潮后，到了互联网浪潮，当年的弄潮儿，还有几个依然站在潮头？即便有，到底是靠运气还是凭实力？幸存者们的成功心法，是否只是幸存者偏差下的无用经验？

我想，那些古老的，朴素到几近白开水的老话和哲理，历经千年岁月依然有效，恐怕未来依然有效的概率会更大些。正如金字塔比迪拜大楼哈利法塔古老，未来大概率金字塔还会比迪拜大楼存在得更久远。

保持敬畏心，把自己放在弱者的位置，知道自己知之甚少，然后小心地面对每一次行动，可能反而会具有一点优势。

未来无法准确预测，然而，我们又无法不去预测未来，因为不预测就会在当下难以行动。我想，不断丰富自己的维度和深度，以己所知去预测、去行动，然后持续证伪，一旦证伪，立刻停下来，做新的预测、新的行动……

如果预测成功了，不妨这么看，那不过是 2×2=5-1=4 罢了，我预测的是 2×2=4，但实际发生的可能是 5-1=4。当然，真正发生的可能是 4×2345-4+……-9380 +5-1+2×2=4，在 2×2 前面有无数参数参加了运算，但我只能看到 2×2，其他的我根本就不知道。不要迷信自己过去的成功路径，重视预测，而不执于预测。

不可以有抱守成功技法的心，以为成功可以被简单复制。沉湎于过去，就陷入执念与轮回中了。

如果在上一轮周期中，运用某种技法获得了成功，在新的周期里未必还会有效，甚至很大概率会失效。一次具体的周期，是无数周期的叠加，再次完全一样的叠加将不复存在，就像找不到同样的指纹一样。如何才能有效应对？我认为长期结果的概率由长期有效的因素所决定，短期结果的概率由短期有效的因素叠加长期有效的因素所决定。短期有效的因素实在太多，这导致追求短期可能无效，但追求变化中的相对不变，追求那些长周期有效的规律，也许会更有效一些，但这并不符合人性抗拒延迟满足而追求及时行乐的普遍特点。

坐船出海时，船行驶在无尽的海面，我站在甲板上，倚着船舷，看海浪一波一波涌来，这多像周期啊。近看那潮起潮落，感觉自己掌握了规律，仿佛能预测未来，可真要准确预测下一个波起，却又不那么容易。放眼看向远方，无数个波浪在起，在落，相互影响，相互交织：这波刚要起，那波拍下来，把刚起的波带入谷底；那波刚要落，这波又带它冲向高峰；这波刚起，那波顺势又起，两波叠加形成一个巨浪……

不知道有谁能准确预测海浪，我想，可能没有。

海浪如此，人生如此，投资亦如此。

中信建投首席经济学家周金涛的“人生发财靠康波”流传甚广，影响也很大，一直想了解他到底讲了哪些具体内容，于是终于拿起了《涛动周期论》开始阅读。这是我这两年读得最快的一本书，因为读了十几页后，发现并不需要精读，300 多页的书大约 3 个小时就浏览完了。之所以读这么快，是因为书中并没有让我深思的东西需要认真品读。《涛动周期论》是属于社科研究类的书籍，但其研究的严谨性却远远不如科幻小说《三体》。

刘慈欣的《三体》，整个故事基于小说中提出的宇宙社会学基本公理：①生存是文明的第一需要；②文明不断增长和扩张，但宇宙中的物质总量基本保持不变。《三体》这部小说的情节就在这两条公理上展开，那些看似黑暗的宇宙法则，那些不可思议的故事情节，都是由此推理展开的。《三体》幻想世界的体系均是基于这个基础理论推理建立，所以一切既奇幻又合理。

周金涛的《涛动周期论》，整个推理建立在从现象到现象，找不到其对核心理论基石的分析研究或论断，书中所有的推论都建立在1926年俄国经济学家康德拉季耶夫提出的康波周期。康波周期是康德拉季耶夫在分析了英、法、美、德以及世界经济的大量统计数据后，发现的发达商品经济中存在的一个为期50～60年的长周期。

不可否认，经济的发展必然呈现波浪前进的特征，不仅仅是经济，人类社会发展也呈现这样一个特征。但仅仅由过去发生的几次现象，就简单推论未来会如此重复，就太不可靠了。

再看康波周期：康德拉季耶夫认为，生产技术的变革、战争和革命、新市场的开发、金矿的发现、黄金产量和储量的增加等因素都不是导致长波运动的根本原因。他认为，长波产生的根源是资本主义经济实质固有的那些东西，尤其与资本积累密切相关。但至今仍然没有人能合理地解释这一周期背后的驱动逻辑。

历史会惊人地相似，但绝不会简单地重复。经济和社会周期的跨度和发生的原因都不会相同，带来的影响也绝不会相同。我们可以对已经发生的一个具体的波浪进行解释，却无法准确预测下一个波浪的起因、发生机制和演进过程。

写到这里，我又想起了英国哲学家伯特兰·罗素关于火鸡科学家的寓言故事。是的，我们周围总是充斥着各种各样的“火鸡科学家”。正如《乌合之众》所说，断言式的语言以及不断重复和加强断言，能产生巨大的影响力和跟随效应，我想周金涛的《涛动周期论》似乎暗合了这一点。好吧，我的确记住了“人生发财靠康波”这句话。

人法天地

“没有所谓的某个英雄的时代，只有某个时代的英雄”，很多人可能并不认同这句话，但它就是事实。世界太大，任何个体都是渺小的，时代的洪流磅礴，任何最高处的浪花，都只是时代的幸运儿罢了。

智者查理·芒格说：“在选择投资对象的管理层时，我宁可选择一个智商为130但以为自己是120的人，也不会选择一个智商是150却以为自己是170的人。”没有哪种动物因谨慎而灭绝，但时时都有某个动物因过度自信而夭折。

一个人最大的无知，是不知道自己无知。知道得越多而不知道自己无知，是更糟糕的事情。当知道自己无知时，才真正开始从愚昧中觉醒，才开始离开无知，走向智慧。

再聪明的人，只要开始做超越自己能力范围的事，都会显得有点傻。

《道德经》曰：“使我介然有知，行与大道，唯施是畏。大道甚夷，而民好径。”其意为：使我非常谨慎地认识到，要在大道上行走，唯一要害怕的事走了弯曲不平的路。大路很平坦，而有的人却总是喜欢走小路。《道德经》曰：“吾言甚易知，甚易行。天下莫能知，莫能行。”即我的主张很容易理解，也很容易实行。然而天下却没有人能够理解，也没有人能够实行。

常识最简单，也最容易理解，但真正相信并坚定践行的人却不多。人们更愿意走捷径，走小路。

相信并坚定践行常识的人不多，常识甚至还常常会被非理性地否定。新冠疫情刚开始不久，医学专家就确认了其飞沫传染的特性，但在新冠疫情初期甚至是全球泛滥的初期，欧美国家从上到下——从国家元首到卫生部门，纷纷宣称没必要戴口罩，这种违背基本常识的言论得到了普遍认可和支持。国家高层会议有人戴上了口罩，结果被驱逐出会场，医院里的医护人员坚持戴口罩却被开除，戴口罩的路人被歧视甚至被攻击。直到疫情严重到不可收拾的地步，欧美国家才开始改口说有必要戴口罩。疫情让我们看到了基本常识可以在整个社会不被认可，甚至被否定，这就是人类非理性的一种表现。常识经常不被认可，这就是坚持常识、长时间坚持常识会有效的原因。

如果常识能被大多数人认可和坚持，那么常识的价值就会大幅下降，就好像管住嘴、迈开腿能获得好身材一样，是常识，但没有多少人能坚持做到，所以拥有健美身材的人是少数，他们才具有了显著的优势；如果大多数人都能坚持，那健美身材的比较优势就不存在了。

现实生活中真正相信常识并坚持常识，的确不容易。

注：

本文仅从戴口罩预防新冠是否有用来谈，无意评价不同文化下价值观的问题。

生活中坚持常识不容易，在股票市场上坚持常识更不容易。为什么高净资产收益率、低市盈率、低市净率、高股息收益率这些最基本的参数始终能带给投资者较好的回报？为什么这些策略长久以来一直适用？这些策略既然长期有效，就应该被广泛采用，而由于它被广泛采用，会产生策略溢价，它就不应该再具有比较优势，就应该失效。这些策略长期有效，其根本原因是人性的不足，另一个原因是这些策略只能保证获取平均收益，或者略高于平均值的收益；而短期有效的策略纷繁多样，且在其有效的时候，收益会远远超过长期有效的策略，人性的过分贪婪驱使人们不断追逐当下最有效的策略，而不会去坚守那些收益并不突出的长期有效策略，正因如此，这些长期有效的策略才会长期有效。

正如我们都知道正直、勤奋、利他、共赢、专注等这些理念是有效的，但真正能坚守这些理念的人并不多，因为它们见效慢，很多人等不及。

常识是人们长时间总结的普通知识，是人们对大概率事件的普遍总结，是对天地之道的总结，是对人道的总结，是值得足够重视的知识；那些历经世事变迁依然流传的经典，同样也是对天地之道的总结，是对人道的总结，同样是值得足够重视的知识。

爱因斯坦说："一个只读报纸，最多读一些当代作家作品的人，在我看来，就像一个高度近视而又蔑视眼镜的人。他完全依赖时代的偏见与时尚，因为他从来没有看到或听到任何其他的东西。""当一个人仅凭自己独自的思考，不受别人思想和经验的激发，即使是最好的情况，也是微不足道、单调无味的。一个世纪以内，只有少数的人具有清醒的头脑和风格以及良好的品位。他们被保存下来的作品是人类最宝贵的财产。我们应该感谢几位古代作家，正因为他们，中世纪的人们才可以慢慢从超过半个世纪的迷信和无知中摆脱出来。”

如果我们只看当下，就会迷失，只有在更长时间跨度、更大范围去观察和了解世界的变化，才有可能发现更大周期的规律，找到更具有长期效用的影响因素。

广泛地阅读，阅读历史，阅读历久弥新的经典著作，阅读不同时代的经典著作，阅读不同领域的著作，阅读不同的甚至对立观点的著作，充分理解各历史事件发生的背景和底层逻辑，充分理解不同观点的前提、推理和适用范围，能帮助我们开阔视野，避免视野和思想的近视和窄视。智者查理·芒格曾说：“我这辈子遇到的聪明人（来自各行各业的聪明人）没有不每天阅读的——没有，一个都没有。沃伦·巴菲特读书之多，我读书之多，可能会让你感到吃惊。我的孩子们都笑话我，他们觉得我是一本长了两条腿的书。”

多读书，多读经典的书。从那些经久不衰的经典里，可以获得很多的智慧。

在公司“思享会”上我曾分享了对摄影的一些体会，其中以我从《易经》中领悟到的一点古人的智慧，来讲如何让作品与众不同。这里把其中的感悟分享一下。

我们知道《易经》用一个连续的线段来表示“阳”（见下图），叫作“阳爻”；用一个断开的线段来表示“阴”，叫作“阴爻”。

四阳卦

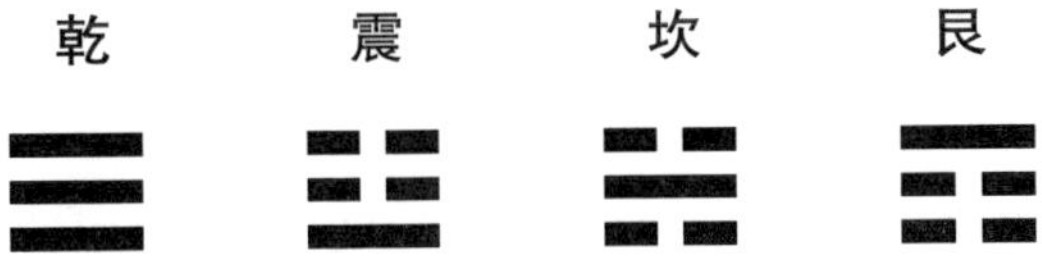

四阴卦

坤　巽　离　兑

再看易经八卦的阴阳属性（见上图），我们发现三个阳爻的乾卦是阳卦，三个阴爻的坤卦是阴卦，这个很好理解，但其他六卦则显示了与普通直觉不同的规律，两个阴爻一个阳爻的“震卦”“坎卦”“艮卦”都是阳卦，而两个阳爻一个阴爻的“巽卦”“离卦”“兑卦”是阴卦。为什么那个少的阴阳爻却代表了整体的属性？对此我很迷惑，后来经过和真实世界的对照，才发现“古人诚不我欺”也。

有研究表明，人和人之间的基因相似度高达99.9%，人类和黑猩猩的基因相似度高达96%，人类和阿比西尼亚家猫的基因相似度高达90%，人类和老鼠的相似度高达85%，人类和家养牛的基因相似度为80%，而人类和香蕉的基因相似度竟也高达60%！是不是很惊奇？是的，正是这么微小的差异，标识出了你是张三，他是李四；你是亚洲人，他是非洲人；你是人，它是黑猩猩。我们用这最小的差异，去识别、命名、区分生物。

下面这张图，我们不会说这是张白纸，而会说这是颗心。那个占比最少图案，反而成了特点，成了标识事物的最终要素。

这种突出和特点，如果能带来好处，它就会被溢价。比如顶尖的明星的溢价是普通演员的上千倍，最贵的画的价格是普通画的百万倍。用在投资上也一样，招商银行因为在众多银行中有不同的消费性特点，而这个特点被验证是有效的，于是市场就会给招商银行很大的溢价。我认为，在投资中我们应该利用这一点，在生活和工作中也应该利用这一点，来实现价值的最大化。

再看《易经》中的【泰卦】和【否卦】。否极泰来是个常用成语，意思是逆境达到极点，就会向顺境转化，指坏运到了头好运就来了。这个成语源自《周易》，“否”是坏的卦，“泰”是好的卦。

【泰卦】䷊，坤上乾下（地上天下），乾为阳、为动，上升；坤为阴、为静，下沉；一上一下天地交会、阴阳和合就是泰。【泰卦】内（主）卦【乾】☰为阳，外（客）卦【坤】☷为阴，【泰卦】本身是阳卦，内阳外阴，上阴下阳。

【否卦】䷋，乾上坤下（天上地下），乾为阳、为动，处上位升无可升；坤为阴、为静，处下位沉无可沉；一上一下天地不交、阴阳两隔就是否。【否卦】内（主）卦【坤】☷为阴，外（客）卦【乾】☰为阳，【否卦】本身是阴卦，内阴外阳，上阳下阴。

知道了【泰卦】【否卦】的形，可是如何对照应用呢？下面简要谈谈我的一些领悟，为了便于理解，用两个例子来说明：

拿中国来看，改革开放的时期就是【泰卦】䷊的象（形态）：领导人内心深处是强烈主张改革的，这就是阳、就是动，但领导人并没有给出具体怎么改、怎么动，这正是【泰卦】䷊总体阳的属性，且是内阳外阴的象；领导人把改革这个强烈的导向、信号传达出去，让广大群众自下而上地去行动、去创新、去试验，百花齐放，领导人则擦亮眼睛把经试验取得成效、经验证可以推广的，予以总结并推广，这正是上阴下阳的象，下面创新、创造，上面凝结成果，这使得中国这一时期取得了高速的发展，取得了巨大的成功。

特朗普执政以来就是【否卦】䷋的象：特朗普内心保守，眼睛向后看，一心想回到过去，这就是阴、是静，正是【否卦】总体阴的属性，且特朗普信口开河，今天出尔明天反尔，这是内阴外阳的象；特朗普身居上位，具体动作不断，下面人只能跟着他动，这正是上阳下阴的象。

企业管理和组织管理其实是一个道理。一把手身居高位，没有一颗奋力向上、勇往直前、勇攀高峰的心，整个团队就会死气沉沉，想干事儿的下属要么另栖高枝，要么垂头丧气；一把手身居高位，要积极鼓励、发现并总结推广下面的创新创造，即便内心有一万个想要具体操作的冲动，也要克制住，千万不能在具体动作上过多行动，你一动就出问题了，下面人就等着你了，组织的活力就只剩你一个人的活力了。这里说的一把手不单指某个人，而是能统领团队的在上位的某几个人，当然，也可以是一个人。

《庄子·天道》篇："上无为也，下亦无为也，是下与上同德，下与上同德则不臣；下有为也，上亦有为也，是上与下同道，上与下同道则不主。上必无为而用天下，下必有为为天下用，此不易之道也。"

译文：君主无为，臣下也无为，就是下与上同德，下与上同德就不称其为臣下；臣下有为，君主也有为，就是上与下同道，上与下同道则不称其为君主。君主必须以无为驾驭天下，臣下必须有为以各司其职，这是不可变易之道。

解读：君主无为，臣下也无为，这是上阴下也阴，是【坤卦】䷁的象，而臣下有为，君主也有为，是【乾卦】䷀的象，所谓"孤阴则不长，独阳则不生"，这两种组织形态都很难取得好的成效。而上无为下有为，是上阴而下阳，这就是【泰卦】䷊的象了。

《易经》【泰卦】䷊，上坤阴☷而下乾阳☰，是为"泰"，上不动而下动，上无为而下有为，即为"泰"。

改革开放，无论是分田到户，还是企业承包制，或是集体企业和个体户的涌现，都不是领导人的创新，而是基层百花齐放的结果，领导人只需要识别他们中好的，加以总结和推广，最终形成了整个国家的大好局面。这是典型的【泰卦】䷊的象，上不动而凝结有形，下频动以创新有为。当然，建立这样一套机制是需要上面来总体构建的，说邓小平是改革开放的总设计师，恐怕主要是指他设计了这样一套机制。当今的企业里，华为公司是这样一个【泰卦】䷊的象，可惜没有上市，不给普通投资者投资的机会；腾讯公司也呈现了这样的一个象，马化腾似乎没干啥，底下却创新不断，马化腾也能容忍、容人，作为腾讯公司的小股东，我希望腾讯继续坚持这样的象。

与【泰卦】䷊相对应的是【否卦】䷋，【否卦】䷋上乾阳☰而下坤阴☷，是为“否”，上动而下不动，上有为而下无为，即为“否”。

这样的例子实在太多，许多企业的一把手，新招不断，眼花缭乱，或者唯我独尊、刚愎自用，底下必须且只能服从和执行，这是典型的上面频动，下面不动，是【否卦】䷋的象。呈现这样象的企业，衰败和倒闭的不胜枚举。

《三国演义》中的诸葛亮就是【否卦】䷋的典型代表，一个典型的例子就是“锦囊妙计”，自己一个人盘算全部战术，那么多名将也只能被动执行。刘备在的时候还能在很大程度上约束诸葛亮，还能有五虎上将和一批谋士。刘备死后就没人能约束诸葛亮了，即便诸葛亮聪明绝顶、无人能及，最终还是落得“蜀中无大将，廖化为先锋”，虽然诸葛亮殚精竭虑，但复兴汉室的大业也只能落空。这是典型的【否卦】䷋的象。

与诸葛亮相对应的是孙权，看似孙权没出过什么大政方针、高明计谋，在什么都没有的情况下（刘备好歹还有个“中山靖王之后”的名分），在远离中原的偏远之地，手下却人才辈出。周瑜、陆逊、鲁肃等将领、谋士出的计策，孙权真的就完全想不到吗？在三国纷争的时代，优秀的领导人显得尤为重要。

投资中，要选择避开呈现【否卦】䷋象的企业。如果是自己管企业，再有能力也要忍住，即便自己已经胸有成竹而手下人却一直找不到方法，采用引导的方式也比直接布置给下属强，避免把企业搞成【否卦】䷋的象。做企业要学习邓小平，把握好大方向，鼓励手下人百花齐放，同时要做好凝结、总结和推广。

一枝独秀是寒冬蜡梅，百花齐放才是春。

乾卦是让我真正开始入门理解《易经》的一个卦象。

《易经》乾卦是讲阳的。《易经》中的阳和阴是什么？通常我们认为，阳代表着天、主动、运动、生发、新生、创新、热……，而阴代表着地、被动、静止、收藏、死亡、守旧、冷……

乾卦讲阳，讲了些什么呢？我认为它讲了阳的运动规律。乾卦爻辞如下：

初九曰：潜龙勿用。

九二曰：见龙在田，利见大人。

九三曰：君子终日乾乾，夕惕若，厉无咎。

九四曰：或跃在渊，无咎。

九五曰：飞龙在天，利见大人。

上九曰：亢龙有悔。

用九曰：见群龙无首，吉。

我理解乾卦这七则爻辞描述了阳的运动规律，描述了一个新生力量诞生后的成长和发展。我没有看到其他文献像我这样解读乾卦，我的解读未必对，但至少比较容易懂，对指导我的行为也挺实用：

“初九曰：潜龙勿用。”是说新生力量刚刚诞生，还很弱小，如龙潜于地下，待时而兴，无可有所作为，不宜有所作为。比如冬至这天，白昼最短，过了冬至，白昼就开始生发，一天比一天长，但这股生长的力量对比之下还很弱，所以我们无法感受到天气在变暖，反而觉得冬天来临，一天比一天冷。这时候要静下心来，戒急用忍，韬光养晦，努力储备；如果用强，基本是会失败的，就好像冬天天寒地冻可以修葺农具，准备肥料，规划来年的工作，但不能去耕种一样，如果强行耕种，注定要失败。

“九二曰：见龙在田，利见大人。”好似初春来临，大地解冻，我们可以看到、闻到春的气息了，甚至可以看到冰雪中有小草在发芽，树皮在发青，玉兰的花苞开始发胀了，一切看起来都是有利于生发，趋势似乎已经非常明显。这时候，龙已经出离潜隐状态，出现在大地上，到发挥作用、有所作为的时候了，该耕种就要赶紧耕种了。

“九三曰：君子终日乾乾，夕惕若，厉无咎。”春已来临，但我们却不时被“倒春寒”冷冷地袭击，只感觉“乍暖还寒时候，最难将息”，这时候要如君子般终日不息，勤奋不已，风雨打坏了苗，就要及时补种，只要时刻保持警惕戒慎，虽然有风险，但一般不会有过失。

“九四曰：或跃在渊，无咎。”春末夏初，生发的力量已经不可阻挡，如龙跃在渊，生机勃勃，百花竞放，万物生长快速。此时是进退自如，只要不乱来，就不会错，只是成长多少不同而已。这时候，应审时度势，当条件已经成熟之时，应把握住最有利的时机积极进取，为更好的未来奠定更深、更稳的基础。

“九五曰：飞龙在天，利见大人。”盛夏时节，万物茂盛，各方有利条件均具备，如飞龙在天，展现出新生力量的全部威力，此时应当仁不让，乘胜追击，发挥出最大的能力，去获取最大的成果。

“上九曰：亢龙有悔。”夏至大暑，天至三伏，龙亢至极，看似酷热难当，实则强弩之末。无往不复，大暑之后便是立秋，物极则必反，盈满是不可能长久保持的。

“用九曰：见群龙无首，吉。”用九是对乾卦的总结。乾阳之用，想要持久不息，单阳独龙是不行的，必然走向亢龙有悔，只有群龙且首尾相接，方可连续不息。

我们知道任何一个国家、一个企业的发展都是符合增长曲线的，达到高峰就必然走向下坡。那么如何保持可持续的增长呢？需要不断找到第二次曲线的增长，且在第一次曲线拐点时就要衔接上，不能等到亢龙有悔了才去衔接。这就意味着做企业，在“或跃在渊”时就要未雨绸缪，储备多种新生动能，在“飞龙在天”时就已经开始准备新生动能的交接了。投资也一样，股市“飞龙在天”时，就要准备好切换赛道，准备好要转换投资标的，比如稳定收益的债券或其他；所投资的公司已“飞龙在天”了，就要准备好新的处于“现龙在田”和“或跃在渊”的公司，准备在其“亢龙有悔”时切换。

用上述对乾卦的理解，可以很好地解释成长为什么往往不是一帆风顺的。

很多人眼里成长的轨迹大约如下图所示，有人认为轨迹类似于第一幅图，有人认为轨迹类似于第二幅图。（我认为，世界无始无终，始自终起，终为始端，所以在画这个坐标的时候，原点不为零，我把它标注为“起点”，起点时刻的成效是大于0的，因为无论从何时开始，我们都是站在一定基础之上的。）

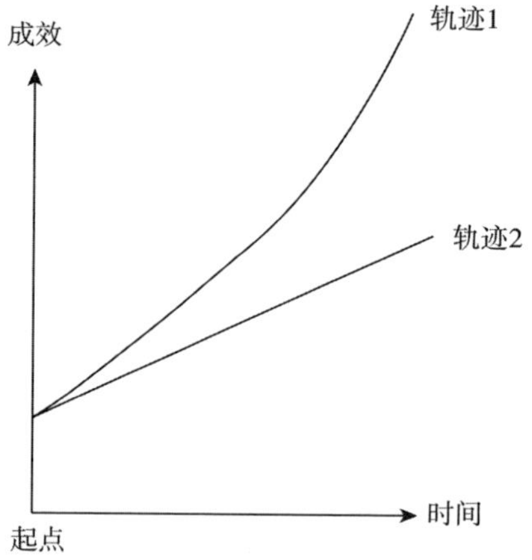

如果学习过增长曲线，可能心中的增长轨迹如下图所示。

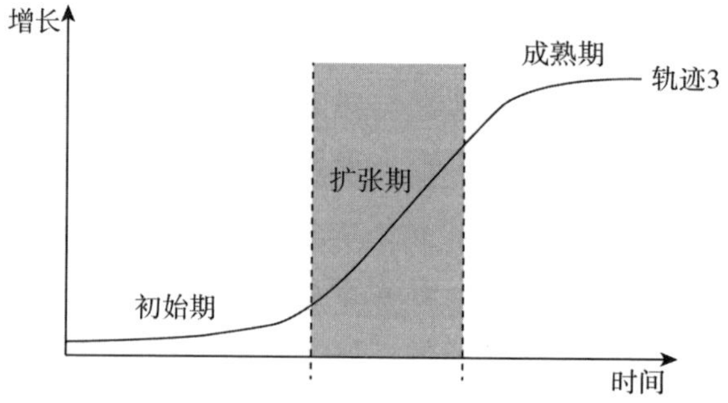

S曲线示意图

我们可以看到，轨迹 1 是线性的，轨迹 2 是指数型的，轨迹 3 是 S 型的，但无论是哪条轨迹，都是持续向上的。

然而，绝大多数情况下，成长的轨迹却是如下图所示。虚线代表成效/付出比的平均值。开始时，付出却见不到成效，甚至是负成效，直到达到低点的拐点，才开始慢慢爬坡，但这时成效/付出比还是低于平均水平，随着持续地付出，终于迈过了平均水平，见到了可喜的成效，再然后成效/付出比迅速提升，再后来就进入平台期，然后开始衰落。具体的实际个例，其轨迹并不会完全同于下图，但总体趋势大多如此。

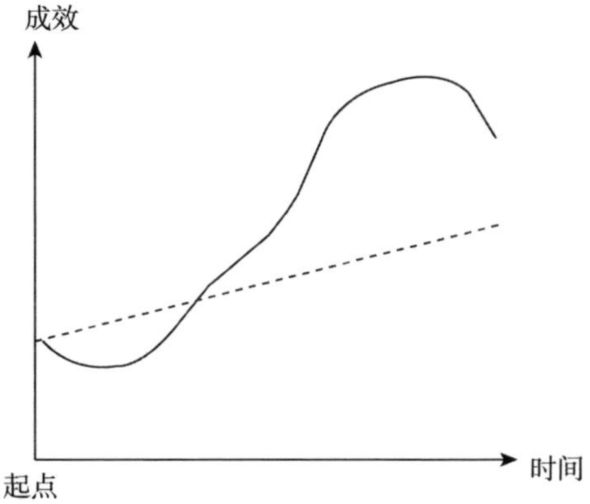

解读成长的轨迹，我们可以用《易经》乾卦来对照，见下图。

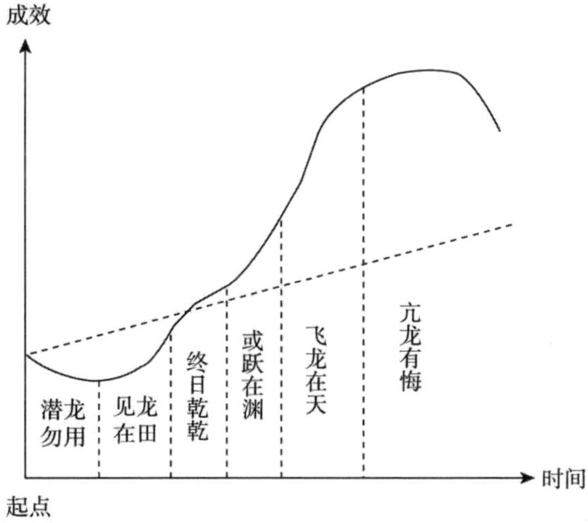

成长的初期，是乾卦的“初九曰：潜龙勿用”。由于一切刚刚开始，没有什么基础，我们的投入大多成了学习成本，而且短期不会产生实际的成效，由于资源被分散，原有的其他成效可能也会受到损害，且投入往往以失败告终，变成损失的成本。比如刚参加工作的年轻人上进好学，一边干着工作，一边准备考注册会计师或者考研究生，学习期间，工作必然受到影响，自己在单位里的考核或评价必然也会受到影响，除了付出时间和精力外，学习还要交学费，要买书和参考资料，收入受损支出增大，相比其他年轻人，手上的可用资金甚至在走下坡路；再如投资股票，刚开始不太懂，虽然勤奋努力，投入的资金不但不赚钱，往往还是亏损的；又或者在参加工作之前的十几年寒窗期，只见投入，不见产出。

成长的第二个阶段是乾卦的“九二曰：见龙在田，利见大人”，所学可以有所用，成效开始显现，努力开始有正向回报，但这时候离熟练掌握还差得很远，所以成效/付出比依然低于平均水平。很多大学生刚毕业，就是这个阶段，十几年的寒窗苦读，终于大学毕业工作了，开始产出了，由于能力不高、经验不足，所以工资低、涨薪少；初创公司开始有收入了，但由于品牌、实力都比较弱，赚钱并不多。

成长的第三个阶段是乾卦的“九三曰：君子终日乾乾，夕惕若厉，无咎”，这时候已经工作几年了，有了一定的经验和能力，能达到成效/付出比平均水平附近了，但此时往往也是有风险的，如果不能时刻警惕，不能终日乾乾不息，可能就会滑回前面的阶段。这时候，周围环境将发生变化，单位、领导会提出更高的要求，如果达不到，就可能被限制在某个工作范围区间，很难再提升；创业公司到这个阶段，达到了社会平均水平，虽度过了最艰难的时期，有收入，但竞争激烈，时刻有被 PK 掉的可能。这个阶段一般不是一个具体的点，往往是一个波动的区间，在成效/付出比平均水平附近波动。

成长的第四个阶段是乾卦的“九四曰：或跃在渊，无咎”，突破第三个阶段后，一切似乎都平顺起来，成效/付出比得到提升，工作顺利，小有成就；公司业绩蒸蒸日上，规模逐渐扩大。

成长的第五个阶段是乾卦的“九五曰：飞龙在天，利见大人”，前期的积累叠加外部环境的适宜，呈效爆发式显现，比如被提拔到重要的岗位，又或者跳槽到其他单位担任主管一方的大员，能力的积累加上平台的上升，产出成倍提升；公司 PK 掉一大批竞争者，成为寡头，盈利暴增。

成长的第六个阶段是乾卦的“上九曰：亢龙有悔”，成长进入成熟期，但任何事物发展到极致都将衰落，所谓“盈必毁，天之道也”。

从图上看，成长有六个发展阶段，但绝大多数人在前三个发展阶段就停止了成长，如果从总体数量来说，很大一部分人在第一阶段就终止了前进，第三阶段又将阻止很大一部分人的前进，最终绝大部分人停留在了成长的洼地里——曲线低于成效/付出比平均水平线以下那部分。

成长的第一个阶段很不容易，持续投入，产出却是负的。当人们进入社会，前进中遇到持续投入，产出却为负时，能坚持长期主义的人是少数，这将使很大一部分人选择放弃努力，他们没有远大的目标，难以忍受这个痛苦的阶段，于是得过且过。即便熬过了第一阶段，当遇到第三阶段时，压力陡增，成效放缓且波动起伏，意志不坚定或耐受力不足的一大部分人会失去动力，最后滑落于前面的洼地。

成长曲线的第一阶段至第三阶段构成了成长的陷阱，能爬出陷阱进入第四阶段的最终是少数人。要进入第五阶段，单靠自身努力已经不够了，能冲击第五阶段的都是有天分且勤奋努力的人，但真正能进入第五阶段，除了自身的努力外，外部原因则起到了决定性的作用，且起决定性作用的外部原因的偶然性又非常大。为什么那些取得巨大成就的人常说自己是靠运气，为什么很多位高权重的人反而迷信，这背后恐怕不无道理——虽然迷信并不能增加运气。

如何避免进入第六阶段后必然的衰败？这就要关注乾卦的“用九曰：见群龙无首，吉”。乾卦“用九”讲的是什么呢？“龙”代表成长的力量，“群”指多，群龙无首是什么意思呢，就是“龙”不见首尾，如下图所示，在曲线1处于“飞龙在天”甚至是在“或跃在渊”时，就要未雨绸缪，启动新的成长力量（曲线2），使新旧两种成长的力量衔接起来，避免进入阶段六滑入衰败，也避免再次承受成长陷阱的极端痛苦。

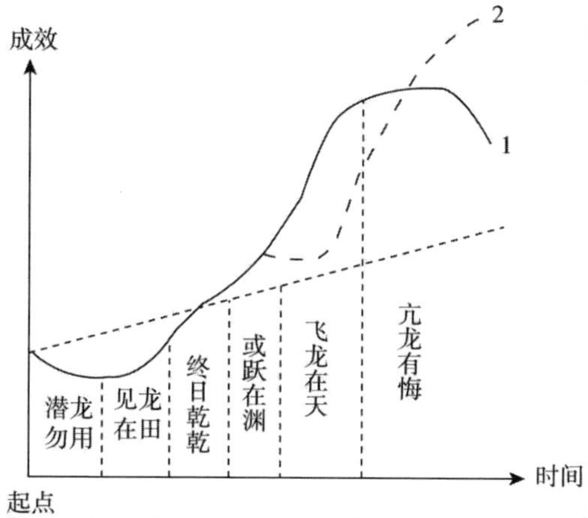

放在投资里来看，所投资的股票已经长势喜人，甚至进入泡沫阶段了，这就是“或跃在渊”和“飞龙在天”时，就要准备好其他好公司标的，逐步将资金切换到新的股价有成长空间的股票上；如果所投公司的业务本身进入

“飞龙在天”阶段，也要做好同样的切换准备——公司的业绩不会再如之前那般快速提升了，股价也必定会回落。

经典之所以成为经典，原因是它有用。

在“基石认知”一节里讲到《道德经》里说：“天之道，损有余而补不足。人之道则不然，损不足以奉有余。”这和现在流行的“天道熵增，人道熵减”含义相同。人道再大，大不过天地之道，这可以很好地解释我一直以来的一个疑惑：“我为什么会死，而且必须死？”

“我为什么会死，而且必须死？”这是一个哲学问题，一个社会学问题，也是一个自然科学的问题。哲学问题和社会学问题太复杂，千面不同，作为一名理工直男，我想从自己相对擅长一点的自然科学角度来看这个问题。

地球之所以能欣欣向荣，人类社会变得更加集中有序，其根本原因是地球这个系统并不封闭，至少有太阳源源不断地向地球输入能量。但放大一点，从太阳系的角度看，整个太阳系却在走向无序，当太阳的能量扩散殆尽时，太阳就会膨胀、扩散，地球也就随之而毁灭。

人类社会总体是在向着熵减（更加有序）的方向发展的，这与系统本身必然的熵增是相反的，于是我们必须从其他系统中获得能量，其结果是局部的有序必然带来整体的更加无序。比如人类的快速发展带来的环境问题、其他物种的灭绝问题等；又如在地球上的超级大国想要维持自己的稳定和高速发展，会采用战争、金融等手段，扰乱其他国家和地区，夺取其他国家和地区的资源，或者挖走其他国家或地区的顶尖人才等，以攫取外部能量。

熵增过程带来的微观变化是不可预测的，就如同无法预测原子里的电子下一刻会出现在哪里一样。面对整个世界持续而未知的不断变化，生物想要存续下去，就必须不断改变自己。世界的变化是不可预测的，为了适应新的世界，生物只能用大量的向不同方向的变异来“碰撞”新世界，寄希望于某种变异能与之契合，然后在此基础上繁衍，那些没有碰对的变异则被淘汰，这就是生物变异具有随机性的原因。如果某种生物不死，将会跟新的变异了的后代争夺资源，导致新生代变弱，最终将导致物种的消亡。

我，作为一个生物个体，出生时基因已定，很难改变；随着生活经历的磨砺，我的思想也逐渐固化，难以改变。但世界会不断变化，且不以我的意志为转移，我终将会因不能适应新世界而被淘汰，这是必然。这就回答了我为什么会死，而且必须死这个问题。因为这是必然。

孩子在出生时，生理上的变异就已经完成，在他的成长中还会有几次叛逆期，这是他相对于旧世界的思想变异，没有这些变异，人类将无法延续。变异总是随机的，且绝大多数变异是不能符合当下现状（正确）的，所以，作为父母需要宽容地、静静地，看着他们，陪着他们，然后在伴随他们的成长中慢慢死去。

企业也是一样，它们不可能永存，它们也有寿命，我们必须时刻跟踪、分析它们的生命状态。特别是那些思想封闭的企业，要早点离开它们，开放且具有耗散结构（远离平衡态的结构，是非孤立的、非平衡的、非线性系统，通过与周围环境交换物质、能量和熵来维持和发展的有序结构）的企业才更有生命力。

每个人都会死去，但人性不灭。

生命以负熵为食，无论包裹在什么样的文明之下，生命最终都是弱肉强食、适者生存。如果展开世上每个人的基因，古代的奴隶、贫民的基因可能已经荡然无存，即便其中有个别变异的天才，其基因也已被稀释到王公贵族基因的大海中了。

不必为此不平，这是大自然的选择，是人类存活且成为世界之王的必然选择。如果不是这样，人类就会在竞争中被其他物种淘汰，那么统治这个世界的可能是头上长角的某种动物了。

虽然如此，但这并不妨碍我们去爱。爱是我们作为一个种族参与竞争的另一种武器。自私且孤独的人作为人类的社会属性会被淡化，在孤独中很容易脱离社会。以大爱为爱的人是极少数，在最艰难的时候，他们会成为族群的领袖，带领大家走出苦海。最大的灾难永远都不是自然灾害，而是人心的败坏。

不必虚伪地否认基因的自私，也不必无视爱的光辉，他们都是人性，最基本的人性。人性不灭，爱与自私则不灭。

《传习录》讲“心即理”“性即理”，人性即是天理。人类对美好生活的追求就是人心的体现，就是人性的体现，而人性不灭。仅由此一点，就可以推导出很多认知：人类对美好生活的追求是无止境的，这就是人类社会不断发展，经济不断发展的原动力。只要有人在，就会不断追求更美好的生活，就会推动社会和经济不断发展、提升。这是无论经历多少经济危机、战争和瘟疫，我们最终都能从泥潭中爬起来，迈向更高山丘的原因。因为我相信这个力量，相信它始终在，所以我相信，总体来看社会和经济是向上的。正因如此，做空是危险的，一是几乎所有导致下行的力量都是偶发的、短暂的和效果不确定的，而向上的力量是必然的、永恒的和确定的；二是我不认为我具有把握偶发的、短暂的和效果不确定的向下趋势的能力，我也不认为有谁总能正确把握它们，而一次的错误把握就有可能使多年甚至数十年的积累毁于一旦，特别是杠杆做空，尤其危险。

中华民族这一次的复兴之路，大约走在《易经》乾卦中所说的“终日乾乾”的阶段吧，这个阶段会不那么顺利，会有忽上忽下的坎坷和心上心下的提心吊胆，但只要坚持“天行健，君子以自强不息”和“地势坤，君子以厚德载物”，终将“或跃在渊”“飞龙在天”。在这样的一条路上，做空中国，长期来看是很危险的。

近几年很多公司都很贵，龙头消费类的公司动辄40～50倍市盈率，实在很难出手买入，只有金融、保险、地产、家电估值还合理，但也没有多少折扣。而且在疫情、石油战、贸易战以及美股原本高企情况下，一个历史级的全球大熊市就在眼前，这是投资的好机会。

我喜欢熊市，因为平时好公司、伟大的公司基本都有很高的溢价，而熊市极端悲观情绪中可以以打折价买到这些公司的股票，即便满仓没有现金，也是一个不断把资金向成长更好、折价更多的好公司、伟大公司集中的好时机，这时候调仓的风险更小，折价更多。如果熊市又叠加了经济不景气，还能帮助我更多地看清标的公司，这时候公司的经营风险更容易暴露，它的抗风险能力、经营能力会得到更好的检验。同时，经济不景气是一个行业洗牌的机会，那些表现平平或者相对比较差的公司将在经济不景气中衰亡，它们的市场将让渡给优秀公司，一轮经济下行之后，往往是强者更强、强者市场占有率更高。

从历史的长度来看，人类社会总是不断发展向前的，所以选择那些在较长周期里更有效的，大约不会错。

天道熵增，人道熵减，人道成之，天道毁之，但熵增定律最终会起决定性作用，随着时间的拉长，时间会让一切都变得不那么确定，那些看似稳固的因素也会变得不那么稳固。时间会让相对稳定的因素，在一个长的时间周期里最终发挥决定性的作用，并让短期因素的影响正负抵消。

管子曰："不为不可成，不求不可得，不处不可久，不行不可复。"

学会做时间的朋友，远离那些随时间推移注定或大概率会变坏的东西，选择与随时间推移越来越好的为伍。比如投资时要远离那些生意逻辑已经出问题的公司，这类企业，即便买得便宜，也会随时间的推移变得越来越贵；远离随时间推移会突然死亡的东西，比如投资中使用高杠杆，一个反向的大跌或大涨，就能把本金归零，如果本金也是借来的，恐怕就要到天台上排队了；选择那些未来会长期存在，不易被替代的东西，比如投资必需消费品类的公司，只要有人，就会消费它们；选择未来大概率持续向好的东西，比如投资那些未来很长时间都会向上的行业和企业，即便一时判断错误买贵了，时间也会帮助企业填平泡沫；选择有复利效应的东西，钻研一项技术或专业，随时间推移越来越厉害，越来越难以替代，就是好的，银行里的柜员和投资分析师是完全不同的类型，年轻人职业选择时应该注意。投资年化回报20%，持续四五十年就是首富沃伦·巴菲特，这就是复利的威力。

因果不虚

了悟无涯，了悟无常，自然会升起敬畏心，生出无畏心。可以追寻变化，也可以追寻不变，但终究知道一切将改变。追求变也罢，追求不变也罢，不过是追求一段时间里的概率。就像掷骰子，想要的结果未必一定有，但掷的次数多了，总是会显现出来。相较追求变化，我更喜欢也更擅长追求变化中的相对不变——那些相对稳定的东西，它们让我感觉更踏实。

无常是变化，变化背后是因果。烧水煮鸡蛋，温度够高，时间够长，鸡蛋总会煮熟。世界却不像煮鸡蛋这么简单，有更多影响因素，而且绝大多数因素我们并不知道。对于积极的人来说，这并不妨碍他们为了期望的结果去努力种下“因”，因为知道因果，因为知道努力改变前因，会增加期望结果出现的概率，而且，我们能做的也就是这些，有什么理由不去努力呢？

有人觉得因果不可靠。不是因果不可靠，是我们对于形成这个果的因，知之甚少。常常以为此因方有此果，殊不知此果之因万万千。努力种下了因，没有收到期望的果，不必失望，这本是常态，静下心来，分析行为，精进自己，未来成功的概率才会变大。

佛说一切皆有因果，说得没错，但我们却不能僵化地理解这句话，不然就会落入决定论中——一切都已天注定，那还努力做什么。如果一切皆由因果决定，那下一刻（果）就由这一刻的状态（因）所决定，而这一刻（果）又由上一刻的状态（因）所决定，上一刻已经是不可改变的事实，那以后每一刻就变成不可改变的了。一切皆有因果，但因却并非完全确定的。

微观物理学有一个基本原理叫作测不准原理，也叫不确定性原理（Un－certainty Principle），还被称为量子测不准原理，由德国物理学家海森堡于1927 年提出。

测不准原理是指，用科学方法测定基本粒子的位置，同时又做到不影响基本粒子的速度，是不可能的。即同时测量微观粒子的位置和速度也是不可能的。所以我们无法预测电子下一刻会出现在哪里。

世界遵循因果规律，但同时由于世界的底层运动有不确定性，所以世界最终呈现出相对的确定和偶然的不确定。这体现为世界的运行有一定的规律，却又不是决定论所描述的一切天注定。作为世界的一分子，人类的行为本身也在改变着世界。

人类的本性总是在追求确定性，于是我们永无止境地寻根求源。所以爱因斯坦有一句名言：“是理论决定我们能够观察到的东西……只有理论，即只有关于自然规律的知识，才能使我们从感觉印象推论出基本现象。”爱因斯坦想搞出统一场理论来解释一切，他还说：“上帝不玩骰子。”但玻尔回敬他说：“量子世界除了概率什么都无法预知。”

我更相信世界是这因果规律和测不准原则的共同体现：具有不确定性的一定的规律性，其根本体现为概率。为了实现目标，我们能做的就是向着概率最大的方向努力。努力本身，也是提高概率的重要方法。

一切皆有因果，但世界充斥着对因果关系的误解。

哈佛大学心理学家斯金纳做了一种鸟笼子，笼子里有个电动装置会把食物送进笼子里，这个笼子被用来对鸽子做试验。1948 年，他尝试以随机的方式送食物给非常饥饿的鸽子。随后他观察到鸽子做出了相当惊人的行为：它们根据内在根深蒂固的统计机制，发展出极其复杂、有如祈雨舞般的行为。有只鸽子会对着笼子中特定的一角有规律地摇头，另一只鸽子会以逆时针方向转头。几乎每一只鸽子都发展出一种与喂食相关联的特别仪式，并将其慢慢固定到心里。

鸽子的行为跟人类的行为如此相似，古代世界不同地方的祭司、法师、道士、巫师，在祈雨、驱鬼、除魔时，会创造出不同的仪式，他们相信这些仪式能实现他们的目标。一旦某次被验证有效，就会更加传奇或魔幻地被进一步肯定其效力，并一代一代传承下去。错误的因果关系充斥在世界的每一个角落，如过去人们曾经相信太阳是被公鸡叫醒的，而月食消失是因敲锣打鼓把天狗吓跑了。

这让我想起了一个创投圈的经典段子：三个人坐电梯，一个不停原地跑，一个不停撞头，一个不停做俯卧撑。电梯到顶后，三人被问道：你们是怎么上来的？一个说我跑上来的，一个说我撞头撞上来的，一个说我做俯卧撑上来的。但我们都知道，这三个人都是坐电梯上来的。对于股票而言，长周期的股价上涨，其动力仅有公司的成长和盈利能力的提升，这就是导致股票上涨的“电梯”。

我不知道有多少炒股的技术理论类似于鸽子的仪式，因为我看不出有多少技术理论跟上市公司是否赚钱有什么关系，而支撑这些技术理论的，大多是所谓的统计规律，跟统计公鸡叫与天亮的因果关系没有多大区别。有一天公鸡生病没有叫，结果太阳却出来了，可能就睡过了头；用技术理论炒股，有一天理论无效，可能就损失了本金。

有个朋友跟我交流经验，他观察到自 2013 年以来，承德露露的股价总是在 6 元到 8 元之间波动，于是采用了跌到 7 元就开始买，涨到 8 元就开始卖的策略，据说每年都能赚到钱。但我不知道这个朋友是否了解为什么承德露露会这么长时间在这个区间波动，是否知道市场会担心这个处于守势的企业

学、地球科学、生物学等。

自然科学的学习和认知是金字塔形的，金字塔的底部是起点，起点很宽厚，是前人积累下的知识和经验。人类在纯粹的自然科学领域，发展得非常迅速，因为有前人的基础，自然科学的积累可以通过书本学习，直接站在前人的肩膀上向上攀登。

自然科学的学习虽然起点宽厚，但往上走却越来越窄，在某个具体专业领域，达到一定高度后，再想有新的突破，就非常难了。

社会科学是研究人类社会种种现象的各学科总体或其中任一学科，社会科学所涵盖的学科包括：经济学、政治学、法学、伦理学、历史学、社会学、心理学、教育学、管理学、人类学、民俗学、新闻学、传播学等。除了自然科学和社会科学外，还有许多无法被自然与社会归类的学科，在 20 世纪人们将这些学科归纳为人文科学。人文科学包括文学、历史、哲学和艺术等，是以人为本的学科。

人文科学和社会科学的学习认知是倒金字塔形的，起点很低。人文科学和社会科学虽然也有前人如巍峨高山般丰碑一样的著述，但我们很难直接通过理论学习，就站在前人的肩膀上。我们几乎都要通过大量的实践和感悟，真正悟到了，才能理解前人所说，而且后人的成就未必超越前人。明显的例子就是艺术和哲学，前人的丰碑如高山矗立，后人建树如小山林立，却鲜有新的高山耸立。所以说人文科学、社会科学的掌握，似乎都只能从头开始，通过自己的实践和感悟获得，很难直接站在巨人的肩膀上。

人文科学和社会科学与自然科学情况相反，虽然起点很低，但随着认知的提升，我们的认识水平可以是线性或几何数的增长，有时候可以突然跃上一个平台；当我们在人文和社会科学（特别是哲学）方面取得一点进步时，可以以此为新的基点，迅速把各种不同的知识和认知联系起来，变成许许多多新的认知，就好像空间世界进入了一个高维的世界，也许这就是顿悟吧。

把医学单纯地看成“科学”，可能本来就是不足的，它忽视了人的主观思想对人体的影响，小视了人体作为宇宙、生态世界的一个缩影，其要素的俱全性、普遍联系性。医学应该是自然科学和人文科学的综合体，它不是单纯的唯物体系能应对的，否则情志致病和情志治病就无法解释了。

正因如此，主导中医的整体看待、普遍联系的哲学思想，必然会得到很多人的认可，中医类比的描述方式，也会得到普通民众的认同。我们可以看到，一些高层管理人员，他们长期处理庞大、极其复杂的管理难题，反而对中医的思想理念很认同，而长期做唯物体系下自然科学工作的人多有反对中医的斗士。这是由认知不同决定的。

相信这次新冠疫情后，依然会有很多“科学”体系下的人士，继续反对中医，因为在“科学”的体系下，需要循证，需要对比实验，而中医无法适应这一体系。在“科学”的西医体系下，把新冠疫情看作单纯的病毒感染，会采用大体统一的治疗方法，并在这一基础上做逻辑验证，而中医把人体和自然看作一个体系，每个病人是不同的，会采用不同的辩证和施治，而且即便基本相同的病症，也可以采用不同的施治方法，这更像企业病、社会病的治疗，甚至无法做对比实验，这无法满足“科学”体系的论证。

佛陀说“法无定法”，我认为是佛了悟了世界的复杂和变化，从而了悟没有哪个确定的理论和方法，能够解决所有的问题，所有的法都是有适用范围的。西医因其“科学”，解释和解决了很多问题，但西医也必然有很多不能解决的问题；中医天人合一的哲学思想，有它的合理性，虽然目前式微，但必然也会有它发扬光大的时候。全面否定“科学”的西医不对，全面否定“模糊”的中医也不对。

还是想重复那句话：经验告诉我们，那些经久不衰的，未来可能依旧经久不衰。

学习金字塔这个模型，可以在选人用人上得到很好的应用。

在多年工作中的选人、用人实践中，我把人才的属性分为三个方面：一是价值观和文化属性，二是通用能力，三是专业技能。现仅对通用能力和专业技能内涵做一下定义。关于通用能力这个词，其实大家的定义差异很大，我查过资料也跟不同的人力资源人士做过交流，定义都不一样，所以在这里需要把我对通用能力的定义和内涵做个澄清。我说的通用能力是指那种专业技能以外的能力，是可以通用于不同行业、专业的能力，是可以通用于职业和生活的能力，是具象能力之上的一种能力，它包括独立思考的能力、思维方式（封闭的还是开放的，单维度的还是多维度的，系统的还是散点的，局部的还是整体的，孤立的还是普遍联系的，本本主义的还是以实践为先的……）、逻辑能力、讨论能力、适应矛盾能力、意志品质、情商等。专业技能则除了包括通常说的学校里所学的专业知识外，还包括操作技能方面的能力。

我们可以看出，价值观和文化属性是有非常典型的人文和社会科学的属性的。一个人的价值观和文化属性一旦形成，就很难改变和重塑。所以在选人、用人时，三观不合、文化不和，是坚决不能选用的，如果是必要的外部合作，也只能是短、平、快的合作，不能成为长期稳定的合作伙伴。

由于通用能力具有很强的人文和社会科学属性，就很难直接站在巨人的肩膀上快速学习，提升比较困难，需要天分和大量实践的锤炼才能提升。但通用能力却决定了一个人的发展方向、潜力和高度。通用能力不足的人，是很难走到重要的管理岗位上的。

专业技能则属于典型的自然科学属性，是可以站在巨人肩膀上快速学习的。在工作和生活中我们发现，通用能力较强的人，专业技能学习和提高是很快的，很多通用能力很强的人，可以横跨多个专业领域，都能做得很好。

作为股东（即便散户也是股东），要认真审视公司的高层管理者，去分析他们的发言、文章，判断他们在这三个方面的属性。如果我们发现某个公司的董事长、总经理的人才属性存在问题或不足，要引起足够的警惕，三观不正的要坚决远离，通用能力不足的管理者可能会把公司带进死胡同。

通用能力几乎都要通过实践后才能变成自己的。

年轻的时候，刚跨出大学校门，心里装着好多理论，在这样的教育体系下，我与大多数学生一样笃信“理论指导实践”，结果碰得鼻青脸肿；后来，我又觉得“拿来主义”好用，把别人成功的经验复制过来应该没错，结果又是鼻青脸肿。直到自己有了足够的实践，才知道所有的理论都是有缺陷的，都是在一定前提下才成立的，都只能适用于一定的范围；所有的成功经验，如果没有吃透它的条件和精髓，其实是无法借鉴的，而且，从来没有什么成功的管理经验能被照搬复制而一直成功。

理论源于实践，甚至想要真正理解理论，都需要自己先实践再温习，才能真正理解理论，没有调查研究，就贸然行动，若是一般的事，可能摔得鼻青脸肿也就罢了，若是投资，那可能就是血本无归了。我们见过胆大的飞行员，也见过老飞行员，但几乎见不到胆大的老飞行员。所以，在实践中掌握的理论，才是自己的，才可能有效。

理论和逻辑分析运用在历史和已经发生的事件上，总是能非常完美地解释这些事件，而当用理论和逻辑分析解决当下问题时，它们又有着诸多的局限性。

分析已经发生的事件，所有的边界条件都已确定，那些没有被识别出来却存在的影响要素被忽略了。当我们面对当下时，所有的要素在这一刻都在，并可能发挥作用，也可能不发挥作用，这是巨大的差异。

正如坐在教室里学游泳，无论老师把游泳理论讲得多透彻，在空气中模拟训练得多充分，你的考试成绩多完美，一旦下水，还是会被淹、被呛。

不进入股市就想学会投资股票，几乎是不可能的。我们必须在实践中学习才能真正掌握一些原则；哪怕是一句常识，不通过实践，其理解也是肤浅的。

情感、艺术、社会科学、哲学这些人文社科类的东西，必须经过自己亲身实践和感悟，才能形成自己独有的认知和感受。每个个体，每个时代的人，经历不同，认知和感受就不同，我们在没有亲身经历实践的情况下，很难学到人文社科类的东西。这是黑格尔所说“人类从历史学到的唯一的教训，就是人类没有从历史中吸取任何教训”的根源，也是国家与国家之间没有感情只有利益的根本原因。

没有切身体会长期的物质匮乏以及与一群饥肠辘辘的年轻人共同面对一碗红烧肉的场景，是无法体会柳传志、王石对红烧肉的情感的；没有经历过大萧条、“黑天鹅”重创，一直处于顺境的人，是无法真正理解那种看似过度的战战兢兢和风险防范储备的；没有跟某个人一起扛过枪、同过窗、创过业、下过乡，是无法建立那种亲如兄弟般真切情感的，即便是都下过乡，一个在黑龙江、一个在嘉陵江，也不会有兄弟姐妹般的情感。

群体是没有多少情感记忆的，因为情感记忆需要有具体个体对象和具体共同的经历。国家与国家之间没有感情只有利益就是这个原因，不仅仅是国家与国家，其他群体之间也一样。

当新一代的韭菜疯狂追逐建立在梦想和幻想之上的科技、医药、5G、新能源时，当这些板块市盈率远远超过常识可以理解的范围时，劝说除了换来嘲笑外，还可能换来愤怒——你严重影响了他的收益。

这时候只能默默地做好自己的事情，默默地写下自己的看法，静静地等着他们在未来的某一天回来跟我们一起唱："only you。"没有和七零后、八零后共同经历过那场《大话西游》电影热潮的人，恐怕也难以理解这句"only you"中丰富的内涵。

理论不仅仅需要通过实践才能变成自己的，即便是精通了理论，也要知道理论的基石并不牢靠，最起码我们创造理论所使用的工具——归纳法、演绎法本身就存在着缺陷。孟子说："尽信书，则不如无书。"

归纳法和演绎法是辩证逻辑中的两个基本方法。

归纳法是从有限的事物中归纳出具有共性的特征，并将这些特征提升为普适的定律，进而应用于无限的事物，其特点是以局部说明整体，所以必然存在以偏概全的先天缺陷。

演绎法则是先提出几个不证自明的公理或假说，并以此构建一个简单的逻辑系统，然后再将这一逻辑系统应用和扩展到各个具体的领域，进而形成一个较为完整的理论体系。演绎法的前提本身就不可证明，其依据的可靠性不能被证明是可靠的，所以其构建的整个体系本身也并不是可靠的。

人类最常使用的理论，就建立在这样的基础上。所以，我们在运用任何理论的时候都要小心，它们并不绝对可靠。

所有的理论或对事件结果的解释，都存在不可避免的问题——强调或只采用了部分影响因素作为分析和解释的前提条件，而忽略了其余大部分的影响因素。这么做，有的是为了简化分析，以便于说明理论，有的是因为我们的渺小和无知，根本看不到那些因素，而后者又是不可避免的。我们可以用理论描述客观世界，也可以去解释一切已发生的现象，但客观世界并不接受我们的描述和解释，因为这些描述和解释都如此的片面。

大自然如此复杂，以致我们无法在自然界找到任何纯粹的东西：没有纯粹的黑色，也没有纯粹的白色，哪怕是简单的三角形、圆形，甚至是直线也找不到。有人说至少光是直线的，但真的是这样吗？其实就连光也无法走出纯粹的直线，不均衡的介质能使它弯曲，宇宙中各种引力也会扭曲它的路线。

而我们的教育却将世界简化了，以至于很多从学校出来的年轻人，只会拿着书本的理论来指导现实，毫无疑问他们大多会碰得头破血流。

理论的基石并不牢靠，所以我赞同卡尔·波普尔关于科学的观点："科学必须具有可证伪性的特征。"如果这个观点是对的，那么我们身边充斥着的迷信科学的人们，就是一出生就被囚禁在24小时四面灯光照耀的封闭房间里的人，他们并不知道还有黑夜，也不相信还有黑夜。

当我们要面对的是有限的常规问题时，迷信科学似乎也没有多大的害处，甚至还能提高效率、获得便利，正如身陷24小时四面灯光照耀的封闭房间里的人不知道黑夜，就无须分散精力和资源去防范黑夜。

迷信科学的人，在他们有限的实践中，他们会不断得到没有黑夜的正反馈，这会越发让他们坚信只有白天没有黑夜。

但当我们面对的是无限和无常时，迷信科学就会陷入困顿。

哲学和科学典型的不同应用，在医学和管理学体现得非常充分。

西医是在现代科学体系下派生的医学，其必然体现为边界清晰、精确和可重复性，便于人们理解、学习和使用。随着人们对人体和生命认知的不断深入，西医的前提边界不断扩展，能解决的问题越来越多，但西医还解决不了所有问题。

中医是基于中华文明体系下的哲学思想和方法论，古人云"医易同理"，其必然有模糊、不精确的特点，面对已知且确定边界的问题时，其准确度必然低于西医。但当面对无边界的、复杂的、不确定条件下的问题时，中医就显示出优势了，如果并不理解中医的哲学体系，却要用科学的体系来评测它，结果可想而知。

现代管理学之父德鲁克说："管理是实践的艺术；管理是博雅的艺术。"加拿大管理学家、经理角色学派的代表人物明茨伯格说："管理既不是一门科学，也不是一门专业。"的确，当我们无法清晰地将管理活动的边界描述出来的时候，我们是无法用科学的方法去做管理的。这时候"黄老之术""心学"等，就成了管理的重要典籍，我们无法从"黄老之术""心学"中找到应对具体问题的具体办法，虽然它们太宏观、太模糊、不够精确，但它们依然帮助我们取得了巨大的管理成就。

随着现代科学方法在管理中的逐渐应用，流水线、精益制造、标准化、

6S 等管理方法被创造和应用，取得了巨大的成效。如果归类总结，我们会发现，这些基于现代科学的管理方法取得巨大成效的前提，是它们应用于相对固定、边界明确的工作场景。

以软件开发为例，最初的软件开发采用的是“瀑布式开发”方式，就是从工业流水线生产的管理模型中演化出来的。“瀑布式开发”是最典型的预见性的方法，严格遵循预先计划的需求分析、设计、编码、集成、测试、维护的步骤进行。它的主要问题是在项目早期即做出承诺，导致后期需求即便发生变化也很难做出调整，就算能做出调整也会代价高昂。所以这种方法在需求不明，并且在项目进行过程中需求不断发生变化的情况下，基本是不可行的。这是典型的用“科学”的方法来应对大量不确定和变化的失败案例。为了解决这一问题，后来又发明了“迭代式开发”“敏捷开发”等方法，这些方法，不再强调计划和确定性，甚至对结果都不再做刚性的约束，而是强调适应性。

戴明博士花费毕生心血研究质量的量化问题，以倡导质量革命。全面质量管理的思想基础和方法依据——PDCA 循环，即以戴明博士的名字命名为“戴明环”。戴明博士在晚年时说，企业的管理问题只有 3% 是可以衡量的，97% 是无形的，无法用数字来准确统计。其中，企业文化和管理体系也是一种无形资产。

在流水线、相对确定的管理场景下，标准化和固化的管理工具在提高管理效率方面可以起到非常大的作用，但在面对瞬息万变的市场和创新时，它们就显得无能为力了。这让我想到了任正非说的“方向要大致正确，组织必须充满活力”，任正非解释道：“这里的方向是指产业方向和技术方向，我们不可能完全看得准，做到大致准确就很了不起。”华为面对的是一个不确定的时代，战略方向只能大致正确，而“快速行动 + 快速迭代”则是战略成功的关键，这里的“快速迭代”也包括对战略本身。

不可否认，科学化的管理虽然解决不了应对不确定和变化的问题，解决不了企业最终走向死亡的问题，但在提升管理效率，保障管理动作效果及格线方面，有着非常大的作用，是提升管理水平的重要手段。我们在做管理工作时，应该将管理内容分类，对于边界确定的、可重复的，要研究出科学方法，形成制度、流程用工具去解决它，这样可以大幅提高管理效率和质量，比如流水线、操作规程等；对于无边界、不可重复的工作，要找到适合的人，采用哲学的方法去处理；在处理无边界、须大量重复的工作时，比如人对人的销售工作，可以将其中可确定边界的部分提炼出来采用科学的方法处理，比如华为在大客户营销工作中使用了九大工具（关键人物表、痛苦链、痛苦表、九格解决方案构想模型、客户拜访备忘录、关键客户关系全景图、客户关系提升规划总表、销售强度检查表和竞争策略与行动计划），这样也可以最大限度地提高工作效率和保障质量的下限。我们在管理工作中，能明确出边界的部分越多，应对这些部分的科学方法越多，我们就会越专业，成功的概率就会越高。管理工作如此，股票投资工作同样如此，虽然股票投资工作还没有如管理工作那样表现出确定边界的、可以采用流水线管理的情况，但如华为提炼销售工作中的共性一样，不断明确一些相对确定的边界，创造更多辅助的工具，同样是提高投资成功概率的重要方法。但我们永远不要忘记的是，科学的方法是有适用前提的，同时，当我们很专业的时候，不能惯性地认为科学的方法能解决所有问题。

说着管理学，思绪又回到了医学。我发现身边一些哲学水平很高，且长期面对纷繁复杂的管理问题的人，如果稍有了解中医的医理，就很难排斥中医，我想，可能是因为中医治疗疾病和管理解决复杂的管理问题，背后有着相似的哲学层面的认知。由此可以断言，面对新的、复杂的管理问题，是无法单纯用科学来解决的。管理问题和生命问题具有很大的相似性，不同的人在面对和解决它时，不过是哲学理论不同、方法论不同罢了。

哲学的思维方式在面对极其复杂的投资问题时，往往非常管用。比如在当下中美摩擦日益加剧的时候，还要不要投资？如果能用更宏大的视野去看投资，投资的根本就是在投国运，相信中国的国运就应该投。

看到关于达里奥的一篇文章《桥水大幅加仓中概股后，达里欧最新万字长文：美国步入衰落　中国正迅速崛起》。达里奥是帮助中国建立证券市场的外部专家，也是《原则》一书的作者，桥水基金的创始人，是一位全球视角的大师。我同意达里奥在此书中的观点：美国已走到巅峰，正在步入衰落，中国正在迅速崛起。

但我认为美国的衰落会用什么方式展现，是不可预测的，突然崩溃的可能性也比较小，走向二次增长曲线的可能性也比较小，在波折中衰落的可能性比较大，在波折中衰而不落的可能性比较大；中国的崛起也不会一帆风顺，无平不陂，挑战巨大，必然面临诸多挫折，其间起起落落不可避免，但趋势难以阻挡，做多中国是最好的选择。

2020 年 2 月沃伦・巴菲特说看好航空业，不会卖出航空股票，5 月 2 日股东大会上却宣布清空了航空股；5 月 2 日沃伦・巴菲特说坚定看好美国，没过几天就开始卖出美国的银行股。沃伦・巴菲特卖出航空股可以理解为行业问题，但他卖出美国银行股的行为可能并非那么简单。

美国军事 + 科技 + 美元霸权的剥削模式（经济殖民）面临来自中国前所未有的挑战，且看不到美国必胜的前景，中国在科技和金融方面面对美国难以遏制的挑战，以及中国足以自卫的军事力量，动摇了美国赖以称霸的基础。坚定做多中国，坚定赌国运，科技、金融、高端装备制造、医疗健康、消费等能支撑和代表国运的行业，是必选项。

也许有人会说我不投资可以吗？其实对绝大多数人来说，是不可能不投资的。

除非生命终结，无论你是否愿意，都躲不开生活，躲不开呼吸。我们能做的只是选择和过什么样的生活，呼吸什么样的空气。

除非赤贫，无论你是否愿意，都躲不开投资。只要在最基本的生活必需品以外有结余，那些剩余的部分就会面临投资的选择。你可以买一些完全没有用的东西，让资产沉没、最终失去价值；你可以买大城市的房子，既保值增值又能节省租金；你可以买成黄金，虽然它没有任何增值的功能，但它至少不会变少；你可以买成国债或银行理财产品，虽然不能完全保值，但至少可以抵御一部分通货膨胀；你可以买成企业债券，虽然也有损失本金的风险，但也可能会战胜通胀；你可以买成股票，虽然长期看总体上收益远大于以上投资品，但股民却七赔二平一赚；你可以存在银行吃利息，但贬值的速度却远远超于利息；你可以取成现金放在保险柜里，但要知道 20 年后肯定连一半都不值，甚至连三分之一都有可能不到。所谓投资，就是你把资产配置在什么上面。上面所有的方式，都是一种资产配置的方式，你躲不开投资。

就像呼吸一样，除非特殊情况，我们几乎感觉不到，但它不是一件理所应当的事情，投资也是一样。如果你认为把钱存在银行就像呼吸一样理所应当，那你就必然要承受辛苦得来财富的贬值，当你认为必须要付出努力才能保住自己的财富，那你要付出更大努力才能获得增值，你就会改变。凡是躲不开的，要么默默承受，要么努力改变。

但正如沃伦·巴菲特所说，投资却并不是一件容易的事。投资是内心想法与客观世界互动的具体实践，唯物、唯心一体交融，需要将自然科学与社会科学深度融合，面对不断变化的市场，两者不可偏废。系统、经得起时间验证的哲学体系，将决定投资的最终结果。

价格是主观的，价值也是主观的，全在人心。价值相较价格而言，偏自然科学，稳定性更强，更容易估算，特别是那些拥有“护城河”，能持续创造价值增加值的好公司，价值会更加稳定一些。但价值投资者，也要时刻警惕价值标尺的变化，不可以抱守。

投资时，要寻找那些拥有深深“护城河”的公司，并在合适甚至是低估的价格买入，同时也要知道，任何“护城河”都建立在缘起之上，它们并不牢靠，甚至非常脆弱，随时可能崩塌。买入后要时刻观察它，一旦“护城河”出现裂纹或者崩坏，要断舍离。

即便深度研究了基本面，选择了好公司作为投资标的，在低估的价格入了手，但股票价格却不一定很快涨起来。价格会回归价值，但什么时候回归、什么时候超越价值，却是个不确定的变量，我们需要有足够的耐心等待价值回归，也许一年、两年，也许三年、五年。

一切事物都在运动中变化，基本面也不例外，在价值回归的等待中，要密切关注公司的基本面，是否已变坏或者变坏的趋势。有时候也会运气不好，或者看得不准，耐心地等了很久很久，价格还没有回归价值，公司基本面却变坏了，甚至从价值创造的公司，变成了价值毁灭的公司，这样的例子不算少，这时候必须断舍离，转而投向其他好价格的公司。

开户很简单，但投资并不容易。面对纷繁复杂的变化，不断擦亮眼睛，去看清迷雾中脚下的路，面对人性的弱点，克服恐惧与贪婪，克服执念与偏见，远离众人，独享孤独。投资的路途，能获得的，除了投资成功的财富外，更有自身进化的喜悦。

投资中绝不仅仅是研究外部环境和投资对象就可以的，还需要战胜人性中的弱点。

初生的婴儿在8个月前还没有萌发自我意识，这个阶段的婴儿并没有区分自己和客体，也没有“对错”之分。随着自我意识的建立，婴儿开始认知到自我的存在，于是开始证明自己的存在，并不断证明自己如何区别于外物和他人。在证明自己区别于他人的过程中，证明自己是“对的”，成为一个主旋律，这是一个建立自信和确认“自我”的过程。换个角度看，如果一个人还在不断寻求证明自己是“对的”，其实是仍然处于一个建立“自我”的过程中，还处于不成熟的阶段，还没有建立起真正的自信。在这个阶段，所有对“自我”的否定，都会带来巨大的痛苦，我们要么会抗击这些否定，要么会美化“自我”。

“自我”的不完整，自信的不足，会有两个典型的外在表现：一个是总是试图证明自己是“对的”；另一个是总是试图维护虚妄的“自尊”（这其实是一种内心自卑的体现）。这两种反应在长期的重复下几乎变成了本能，使我们习惯于把外界的反馈（尤其是负面反馈）和“自我”绑定。

在面对质疑时，我们会将其识别成对自己“对的”和“自尊”的攻击，会条件反射地进行自我防御，比如面对质疑或批评，第一反应不是自省，而是马上找借口甚至是找对方做错的地方予以反击。

在面对自己的错误时，我们会努力否定自己犯了错，编织理由以说服自己相信自己的正确，或者在自己做了决策后，不断吸纳证明自己“正确”的事实，而忽视证明自己“错误”的证据。比如买入一只股票后，往往会陷入“敝帚自珍”的心理状态，会乐于接受买入“正确”的信息，甚至会刻意地寻找、收集有利于这只股票的信息，而忽略那些不利的信息；比如股票价格已经大幅下跌，也意识到自己买错了，却抱守不放，因为卖出就是“实质”性的损失，就是认错了，而不卖则是“浮亏”，并没有形成实质的亏损，说不定还有机会涨回来，如果上涨了，就可以证明自己并没有犯错，结果是要么继续加大亏损，要么是承担很大的机会成本——为了证明我们是正确的，我们宁愿投入很多当下和未来的精力与财力，去给过去填坑。

只有确立了正确三观，真正建立了成熟的认知体系，去除自卑，建立自信，放下自我，才能以结果为目标，才能思想开放，才能海纳百川，才能从根本上放下证明自己是“对的”，才能放下虚妄的“自尊”。对于股票投资来说，还要在认知体系基础上，建立自己的交易体系，并能坚守自己的交易体系。这时候才能既虚怀若谷又如如不动。

建立了认知体系和交易体系，并不能一蹴而就，还要审视所建立的认知体系和交易体系是不是开放的、能持续进化的，如果建立的是封闭的、僵化的体系，那还不如没有体系。

股市是个神奇的地方。佛说一花一世界一叶一菩提，一个股市就可以是全世界的缩影，而且，你看到的世界，就是你心里的世界，你看到的股市，就是你心里的股市。

你当股市是赌场，它就是世界上最大的赌场，你带多少钱进去赌博，你对手的资金量都可以比你更大；你当股市是修道场，它就是最好的修道场，股市对人性的修炼，犹如太上老君的八卦炉，狂风烈火、雨雪冰霜，什么样的磨炼都有；你当它是认知提升的研修院，它就是最好的研修院，你的认知体系能在这里被很好地验证。

如果你不想赌博，也不想经历磨难，更不想升华哲学认知，那还是远离股市为好。如果你既没有对世界成体系的认知，又没有较好的心性，那务必远离股市，因为你在股市里不但会经历心性的磨难，还会损失金钱。

第二篇

刻心为尺

古希腊哲学家普罗泰戈拉说：“人是万物的尺度，是存在的事物存在的尺度，也是不存在的事物不存在的尺度。”价值，则是人用来度量事物是否有用/有益的一种尺度，这个尺度随人的不同、时代的不同而不同，受到稀缺性、不可替代性、所需要的单位劳动时间等很多因素的影响，它没有完全固定的标准，它的内涵随人、随时间、随环境的变化而变化。但人总要确定一个尺度，本篇是针对价值的看法与选择，这些看法和选择，决定了我选择的是非标准，决定了我选择为社会创造正和价值而非玩零和游戏，决定了我选择本分和诚信，也决定了我在投资中选择基于成长的价值投资理念。

尺 子

心中有锚的人不多，多数人都是以浮漂为尺。心中有锚，行事才有度，遇变才淡定。以浮漂为尺，只能随波逐流。

2020 年 7 月 6 日这一天整个金融板块几乎涨停，绝大部分金融股都涨停了。一向不被看好的金融板块连续几天的上涨和今天的暴涨，必然吸引人们的注意，也必然会改变人们的看法，今天主流媒体上也发布出《金融系统让利 1.5 万亿对银行影响不大》的文章。要知道，6 月 17 日国务院常务会提出金融系统全年向各类企业合理让利 1.5 万亿元的任务目标时，是被解读为金融行业的重大利空的。

市场就是这样，大多数人并不会独立思考，也没有自己的估值体系，想法和说法大多是随波逐流，市场上涨就找上涨的解释，市场下跌就找下跌的理由。市场是由无数的参与者共同构成的，每个人心里都有不同的价值尺度，无数人凑在一起的群体行为如椋鸟集群飞舞一般，时而向东，时而向西，时而向上，时而向下，飞行的方向没有确定的规律。这使得市场总是不断变换评估企业价值的尺度，甚至一天之内就可以变换不止一次。

这大半年，不少人问我为啥买银行。我说你觉得中国的主流银行会破产吗？所有人都告诉我不会破产。我又说，如果有家不错的银行，现在有百分之十几的净资产回报率，长期看预计每年还有 5% ~10% 的增长率，现在净资产打六折卖给你，相当于当年买入价格对应的利润率达到 20% ~25%，每年利润的 30% 拿来分红，当年分红就有 4% ~6% 的收益，以后长期看预计每年都不会低于这个数。在之前国家连续几年去杠杆、降杠杆，已经把银行业原有坏账风险大幅消减的情况下，在银行为了防范风险大幅提高坏账准备金的情况下，如果你有足够的钱把这个银行买下来，这个生意你做不做？几乎所有人都说这样的便宜当然要买了。但是，这半年多时间里，中国的银行就是这个价，一些银行以净资产打五折甚至更低在卖，却无人问津。只有当银行股票不断上涨一段时间后，人们才会蜂拥而至去抢购，然后突然就觉得银行“香”了。

银行还是那个银行，没有变，变的是人们的看法，人们的看法又仅仅跟随股价波动，却跟银行是否赚钱无关。

人们之所以变，就是因为心中以“浮漂”为尺，而非以“锚”为尺。

守正不出奇即可驾驭股市

不少投资者倡导要守正出奇，但我却不这么认为。我认为在投资中守正即可，守正不出奇，抱朴守拙，就已经足够。在投资中只需要遵循规律，抱守价值，抱守每单位投资金额能为社会持续创造更大的价值，且这个价值可以兑现，就足够了。

出奇是什么？我的理解，出奇就是要出其不意，出谁的不意？那一定是出其他人的不意。如果是这样，那么内心深处还是存有博弈的思想。守正出奇比较适用于人与人之间的博弈，比如战争、斗争、竞争等，是非常好的方法。守正出奇这个词本身就源自《孙子兵法》之“凡战者，以正合，以奇胜”。

然而在股票投资中，选择博弈，就是从别的投资者兜里掏钱，这就是零和游戏。在股票市场里博弈，我们面对的不是某个人、某些人，而是整个市场的所有人，这让博弈的短期结果变得非常不确定。如果心存博弈的思想，并且获得了回报，未来会不会在“成功”中逐渐走偏，远离“守正”，不得而知。至少对我来说，股票投资本应该是一项正和游戏，无须参与博弈就能创造价值和兑现价值，我不会选择“出奇”这样的底层逻辑，我会仅仅选择“守正”。

不管什么生意模式，是不是能创造价值增加值，而且可持续，是不是能实现价值的利润回流，利润是不是可现金化，这个是根，其他都是梦幻泡影，无论看起来多么美丽，终将在追逐中破灭。

如果用一个很长的周期来看股票市场，推动股指上涨的来源只有一个——所有上市公司在这个长周期里所创造的利润增加值之和，没有其他。

投资股票我们都希望能穿越牛熊并获得丰厚的收益，那么我们就必须拥有无视牛熊的能力和与之对应的逻辑。

无视牛熊并不是在牛市和熊市都能获得超越牛熊的收益，也不是当下的投资收益能不受牛熊的影响，而是自己的底层逻辑不受牛熊的影响，这个底层逻辑无论牛熊都会在一个长周期里有效。就好像海面的风浪，短时间的风浪就如同牛熊，而月亮的引力才是所有风浪下面更底层的力量，它能引发比风浪更加宏大、持久和确定的潮汐的力量。

对于股票投资而言，公司持续创造更大社会比较价值的能力，就是伏在所有股票价格波动之下的那种引发潮汐的力量。而认知并掌握这种力量的能力，就是穿越牛熊的能力。

我曾长久地被一个问题困惑，以至于在股市总体高估时不知道该如何是好。按我的估值体系，在整体高估的时候，更好的选择是持有现金，然而，市场常常会非理性持续很长时间，以至于导致我有可能会错过一个时代，错过优秀公司的成长。

直到有一天，我突然想明白了，想赚牛熊转换的钱，也是一种赌博，于是开始释然。之所以有以上的困惑，还是因为在内心深处有择时的想法，有强者的思维，试图战胜丛林而不是自己。如果仅仅是选择更好的标的，选择相对有估值优势的标的，同时无视整体市场的估值，无视牛市熊市，虽然赚不到牛熊转换的价差，但也不会错过公司的成长。最初以合理价格买入优秀的公司，即便不去赚取牛熊转换的价差，而是长期持有，依然能够赚取优秀公司成长的价值，这已经是非常可观的回报了。不贪念牛熊转换的价差，重点关心公司的成长，关心买入的价格是否值得，不断把资产在好公司里调向更具价值的标的，最终会赚到不低于优秀公司成长的价值。这，就够了。如此，可更加安心，更加从容，更加淡定。

绝大部分股民都赔钱，说来其实挺可笑的。我认为，所谓的赔钱，不过都是在股市里赌博（投机）的结果。记得曾经有个笑话说“炒股炒成了股东”，用来嘲笑买股票被套。可是，如果真的以股东的心态去买股票，要赔钱还真的挺难的。我选取了股市里成长性较差，也是大多数基金和股民看不上的银行股来说明一下（如果选其他成长性好的公司，结果会更为惊人）：

选取的对象是银行里成长性较差的工商银行和成长性比较好的招商银行，如果在这两个银行上市那天就买入，历年分红都在分红当天买成股票，结果如何呢？为了方便计算，所有价格都以当天收盘价为准，忽略交易成本。

成长性很差的工商银行自2002年上市至2019年7月7日，上涨到3.022倍，年化复合收益率8.88%；成长性较好的招商银行自2006年上市至2019年7月7日，上涨到13.442倍，年化复合收益率16.51%。是不是很不错？

如果我们做一个很坏的假设：两只银行股自上市开始，每年股价下跌4%，持续下跌10多年，到今天会是什么结果？还是历年分红都在分红当天买成股票，可能很多人打死都想不到，它们仍然取得了还不错的正收益！

工商银行自2002年上市至2019年7月7日，股价从3.28元跌到1.93元，但持股市值却上涨到1.685倍，年化复合收益率4.10%；招商银行自2006年上市至2019年7月7日，股价从10.66元跌到2.72元，但持股市值却上涨到4.528倍，年化复合收益率9.29%，是不是很吃惊？这就是公司不断盈利带来的效果！如果选择了更赚钱的公司，甚至可以在股价每年下跌4%的情况下，比股价不下跌赚得更多！

在做上述计算时，根本没有考虑其间的牛市和熊市，要知道，这10多年里，股市曾涨到6124点，又跌到1664点，又几起几伏到今天的3000点左右。就算从买入开始就是以每年4%下跌的10多年的持续熊市，我们依然可以取得正收益！

投资、投机和赌博

投资股票，大体上买入时就设定了多少价位就卖出的，多是投机，而买入时就没想着要卖出的，多是投资；大体上买入以后如果跌了，马上心里毛焦火辣，想着卖出止损或者补仓摊低成本的，就是投机，而面对下跌心里想着“啊，这么好的公司更便宜了、打折了，要再多买点”的，多是投资；想着在一只股票上抓住波峰和波谷赚差价的，就是投机，想着随公司成长分享公司增长利润的，就是投资；想着一夜暴富，一夜不行两夜也可以的，年初投进去1000元年底就能赚10000元的，就是投机，想着保值增值，争取不落后于大盘，年初投资10000元年底能赚个800元、1000元就好的，多是投资。

投机的话，最好设定一个自己能亏得起的数额，不要多投，反正就是玩个心跳。

投资的话，要多下苦功夫学习，学习中不要多投，学成了就要大手笔地投。

在赌徒眼里，任何事情都可以是赌博的工具。很不幸，绝大多数人血管里都多少流淌着赌徒的血液，我也不例外。于是，在股票市场这样一个充满诱惑的金钱之地，赌博的气氛就尤其地浓厚了。我们不必为此悲伤，也许这是刻在基因里的特点，就好像生物繁殖时一定会有基因突变一样，基因突变本身就是一种赌博，对生命适应未来的一种赌博。幸运的是，虽然我们无法左右基因突变，但我们可以通过修行以控制自己是否参与赌博。

我们都知道身陷赌博的危害，但当我们以合法的身份，在合法的市场，以同样合规的买卖程序，在股票市场里买卖股票时，我们的赌博行为无论在形式上，还是在自我心理安慰上，都不会带来罪恶感。我们甚至可以认为自己和本杰明·格雷厄姆、沃伦·巴菲特一样，是一名正式的投资者，只不过他们投资取得了巨大的成功，而我们没有赚钱甚至是亏钱罢了。

几乎所有的赌博都有一个特点，当赢了的时候，会归于自己的能力；而当输了的时候，会归咎于运气或者是庄家使诈。当赌博有明确规则的时候，赌徒赌输了，会愿赌服输，不会埋怨任何人，包括自己。赌徒不会从自身寻找问题，也不会管整个赌局是否会整体胜出。赌徒关心的是自己是否比别人聪明，或者是运气更好，以便从别人兜里赢得筹码。

很多时候，我们甚至都不知道自己是在赌博，即便在明眼人眼里已经是典型的赌博了，我们还会认为那只不过是投机。

投资、投机和赌博行为可以给出相对明确的区分：投资总体上是在创造价值，所有的投资者加在一起是正和价值，能给社会带来价值增加值；投机总体上并没有创造价值，所有的投机者加在一起并没有给社会带来价值增加值，但投机者知道自己在玩什么，有着明确的赢钱方法，比如套利（利用同一商品或证券在不同市场存在价差倒手套利），或有着明确的概率和赔率系统，以确保获胜；赌博首先总体上没有为社会创造任何价值增加值，其次也没有明确稳定盈利的体系，把结果寄希望于运气或者自己比别人聪明。

有人说不管哪种投资，只要是能稳定赚钱就是价值投资。在我眼里，对于价值投资者来说，赚钱只是个结果，背后起作用的关键是价值观——是否能为社会创造价值增加值。这是个出发点，由此轻易就可以推导出股票投资的根本就是买公司，所买的公司未来能不能为社会创造更大的价值，自己则作为股东分享公司所创造出的更大的价值。

如果只是因为估值便宜，期待买入后赚取估值回归的钱，然后卖出，其根本还是投机。

如果只是想跟随曲线波动，赚股票价格波动的钱，或者寄希望于得到“内部消息”赚信息差的钱，其实和赌马、赌球有何区别？

幸运的是，由于市场的非理性波动，价值投资者在分享公司价值成长的同时，还可以顺便赚到一些估值回归或估值泡沫的钱。也许这是上天对价值投资者的青睐有加。

你可以投资，也可以投机，但千万别去赌博。我们不能不知道自己在做什么，不能做的是在投机却以为自己是在投资，更不能做着赌博，却以为自己是在投资或者投机。可悲的是，很多人并不清楚知道自己在做什么，更有甚者欺人骗己。

逆“选美理论”

“选美理论”是英国经济学家约翰·梅纳德·凯恩斯在研究不确定性时提出的，他总结自己在金融市场投资的诀窍时，以形象化的语言描述了他的投资理论，那就是金融投资如同选美。在有众多美女参加的选美比赛中，如果猜中了谁能够拿冠军，你就可以得到大奖。你应该怎么猜？凯恩斯说：别猜你认为最漂亮的美女能够拿冠军，而应该猜大家会选哪个美女做冠军。即便那个女孩丑得像时下经常出入各类搞笑场合的娱乐明星，只要大家都投她的票，你就应该选她而不能选那个长得像你梦中情人的美女。这诀窍就是要猜准大家的选美倾向和投票行为。

对应到股票投资，运用“选美理论”，就不要去买自己认为能够赚钱的股票，而是要买大家普遍认为能够赚钱的股票，哪怕那只股票根本不值钱。这道理同猜中选美冠军就能够得大奖是一模一样的。

我想，凯恩斯一定是个非常聪明的人，所以他会选择去猜众人的想法，并试图从中赢得比赛。我是个比较愚钝的人，没有能力去猜中众人的想法，判断不清趋势及其变化，所以我选择了一个很笨的办法，遵从自己的内心，遵从常识：美的就是美的，长期以来大家公认的美，就是美的，无论当下人们如何博弈和追逐，最终都不可否认那些公认的美；如果在追逐中变成了以丑为美，最终那些丑的还是会被认为是丑的，那些被遗弃的美还是会回到聚光灯下。

常识背后其实是有坚实的逻辑基础的。即便为了赢得比赛而追逐他人的想法和投票，也无法摒弃内心对真正美的认可，而正是这一点点内心始终对真正美的追求，会如地心引力般，始终牵引着每个人在投票时或多或少倾向于那些真美，特别是在当下众人的选择已经严重偏离那些公认的美时，可能众人的选择会在一瞬间逆转。周而复始，无往不复，回归均值在哪里都会有效，选美也不例外。

美与丑，好与坏，贵与贱，都只是基于我们的分别心。对自己有利的就是好，对自己不利的就是坏。有些人从局部看好坏，有些人从宏观看好坏，这会有巨大的差异。贵贱也一样，有人从短期看，有人从长期看，有人从价值看，有人从博弈看，这又有巨大的差异。

所有这些差异，由亿万不同的人心交织在一起，相互影响，相互作用，如无尽海面的波浪，起起伏伏。如果你能追逐到每一个波浪，你将获得非凡的奇迹，当然也可能是非凡的沉沦。伟大的投机家利弗莫尔也不能总是成功，他曾四次破产，最终自杀身亡。

经济社会的发展，行业的发展，企业的发展，与百变人心不同，它们相对确定，如同月亮带来的潮汐，如果你只追求月亮带来的潮汐起伏，那么就能追逐到比较确定的浪潮，但你无法获得出奇的回报。不同的观念有不同的选择，选择没有对错，但会对应不同的结果。

作为一个愚钝的人，作为一个没有能力经常猜中众人想法的人，我选择了一个最笨的办法：一直坚持选择那些长期公认的美，并在众人的选择严重偏离公认的美时，我静静地等待，等待人们回归常识，回归到公认的审美中来。

那点不同即是价值

又是一年冬至，冬至这一天是一年中黑夜最长的一天，过了这一天，白天就一天比一天更长了，但从这一天开始就数九了，天气一天比一天更冷。

冬至一阳生，微阳初生很是弱小，虽然面临的是一天比一天更冷，但周而复始，阳气的生发已经是趋势，不可阻挡。冬至这一天对应的是《易经》的【复卦】䷗，冬至之日，阳气始复之时也，安静以养之，深厚以藏之，以蓄养乾阳之德也。【乾卦】䷀“初九，潜龙勿用”讲的也是这个道理。2018年底这个经济寒冬其实也就是经济的冬至日，催动经济向好的各项举措已经开始实施，但显现效果还需时日以待。

【乾卦】䷀，6 根阳爻，当然是阳卦，而当我初次看到【复挂】䷗时，上面 5 根阴爻，下面 1 根阳爻，且冬至又是至寒的冬季，所以我以为【复挂】䷗是个阴卦，不承想它却是个阳卦。后来又发现，居然是“阳卦多阴，阴卦多阳”，一时想不明白。带着这个疑问，不断在天地人文间揣摩对照、分析学习，渐渐明白其中蕴含着深刻的道理——那一点不同，恰是它的特点，是它的属性，是能区分和识别它的要素。

看到下图，大多数人会认为这是一个“圆圈”，或者是一个“白色的圆圈”，而不会认为是一张被白色弄脏了的黑纸，白色的圆形部分只是整个画面最小的部分却被看作这幅画的属性。

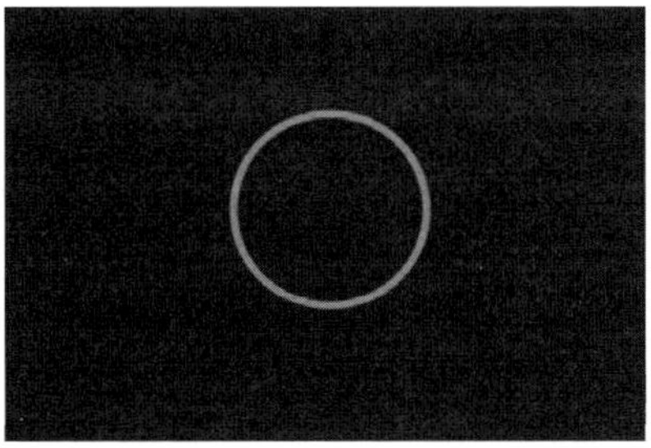

所以说，即便是这一小部分，但只要有特色，有吸引力，那它就会价

值倍增。比如下面这两张图，就可以成为插画、封面或者墙上的一幅装饰画。

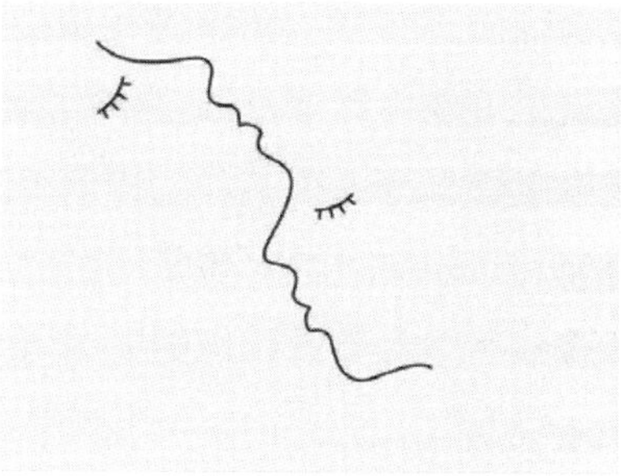

如果再赋予它更多的内涵，它能代表某种文化或者群体，那么它就价值连城，比如下面这张麦当劳的LOGO。

人也一样，当自己拥有与众不同的特点时，就会从众人之中被区分出来，如果自己身上的这点不同能被众人认同、能产生价值，你就会成为大咖：有过人演艺才华的会成为明星，有过人科研能力的会成为科学家，有过人手工能力的会成为工艺大师……

如果不能达到上面那样的程度，也需要坚持一两样较为有优势的，其中还必须有一项是事业或工作方面的，让自己能有资本享受生活、享受工作；另一项可以是爱好，这样就能在自己工作和生活的范围内不再“泯然众人矣”。

我跑马拉松成绩非常一般，拍照片更是一般般，但正是跑马拉松的人不多、有摄影基础的人不多，这点就变成了不同，也让我因此而结识了很多喜欢跑步或者摄影而且在其他方面很厉害的大咖。有时候，不经意的那一点点不同，却能给自己带来意想不到的惊喜。人生就是这样不可预料，无法知道哪一点不同会在什么时刻发挥作用，所以做就是了。

同理，企业也是一样，其产品、服务、品牌是否有独到之处，是否能从众多同类中脱颖而出，与同类明显地区分开来，这很重要，因为这将大大提升企业产品、服务价值，或者竞争力。比如能定位请客规格的茅台酒，在工业品社会卖大自然的农夫山泉。企业打造这样的独特，其实是递给了客户一把专门把自身产品、服务、品牌量得更有优势的尺子。

庄子看是非与价值

《庄子》曰："请尝言移是，是以生为本，以知为师，因以乘是非；果有名实，因以己为质；使人以为己节，因以死偿节。若然者，以用为知，以不用为愚；以彻为名，以穷为辱。移是，今之人也，是蜩与学鸠同于同也。"

世间万物本身非常复杂，所有事物都是全息的，且无是无非，然而因人心不同、认知不同，则所见事物就会不同，最终因偏心、偏见而产生是非。《庄子》曰："故曰辩也者有不见也。"所以说，大凡争辩的发生，总是因为人往往只看到自己正确的一面，却认识不到自己的错误。

第一次世界大战时期，有一位奥匈帝国的人类学家，在太平洋岛屿上考察食人部落，他觉得人吃人是非常野蛮和残忍的事情。后来，他和食人部落的酋长熟络起来，通过翻译攀谈，说起欧洲正在发生战争，一天有几万人丧生。

部落酋长好奇地问："每天杀那么多人，你们吃得完吗?"人类学家解释说欧洲人不吃人肉，部落酋长惊呆了，说："你们不吃人，还要每天杀那么多人，简直太野蛮和残忍了!"

从这个故事可以看到，是非、价值的差异可以如此之大，《庄子》曰："自其异者视之，肝胆楚越也（从事物千差万别的一面去看，邻近的肝胆虽同处于一体之中也像是楚国和越国那样相距很远）。"

但如果从共性的角度去看，无论是部落酋长眼里第一次世界大战的野蛮残忍，还是人类学家眼里吃人的野蛮残忍，杀人都是不好的。《庄子》又曰："自其同者视之，万物皆一也（从事物都有相同的一面去看，万事万物又都是同一的）。"

是非、价值全在人心，人心必不同，且人心不断变化，所以是非、价值很难有一个统一的、亘古不变的标准。但人总是有共性的，所以是非、价值总有一个大致的尺度，虽然这个尺度在短期里或某一刻未必准确或适用，但这个大致的尺度在长期是有效的，且会经常性有效。从历史的、长远的跨度去观察，我们总能找到这些最基本的共性认知。比如真、善、美，比如利他，比如诚实、务实，比如是否解决了人们共性的基本需求。

这些共性认知，特别是具体的、表象级的认知，却不能在一个具体的时段里被广泛认可，有时候这个时段还很长。在投资的时候，僵化某一个具体的价值指标，并非良策。

到底什么是价值？翻阅资料，对价值有很多解释，跟资产有关的主要有：第一，价值是体现在商品里的社会必要劳动。价值量的大小决定于生产这一商品所需的社会必要劳动时间的多少。第二，以各种等值标准或交换标准所表示的价值，如成本、重置成本、市价等。

这些关于价值的定义，如果认真思量，其实它们对价值的衡量都不是确定的。比如必要的劳动时间，清扫大街一小时和同声传译一小时，开出租车一小时和开大型国际航班一小时，其社会认可的价值可能相差数十倍；而等值标准本身也并不是一成不变，即便相对稳定的黄金和白银之间的比价，也是不断变化的，有时也会有很大的差异。

那么对于资产来说，到底什么是其价值？在我看来，价值的本质其实也是一种价格。只不过价值是在很长的时间周期里人们普遍认同的价格，而且有一定的评判标准，它跟价格一样是变化的，只是相对稳定。

投资的典型特征

投资的典型特征是追寻确定性，以长期稳定获利为目标，以稳定的、坚实的价值基础为锚，厌恶风险，不喜欢新奇。而投机则不然，投机可以以任何现象或理由为导火索，不拘一格，以短期获利为目标，追逐博弈，充满了不确定性。投资和投机行为如同孪生兄弟，同时存在于市场，很像生物的遗传与变异。遗传是继承过往长期被验证有效的，而变异是奔着新的不确定的。

正如遗传和变异都是必不可少一样，投资和投机亦然。没有遗传，生物不能适应当下的环境；没有变异，生物不能应对环境的变化。没有投资，那些稳定的产业得不到支持；没有投机，那些新兴产业难以发展。投资对产业支撑的价值可能容易理解，而投机对产业支撑的价值，看法可能就各有不同了，特别是很多价值投资者向来对投机行为嗤之以鼻。关于投机的社会价值，我想借互联网泡沫谈一谈。

2000 年互联网泡沫期间，大约有 1 万亿美元被扔到这场盛大而疯狂的泡沫中，最终大部分都被蒸发了，投资者损失惨重。

如果从另一个角度来看这场投资，可能就是另一番景象：如此巨大的投机泡沫，快速催生了互联网行业，如果没有如此巨大的投入，互联网可能至今还只是在实验室，而不是如今像自来水一样的必需品。而且，时至今日回头看，虽然那时候的互联网公司绝大多数都已死去，但仅看活下来且站在互联网行业顶端的谷歌公司和亚马逊公司，两家公司的市值现在就已经远超 2 万亿美元，这还不包括其他活下来的互联网公司和受益于互联网的公司。这么看，这场泡沫总体并不亏，而且帮助社会创造了新的生产力，推动了生产力的革命。

新兴行业的巨大投资泡沫，是有其合理性的，是有实实在在价值的。只不过最后谁能真正分享到这些价值，则另当别论。

价值投资者在鄙视投机的时候，其实忽略了，正是这些投机活动，促进了创新，加快了历史的进程。

新技术与财富泡沫

总体来说，投资于即将给社会带来重大变革的技术，很难给投资者带来什么回报，历史已反复给了我们这样的证明。比如 19 世纪的铁路泡沫和 2000 年的互联网泡沫，还有中国前些年的光伏和风电泡沫。但当这些技术真正比较成熟了，能产生社会的广泛应用和重大变革时，这个新行业将出现巨头公司。

从宏观看高新技术企业的情况，可以得到一些定性的结论。看高新技术企业，纳斯达克应该是一个很好的观察窗口（在纳斯达克上市的主要是高新技术企业）。

自1971年以来，在纳斯达克一共上市了22000余家公司，但现存的只有3000家左右，其余的都退市消失了，活到现在的大约有14%。我试图查阅历史数据，但我能查到的详细数据有限，其中1985年到2008年，美国纳斯达克有11820家IPO，但同期退市的数量达到12965家，净增长为负数。1996年时纳斯达克市场上有5556家上市公司，现在只有3000家左右了。相对应，中关村也好不到哪里，有公开数据显示，2004年中关村新增加了4200多家高新技术企业，但同时也有4200多家高新技术企业倒闭，跟纳斯达克情况差不多。

尽管有如此高的淘汰率，纳斯达克的上市公司中依然有80%以上是僵尸公司。根据券商JonesTradings汇总的2015年的数据，在纳斯达克综合指数6640亿美元的市值增长中，亚马逊、谷歌、苹果、Facebook、Netflix和Gilead Sciences这6家公司贡献的比例超过一半。而亚马逊、谷歌、苹果、Facebook、Gilead和迪士尼的市值增长甚至超过标准普尔当年新增的1990亿美元市值。据粗略统计，苹果、Facebook、微软、谷歌和英特尔等7家纳斯达克公司的市值在纳斯达克市场的占比近一半。另有数据统计发现，市值1千亿元人民币以上的公司数量仅为纳斯达克市场的3.5%，但却占据纳斯达克市场71%的市值，整个纳斯达克基本就是这7家“高富帅”的秀场。

从上述数据分析可知，如果在这些技术还没有真正成为成熟应用之前，投资到这些后来成为巨头的公司，将创造财富神话。的确，总有人成就这些神话，特别是那些无法全部卖出股权的创业者，比如比尔·盖茨、扎克伯格、贝佐斯。除了创业者外，能创造这样财富神话的投资者，要么是对这一技术和其未来有极其深刻的理解，且对创业者有深度了解，要么就是靠运气了。对于前者，段永平就是一个很好的例子，段永平是很出色的企业家，同时也是很出色的投资家，他对IT行业有着极为深刻的理解，所以他投资了网易、OPPO、VIVO、腾讯、拼多多、脸书、苹果，而且能拿得住，这些投资都非常成功，获得了巨大的收益。然而，绝大多数人是没有这个能力的，个别其他创造短暂奇迹的，也多是因为运气。

奇迹加榜样的力量是无穷的，如果再加上人类特有的想象力，会吸引无数人如飞蛾扑火般，涌向那些未来将改变世界的新技术，短期的财富泡沫又将不断加剧这个热潮，最终造成财富的巨大损失，无数的资金必将随热潮中企业的倒闭或没落或垂死挣扎而被蒸发。

也正是这样的资金热潮，最终催生了新技术的普遍应用，其中活下来的极少数“胜者/剩者”企业中，将产生创造财富奇迹的神话。在技术应用相对成熟后加入的更多企业，将与“剩者”一起，运用这些技术，为社会创造巨大的财富。那些在泡沫中“死去”的企业和资本，成了推动技术和社会进步的先烈及成本。

我并不想试图规劝他人不要参与这样的泡沫，一是这样的泡沫是必需的、有价值的，正如生物总是用不计其数、向着无数可能方向的变异，来应对未来环境的变化一样，无数变异的失败和无数泡沫中的投资失败，才能造就生物成功的进化和最终胜出的企业，这些携带成功基因的“物种”，将繁衍出一个新世界。二是追求奇迹、相信自己幸运、相信总有更傻的在后面接盘，或者自负自大，是人类固有的弱点，大多数人的贪婪本性是根本无法改变的。

企业的社会价值不等于资本回报

企业创造了巨大的社会价值，但未必会变成股东回报。这一现象在高资本支出类的企业中比较普遍：

保持持续经营或维持利润的资本支出是利润增长的敌人。不是为了扩大营收和利润而付出高资本支出类的行业，几乎注定无法为股东创造高回报，除非能实现垄断。这在技术更新频繁的行业尤其突出，如果这类公司能为社会创造价值，甚至是开创性的价值，或者是能使消费者以更低价格享受更好的服务，这些投资创造的巨大价值，将不会反馈给股东，而是会贡献给社会，贡献给消费者。

典型的例子就是电视机和玻璃面板制造业，还有数据存储硬件制造业。

这些行业不得不随着技术的进步而更新生产线，新投入的资本仅仅是为了替代原有的投资而保持经营或盈利，原有的生产线则被淘汰而不能再产生利润。初始投资的资本支出所形成的利润，大部分用于维持生产和经营的再投资（新的生产线、存货或原料），最终变成了一堆被淘汰的生产线、存货和无用的原材料。

电视机制造业里的康佳、长虹、TCL，上市20多年来没有为股东带来任何回报；玻璃面板制造行业里的京东方A、莱宝高科等，在上市20年或者上市10年以来，也没有给股东带来任何回报；做数据存储硬件制造的希捷（Seagate）、西部数据（Western）也一样让股东失望。

不可否认，这些公司为社会创造了巨大的价值，但创造价值未必能形成股东回报。作为国家，必须支持这些必需的关键行业，甚至应该给予补贴，作为消费者会很高兴地享受它们创造的价值，但作为普通投资者，还是应该远离它们。

需要注意的是，那些非为保持持续经营或维持利润的高资本支出，与上面所述并非同类。比如水电行业，一次投入巨大，而水坝、发电机组的使用寿命却远远大于折旧年限，待折旧摊销完毕、银行贷款还掉后，企业不但现金流非常好，利润也会随之快速增加。企业为股东创造的价值（利润和现金流），在无须追加投资的情况下，不但源源不断，而且会随时间的推移不断增加。

投机者的作用

股市里的人，多数是投机者和盲从者，这也就是为什么在长期总体上涨的股市里，结果是七亏二平一赚、大多数人在赔钱。所以，如果投资股票，就不能跟随众人，而需要独立思考，甚至是反其道而行之。全球金融投资类百万畅销书的作者科斯托拉尼说："大多数情况下，我去交易所是因为在那里能够遇到的傻瓜比其他任何地方都要多。并不是我在傻瓜身上能发现什么乐子，而是为了做与傻瓜们的行为恰恰相反的事情。"

我知道投机者和盲从者是股市里的绝大多数，他们大多是无法通过别人的讲解和影响改变的。历史告诉我们，无论多么努力去教化他们，投机者和盲从者都将是股市里的大多数，正如地藏王菩萨立誓："地狱未空，誓不成佛，众生度尽，方证菩提。"但几千年过去了，地狱里受苦受难的却并未减少。投机者的存在对于股市也非常重要，他们让资本市场变得活跃，这样才有源源不断的资本通过股市直接投入实业中去，最终为社会创造价值。

我总结自己修行的心得和体验，虽然也有强烈地帮助其他投资者的发心，但我也知道，其实我影响不了几个人。但坚持总结，至少我可以进一步影响自己、不断精进，也许水平高了，就可以影响更多人了，所谓度己度人，这个发心不可无。

第三篇

价值选择

在股票市场里，有两种不同价值取向的赚钱方法，一种是赚取市场波动的钱，本质上是赚取其他投资者口袋里的钱；另一种是赚取公司成长的钱，是分享公司创造的社会增加价值所带来的回报。这是两种相悖的价值观。一个人很难同时拥有两种相悖的价值观。

陪伴成长和捡烟蒂本质上是不同的价值观

买股票就是买公司，买公司就是做股东，做股东就是希望公司一直成长，赚更多的钱。纯粹捡烟蒂的投资方法的出发点认为市场是愚蠢的，捡烟蒂是想要赚其他投资者犯错的钱。如果孤立看这两种纯粹的投资理念，貌似都是价值投资，但这却是两种不同的价值观。当然，实际操作中很少有这么纯粹的二选一，实际操作中投资者会采用混合的策略，但内心深处的理念却是需要明晰的。

市场总是非理性追涨杀跌，股价经常偏离价值，但我却并不想去基于人们的愚蠢而从中获取利润。我从根本上是想寻找优秀的公司，想成为它的股东，投资它、支持它并伴随它成长，享受其成长带来的回报。当然，当市场极度疯狂上涨时，我也会卖出，因为我不愿参与击鼓传花的泡沫游戏。

在投资股票时我非常强调要低估买入，但低估买入的目的是防止自己犯错，以对冲自己的判断错误。所以，我很难赚到市场极度疯狂上涨的钱。

注：

捡烟蒂投资法是指不断盯着地上，终于找到一个被人抽过，甚至沾满了口水，令人讨厌的烟蒂，看上去还能抽上一口，但那一口可是免费的，于是把它捡起来，抽上最后一口，然后扔掉，接着找下一个。虽然捡烟蒂投资法是针对本杰明·格雷厄姆的投资方法来命名的，但其实后来“捡烟蒂”这个词已经很大地偏离了本杰明·格雷厄姆的核心思想，忘记了其把企业未来持续经营和成长作为投资的前提。本文所说的“捡烟蒂”是指被误读后的定义。

一人难有两种价值观

如果把股票买卖看作博弈，那每一笔买卖都有一方正确，而另一方犯了错误，不然将无法达成交易，因为如果是双方都“正确”的交易，在扣除交易成本后（税收和相关费用等），双方就都亏了。

如果把一天里所有的股票交易作为一个整体来看，这样的博弈则是“负和游戏”——所有人的收益和亏损相互抵消，再减去交易成本后，所有人的收益之和是负数。

寄希望于通过博弈获取收益，前提是自己比其他人更聪明，更少犯错，并能更多抓住其他人的错误。

在跟周围投资股票的朋友们聊天时，发现绝大多数人并不基于所投公司当下和未来盈利来对公司估值，他们更关心股价波动的趋势，短期的上涨与下跌，预测短期的股价变化，关注于其他投资者的犯错，并期待从其他投资者犯错中获得利益，赚取其他投资者定价错误的价差。

相信每一个这么操作的朋友都认为自己是聪明人，是能在博弈中战胜其他人的人。我相信有人能够做到比大多数人更聪明，但沃伦·巴菲特说过的一句话：“在牌局中如果你找不到那个傻子，那你就是那个傻子。”这句话值得自认为比别人聪明的投资者关注。在谁都不认为自己是傻子时，不妨换个角度，去找一找市场中是不是其他人都是傻子，如果找不到，就要小心了。

总体来看，上市公司是在不断发展和成长的，是在不断创造出更大的总和价值的，在相同估值下（比如相同市盈率下），上市公司的总市值会持续上涨，公司的股价总体将是上涨的。如果放弃博弈的想法，在估值合理甚至是低估时买入一揽子股票，或者买入指数基金，长期看是必定盈利的，这是赚取公司成长的钱，这里没有输家。然而，这首先要能放弃自己比别人更聪明的想法，放弃博弈取巧的想法。

在跟朋友交流时，不少人认为自己能在两种模式下很好地切换，或者能很好地融合两种模式：在市场剧烈波动时采用博弈的方法，赚取市场波动的钱；在市场趋势明确时赚取公司成长的钱；或者是基于公司基本面分析的基础上，买入好公司进行波段操作，既赚取公司成长的钱，又赚取股价波动的钱。

要知道，这两种模式背后是不同的核心价值观，能很好地融合这两种相反价值观的人，也许他存在，但我不曾见过。

投资和投机，是两种不同的人生哲学。投资是围绕着如何创造价值，并通过创造出更多价值来获取回报的一种活动，投资的目的和结果，总体增加了社会的总价值；投机是围绕着价格波动，赚取价格波动中的差价，投机活动，是零和游戏，有人赚就有人赔，最终并不带来社会价值的增加值。这两种哲学似乎有点油水难溶，很难在一个人身上得到统一并存，所以就会有投资者和投机者间持续不断的争论。

老子曰：天地不仁以万物为刍狗。新冠病毒不管你是好人、坏人，不会选择性感染；澳洲大火不管森林里有人没人，哪个物种可爱不可爱，都进行无差别毁灭；洪水来了，不分善恶美丑，统统一冲而过；地震发生，也是一视同仁。当然，风和日丽、风调雨顺也是一视同仁。天地没有善恶之心，天道运行，物竞天择，适者生存，它不会刻意惩戒假恶丑，也不会专门优待真善美。但我依然会选择真善美，虽然我不是圣人，做不到完美，距离圣人无限遥远。之所以选择真善美，一是因为这个选择会让我安心；二是真善美总体是人类社会的主流，邪不压正是常识。

我承认自己并不比其他投资者聪明，并承认在面对市场时自己是个弱者，所以我选择了第二种投资的方法——伴随公司的成长，分享公司成长的收益。我需要关注的仅仅是区分哪些公司更好，其价格是否合理或低估。我也会利用市场的严重偏离——过分地低估和过分地高估，但我仅仅把它当作市场的附加馈赠。

低买高卖与做股东

很多人讲到如何在股市里赚钱时，都会讲“低买高卖”，看起来好像的确是这样，最终卖出价高于买入价才能赚到钱。而且，不同的人在解释“低买高卖”时又有所不同。

早几年如果问我这个问题，我可能也会回答是“低买高卖”，但今天我不会这么说了，我会说“做股东，让企业帮自己赚钱呀”。

这是两种完全不同的认知和立场，“低买高卖”在买入时想到的就是卖出，其必然容易受到市场波动的影响；而“做股东，让企业帮自己赚钱”，在买入时并没有想着要卖出，一开始就是瞄着公司不断增长的创造利润的能力。这是两种不同的投资者。

当然，“做股东，让企业帮自己赚钱”的投资者，也并不是买入就不再卖出，正因为是“做股东，让企业帮自己赚钱”这个出发点，所以也是会卖出的，比如股价严重高估，已经提前兑现了好几年的利润，这时候持有股票则数年内没有收益，当然会卖出；当公司变质了，从价值创造变成了价值毁灭，必须卖出啊，无论价格高低；还有就是当发现自己对公司判断错误时，认错卖出。这种卖出，不是基于“高卖”，而是基于“不值得”而卖。

共赢、多赢、都赢

“共赢、多赢、都赢”，这是我坚持的合作理念。我认为但凡一件事情要持续地做下去，只要有一个相关方受损，就很难长久。所以，我在这近20年带团队的过程中，始终秉承和弘扬这样的文化：本分、老实、共赢、多赢、都赢。

一个商业合作，首先要分析各方的利益，在此基础上设计合适的交易模式。在设计交易模式的时候，首先要考虑其他各方的利益是否得到了基本满足，而不要首先考虑自己的利益。我认为，如果其他各方的利益不能都得到基本的满足，特别是存在受损方时，那么这件事情就不值得做，即便对我方有诱人的利益，我们也不应该去做。

当其他相关各方的利益都能得到基本满足的时候，这件事情就值得去做，而且我方也一定能实现合理的回报。我经常给团队举一个例子：“如果一件事情需要6个人去做，但成果是5个苹果，那我会把5个苹果分给其他5个人，虽然我暂时可能没有苹果吃。但一般情况下其他人会主动把自己的苹果切一点给我的，有时候大家切的那一小块合在一起甚至比一个完整苹果还大。退一步说，即便我得到的最少，我也相信以后大家都会主动找我合作，还会介绍更多人跟我合作，合作广泛了、多了，自然就做大了，收益的绝对额就大了。”

一言以蔽之，在利润之上首先还要有其他可以追求的东西。

作为一名普通投资者，卖出一家高估的好公司的股票，是明智且恰当的选择，但当资本足够大、投资者本人影响力足够大的时候，仅仅为逐利而卖出一家好公司的股票，就不一定是一个好的选择了。这时候还需要考虑投资回报之上的事情：卖出行为是否会伤害到这家公司？

当一个人解决了温饱问题和安全问题后，还依然仅仅考虑追逐利润，我想终有一天会出现问题，这很可能会走向社会的对立面，并最终走向覆灭。

人道是要受到天道制约的。天道除了自然的客观规律外，也应该包括人心，良知是人心中最重要的底层逻辑。

如何看待价格和价值

我们经常听到“股市是经济的晴雨表”“股票价格反映企业的内在价值”这样的说法。从根本上讲的确如此。

2020 年美国道琼斯指数自 2 月 12 日最高 29551 点跌到 3 月 18 日最低 18917 点，已经跌了很多，但它不会跌到 3000 点，因为美国经济已经不再是 3000 点的经济了；贵州茅台从 2019 年 11 月的 1241 元跌到最低时 960 元，但它不会跌到 100 元，因为企业盈利已经增长了很多倍。

但是，股市的走势和股价的波动，却并不能及时反映经济和企业的内在价值，甚至会产生巨大的偏离。2000 年至 2005 年经济的高速增长，却对应连续五年 A 股的持续下跌；中国 GDP 总量自 2005 年的 182321 亿元增长到 2007 年的 246619 亿元，增幅 35%，但上证指数却从 998 点涨到 6124 点，涨幅超过 500%；中国平安 2008 年至 2013 年股价自 105. 8 元跌到 31. 69 元，而公司营业收入和利润却从 1085 亿元和 14. 18 亿元增长到 3626 亿元和 281 亿元。这种偏离普遍存在。

本杰明 · 格雷厄姆说：“股票市场短期来看是投票机，长期来看是称重机。”从长期趋势看，价格总是围绕着价值波动，但它们却很少同步。如大投资家科斯托拉尼所说：“一个人在街上散步，旁边是他的狗，狗总是这样，它跑到前面，但一会儿折返回到主人身边，然后，它又跑到后面，看到自己跑得太远，就又跑了回来，一直是这样。最后，他们两个到达同一个目的地。当人慢悠悠地走了一公里时，狗却来回跑了四公里。这个人就是经济，而狗就是股市。自 1930 年至 1933 年经济大萧条后，美国经济的发展过程足以表明，这种比喻是多么正确。经济在持续发展，或许停滞一次、两次，甚至倒退一步。而在此过程中，股市却不知已经上上下下了几百次。从长远来看，经济和股市是朝着相同的方向发展的，但在发展过程中，这两者却可能有着完全相反的方向。”

市场和股票价格的波动，受到无数因素的影响，情绪、供求关系、流动性、利率、未来的预期等。如果你认为人可胜天，或者认为自己能够战胜绝大多数人，你会选择追逐波动，赚取波动中的差价，因为这样可以最大限度地获利；如果你认为自己没有能力把握波动，你会选择紧紧跟随价值，用时间去证明价格终将回归价值。这是不同的处世哲学，不同的价值选择。

由于价格回归价值的时间无法确定，有可能需要很长时间的等待，遵从安全边际的原则，选择股票价格与商业价值间有明显折价时买入，用于对冲判断错误或长期等待中价值变坏的可能。

价值投资不等于基本面分析和长期持有

价值投资者和基本面分析投资者并不能画上等号。价值投资者关注的是用自己的资金参与企业的价值创造，以创造出大于投入资金的社会价值，并以此获得资金的回报。这和企业家针对市场需要，创办企业去创造社会价值并获得回报并无二致。只不过一个付出的是资本，一个除了付出资本还要在企业的经营管理中身体力行。也正因如此，在企业获得成功、成长的时候，创业者的回报也是最多的，是大于只出资金的投资者的。

对于价值投资者来说，基本面分析只是一种工具和方法，以帮助识别价值。价值投资者关心的是所投公司是否能利用所投的单位资金，持续创造出越来越大且远大于所投单位资金的社会价值，这个是价值投资者投资的根本出发点，价值投资者是在参与正和游戏的价值创造。但有些基本面分析投资者则不一定是这样，很多基本面分析投资者的注意力更多放在了股票价格的偏差上，通过基本面分析，发现这种偏差，以赚取股票定价错误的钱，这类投资者只能称为基本面投资者而不能称为价值投资者。

关于长期持有，有朋友问我，你美的集团的股票涨这么多了（50.19 元买入，扣除分红后买入价 47.1 元，一年半后的 2020 年 11 月 7 日收盘价 90.14 元，涨了 90%），会不会卖？不是价值投资者都是长期持有的吗？如果卖，会以什么价位卖？

我想说，价值投资者从来都不是以买入股票长期持有为准则，而是以其价值是否值得持有为准则的，只不过从结果看来他们大多数股票持有的时间比较长罢了。

所以，面对美的集团，我也会卖。至于价格，如果半年内美的集团股价达到 110 元我会考虑卖，如果半年内达到 130 元我一定会清仓。因为这个价格已经透支了公司 3～5 年的成长。而 3～5 年中股价会回归均值的概率实在太大了。

在我的价值体系下，我能赚到公司成长的钱和市场非理性的钱，却赚不到市场疯狂的钱。当市场疯狂，玩起击鼓传花的游戏时，无论我的买入成本多低，我都会选择离开。美的集团半年内股价如果超过 130 元，对我来说就已经不值了，后面再涨我认为就是开始玩击鼓传花，已经跟美的集团公司本身的好坏没有什么关系，而是在用美的集团股票为载体玩赌博了。

股价跌了怎么办

你花 100 元买棵树，这棵树一年会长出 20 元，现在这种树的价格跌到 50 元一棵你是不会慌的，你只会高兴，因为可以用更便宜的价格买到更多树了。不管树的价格是涨是跌，需要关注的重点是：你买到的是不是能长钱的树，这棵树是不是健康，树的寿命是不是很长。

有人说沃伦·巴菲特和他的老友查理·芒格就主要是靠周期赚钱的，并用沃伦·巴菲特的名言“在别人恐惧时我贪婪，在别人贪婪时我恐惧”来证明这一点。我并不同意这个观点。沃伦·巴菲特的确说过这样的话，可这并不等于沃伦·巴菲特是靠周期波动带来的恐慌情绪赚钱，如果是这样，老巴就不会持有很多股票很多年，以至于穿越多个牛熊周期都没有卖了。

我认为沃伦·巴菲特说“在别人恐惧时我贪婪，在别人贪婪时我恐惧”时，更多指的是：在别人恐惧时，往往会把股价打压到非常具有价值的时期，对于价值投资者来说，正是难得的买入时机，而在别人贪婪时，往往把股价抬高到不值得买入，一不小心被市场带入情绪高涨的节奏，买入就可能赔钱，所以要恐惧，要远离市场的亢奋点。

对于价值投资者来说，衡量价格的唯一标尺就是价值，而不是市场的情绪或其他。看天是不是要亮了，应该关心太阳的运行规律，而不是关心公鸡是不是叫了，因为公鸡不是在黎明一定会叫，其他时间公鸡也不是不叫。

克服暴跌中的恐惧和暴涨中的贪婪

面对新冠疫情，全球资本市场在道琼斯指数的带领下跌宕起伏，暴跌让恐惧弥漫整个市场，在道琼斯指数头一天熔断第二天又暴涨中（2020 年 3 月 9 日、12 日、16 日），不知道又有多少贪婪在滋长，看看巨大的成交量就知道了。

沃伦·巴菲特说：“投资者最重要的特质，不是智力，而是性格。”智者查理·芒格对此也深有同感：“很早以前，当我明白拥有某种性情，可以使人成功时，我就努力强化这一性情，对金融业来说，性情的重要性远远超过智商，做这一行，你不需要是个天才，但确实需要具备合适的性情。”

如果做好投资重要的是性格、性情，有人会认为在投资上取得成功更依赖于天生，但我并不同意这个观点。很多人的性格、性情不适合做投资，并不是因为天生不具备适合的性格和性情，多是被贪婪、自大和侥幸蒙蔽了心智。人性本自具足，心无旁骛，这就是最好的心性，投资需要的就是这样的心性。我们投资的时候想得太少，投机时又想得太多。

什么是股票投资？股票投资的本质就是当股东，股东关心的是公司是不是有前景，是不是能持续发展，生意是不是能正常经营，现金流是否正常，是不是正常盈利，盈利水平是否能对得起股价，公司管理层是不是有能力和诚信等。如果专注于关心作为投资者（股东）该关心的事情，就不会在暴跌中恐惧：一是买入时不会买得太贵；二是长远看市场暴跌不会影响所买入公司的生意；三是如果引起暴跌的原因同样也长远影响了所买入公司的生意，那跟平时选择卖出公司也没有什么差别。如果手里还有资金，应该更喜欢暴跌和熊市，这样就可以用更便宜的价格买入更多好公司的股份，因为你知道公司值多少钱，能带来多少利润。

《金刚经》讲专注，禅宗讲明心见性，当明白了买股票就是买公司，直击公司盈利的本质，并专注于此，就不会动心参与投机和博弈，就不会被市场的波动干扰，就不会被贪婪、自大和侥幸蒙蔽心智，就能够安心、安住。在别人眼里也许是山崩于前而岿然不动，对自己而言“泰山崩”不过是一时的幻象，因为自己只专注于透过价格的幻象看那实实在在的价值。

价值投资者的困境

跟朋友聊天，朋友说当下价值投资者多了，反而不好做了，股市现在对手持现金的价值投资者很不友好，除了处于周期底部的银行、地产、建筑等行业外，好公司估值基本都太贵。特别是医药、消费、科技等公司真的太贵了，酱油公司都达到50倍、80倍以上的市盈率了。

对这个话题，我是这么看的：首先，当一种价值被普遍认识时，它往往就不再具有投资的价值了，它的价值会被充分挖掘，甚至是过度挖掘，其价格就会偏离价值，使它不再具有投资的价值；其次，我并不认为是因为价值投资者多了，才导致好公司估值太贵，这恰恰是跟风追逐型的非价值投资者导致的，他们并没有价值判断的标尺。国内长年来都是以炒作为主流，前两年蓝筹绩优股突然集体爆发，一下子把价值投资的概念推广开来，导致整个市场追捧这些大白马，以至于很多大白马都被严重高估，继续在高位追捧大白马的还能算作价值投资吗？我不这么认为。

价值投资的确很难做，不是当下难做，是一直都很难做。高估的时候往往是牛市，手持现金要忍受不能买入还看着股票天天上涨的煎熬，手持股票要忍受是否卖出好公司这样难以抉择的煎熬；低估的时候往往是熊市，手持股票要忍受股价从高处下跌很多，甚至是腰斩的煎熬，手持现金买入，却根本不知道底在哪里，刚买进就会面临被套的煎熬。不要说价值投资者心里有价值体系就会淡定，都是人，再有价值尺度、再淡定，也是相对的，说没有煎熬那是自欺欺人。

但价值投资又很好做，只需要关注价值，这样就可以超越市场的情绪和波动，值得买就买入，无视是否继续下跌，高了没卖也无妨，只要公司是好公司即可。价值投资可以相对轻松，也可以相对超脱，甚至还可以远离股市、忘记股市。

企业价值只是股票投资获利的一种方法

影响股票价格变动的要素非常多，企业价值只是其中之一。虽然长期来看，企业价值在整个价格的变化中起决定性的作用，但并不意味其他的要素不起作用。对我来说，相较于对企业价值的判断，对其他要素及其变化的判断更难，我认为它们变化更大，随机性也更大，更加不易把握。

对于我这样“钝”的人来说，选择更简单一些的更适合我。我不追求一定要寻找大牛股，更不追求一夜暴富，能找到稳定增长的优秀公司，在合适的价格买入，能长期收获到优秀公司的平均回报我就满意了。

当然，即便我认为判断价值相对简单，其实也并不容易。价值本身是变化的，没有一个固定的衡量尺度，企业未来的价值也同样是不确定的，企业自身也会发生变化。

虽然我做了这样一个最愚钝的选择，选择了最愚钝的方法并坚定地坚持它，且在我的表达体系里对其他方法采用了近乎贬斥性的表述，这是我的认知体系与它们相斥的原因，也是我认知局限的表现。我否定了很多认知和方法，这并不意味着它们不可行，只不过我认为它们更难、更不确定。至少对我来说是如此，它们超越了我的能力。当然，我还是会继续研究和学习其他的方法，但在真正理解并认同其底层逻辑之前，我是不会采用的。

就我自己的认知体系和投资体系在以书面的方式总结之前，我对自己这套体系是很自信的，还从诸多大师的书里得到了验证。当我现在一点点把自己的体系写出来时，却发现还有很多问题我解释不了，这又回到了原点：我依然是在盲人摸象。世界太大，变化太多，不是哪个个体能全部认知的。

由于认知的局限，关于股票投资，我的观点更多偏向于价值投资，但其实其他的世界观（认知）也一定有能自圆其说，能被结果验证可行的方法。从 A 到 B，可以有很多路径。

不得贪胜

韩国著名围棋选手李昌镐统治了世界棋坛十几年，这绝不是仅仅有天分就能做到的，其围棋哲学思想值得学习、参考和借鉴，特别是在投资中。

李昌镐的老师曹薰铉在自传《无心》中讲了个故事：有一次，曹薰铉和李昌镐复盘，李昌镐明明有一步好棋可以走，但思考再三，却选择了另一步绝对安全的棋。曹薰铉问他为何不走那一着妙手。李昌镐回答："那边虽然很强，但也有可能遭遇逆转的危险。这步棋虽然慢，但百分之百会赢。"李昌镐很好地践行了《围棋十决》的第一句"不得贪胜"。

李昌镐有句名言："棋局如人生。下棋时，布局越华丽，就越容易遭到对手的攻击；生活中，少犯错误的人，要比华而不实的人更容易成功。"

李昌镐的棋是他人生观与世界观的体现。李昌镐的棋风朴实无华，是一种本身不出错，并耐心等待对方出错的"后发制人"的棋。他有极强的实力，但又不轻易动武。

李昌镐的思路，与兵法异曲同工。

曾国藩用兵之道就讲"打仗不慌不忙，先求稳当，次求变化"。毛泽东军事思想的一个特色是以弱胜强。以弱胜强绝不是毛泽东的主动选择，而是迫不得已。在敌强我弱的形势下，在没有实力的情况时，毛泽东绝不虚张声势，在具备实力的情况时，绝不犹豫退缩，不打则已，打则必胜。毛泽东说"集中优势兵力，各个歼灭敌人""我军必须集中绝对优势的兵力，即集中六倍、或五倍、或四倍于敌的兵力，至少也要有三倍于敌的兵力，于适当时机，首先包围歼击敌军的一个旅（或团）""不打无把握、无准备之仗"，稳是第一位的，出奇往往是迫不得已。

投资中很多人都希望出奇制胜，困境反转型的公司是很多人所追求的，小微科技公司在竞争中的胜出也是很多人所追求的，的确，这些类型如果押中了，收益巨大，但概率却并不大。在竞争中胜出，形成了绝对优势的白马公司，虽然收益明确，但往往不是大多数人的选择，主要是因为平淡无奇，一般不会有短期数倍的收益。

注：

这里说的困境反转不包括公司长期基本面良好，仅受短期事件影响的困境类型。

回顾《围棋十决》：“不得贪胜、入界宜缓、攻彼顾我、弃子争先、舍小取大、逢危需弃、慎勿轻速、动须相应、彼强自保、势孤取和”，除却相争的部分，其余部分非常值得在投资中参考借鉴：“不得贪胜、入界宜缓、弃子争先、舍小取大、逢危需弃、慎勿轻速。”

估值公式影响了我的思考角度

一般来讲，公司的股价可以用这样的公式来表达：

股价 = 每股盈利 × 估值（市盈率）

或者

公司市值 = 公司盈利 × 估值（市盈率）

我曾经一直使用第一个公式，后来改为使用第二个公式。从数学角度看，两个公式是一样的，第一个公式等号两侧各乘公司总股本就是第二个公式，但在实际使用中对我来说却有根本性的区别。

使用第一个公式时，往往会牵引着思路往投机的、局部的方向偏，而使用第二个公式时潜意识会受到影响，会向公司整体、系统发展方向偏。

当我改用第二个公式后，会不自觉地考虑盈利的构成、盈利的可持续性、盈利的增长率……而盈利的这些特征，又会影响未来的估值。比如一般的公司，盈利水平一般，盈利可持续性一般，盈利增长性一般，那给它的合理估值会在 10 ~ 15 倍；如果盈利的构成中有一定的风险，比如高杠杆，那会在上面的基础上再打折，如银行的合理估值会在 8 ~ 12 倍；如果盈利的构成稳定，比如形成垄断和品牌效应的必需消费品，合理估值会给到 15 ~ 20 倍；如果成长性好，会在一般估值基础上乘大于 1 的系数，如果成长性差，会在一般估值基础上乘小于 1 的系数……

公司股价的估值区间，会受到公司盈利情况及盈利预期的影响。虽然短期估值会受到各种因素的影响，并最终在市场情绪上反映出来，导致估值的短期剧烈波动，但长期看，最终估值会反映公司盈利这个根本要素。

使用第二个公式，迫使我站在企业拥有者和经营者角度去思考，企业如何赚钱、如何发展，逐渐远离和忘记市场的情绪和市场情绪带来的股价波动。股价的波动主要是给我提供买入好公司的恰当折扣时机，再偶尔给我提供超额回报和卖出的机会罢了。

站在企业拥有者和经营者角度去思考，突然就会发现自己的认知是如此不足。这么多的行业，这么多的经营模式，自己能看懂的不过少量的几种，那些看不懂的，自然就不敢下手了。即便是能看懂的，也会随研究的深入，不断发现自己的不足和盲区，于是不断学习，把看得懂的真正搞懂，把看不懂的逐渐搞懂。

注：

估值其实远比上面说的要复杂得多，估值的方法不只有市盈率法，还有很多种，市盈率法也并不适合所有类型的公司，以上仅为举例说明思考角度的改变。

掌握多种估值方法

《易经》是讲变化的，把事物的发展近似分为 64 种特性和状态，用 64 卦来表示，每一卦又会用六爻的爻辞来展开，说明每一卦的 6 种状态或变化。如果我们仅仅掌握了一种变化规律，在面对纷繁复杂的世界时，要么无所适从，要么会扭曲现实以强制套用自己所掌握的规律。无论哪一种，结果都不会太好。

关于估值，有很多种模型，比如市盈率法、市净率法、市销率法、现金流折现法、PEG 估值法、市梦率法等。做投资，需要尽可能多地掌握并熟练地运用它们，这里的掌握，是指掌握每一种估值方法背后的原理和整个体系，如果不懂其背后的原理，那根本不算懂得它。只有掌握了大量估值模型，并在分析一家具体公司时尽可能多地使用它们，才可能更准确地判断这家公司的价值。

每一种估值方法都是建立在一定的假设边界条件下的，每一种估值方法都有它的局限性，而一家具体的公司则是全要素的，它经营活动的条件，不会因为我们使用或仅会使用某一种估值方法而改变。

如果我们只是坚信并使用某一种估值方法，很多时候就如同非要在量子世界里使用牛顿三大定律，那么结果可想而知。当然，如果知道自己坚信的这种估值方法的边界，且仅在少数适合的情况下使用，估值成功的概率会很大，但需谨防“黑天鹅”——那些自己看不见的边界条件的变化。

预期与估值

高成长的公司往往是高估值的，特别是在整个行业处于高成长期时，整个行业内的公司都享受高估值。这种高估值不单单建立在盈利能力和盈利增长上，对未来持续高增长的预期成了估值的放大器。

仅凭常识也能知道，没有哪个行业能始终保持高增长。对未来持续高增长的预期最终会破灭，由期望和幻想支撑起的高估值最终会回归均值。增速什么时候下降，没有人知道，但增速的变化却会直接被放大到股价上：增速从5%增加到8%，股价往往大幅飞涨；而增速从很高的40%下降到依然很高的30%，股价可能不仅仅是腰斩。

《逆向投资策略》的作者大卫·卓曼观察到，利润变化对短期股价的影响，主要来自利润是否超出了市场的预期。某一季度的亏损小于市场预期要好于该季度利润巨大却没能达到市场预期。当利润未能达到市场预期时，“价值股”价格的下跌幅度要远小于“成长股”下跌的幅度。反过来，当利润超出市场预期时，“价值股”比“成长股”价格上涨的幅度要更大。

也就是说，以对照无风险利率（一般参照国债利率）2倍作为合理价格或更便宜的价格买入的“价值股”，在对抗风险时其抗风险性要高于“成长股”，在遇到意外的利润增长惊喜时，则其收益高于“成长股”。当然，如果兼具“价值”和“成长”就更完美了。换句话说，对于追求“成长股”来说，如果高市盈率买入，有一定程度的押注性质，押注于未来依然高成长，用当今实际的现金去贴现未来远期可能实现的高成长利润，这样的贴现是高溢价的，一旦未来的高成长不再，股价会立即回归常态，这对股票价格来说就是戴维斯双杀。追求单纯的“成长股”就必须冒戴维斯双杀的风险，有的人是该“成长股”公司所在行业的专家，对该公司研究得也足够透彻，他们冒这样的风险就很低，能真正赚取到“成长股”成长的价值，大多数机构和个人，不具备这样的能力，即便赚到，也是“博到”的，不过是抛硬币后的幸存者罢了。

靠预期和幻想支撑的东西，大多会毁于预期和幻想，但都会有个别幻想成真的幸存者。不幸的是，历史最后只会书写幸存者，这常常让后人误读了世界，幸存者的成功会进一步激发大众不可救药的投机心理，当下一个高增长行业出现时，迅速再次形成高估值的泡沫，直至泡沫破裂，再次留下个别幸存者的奇迹和一地鸡毛。世道轮回，周而复始，“人类从历史学到的唯一教训，就是人类没有从历史中吸取任何教训”。

第四篇

育竹于胸

价值是人类社会中的一切作用力在较长时间范畴里共同作用的表现；价格是当下此刻所见作用力在短时间里对具体事物价值作用后的表现。价格这只狗，总是在价值这个主人前前后后跑来跑去。把握主人的行踪，育竹于胸，就能定静下来。

无风险利率这把尺子也不都准

无风险利率是股票投资平均回报率的重要参考标尺，但既不绝对，也不唯一。

一般情况下，股票平均回报率是无风险利率的 2～2.5 倍，比如国债利率为 3%，则股票平均回报为 6%～7.5%，对应的市盈率在 13～17 倍。所以通常我会把股票市场整体市盈率的合理值定为 15 倍，其前提是长期国债收益率在 3.5% 左右。

当利率下降，一方面有利于企业降低负债成本，有利于企业借债扩张；另一方面也有利于股票提升估值——对股票收益预期下降，从而抬升市盈率。但并不是利率无限下降，市盈率就可以无限上升，比如利率降到零，市盈率也不会变成无穷大。如果官方的无风险利率定价长期失常，资本市场会逐渐寻找可替代的其他标尺，比如社会平均投资回报。最终被市场认可的合理的市盈率还是会回归到 15 倍附近，也许会有一些因素长时间影响估值，使合理值有所偏离，但一般不会偏离得太离谱。

注：

以上观点仅适用于股票市场平均水平，并不适用于个股。个股因行业差异、发展阶段差异、个体差异等，会有极大不同。

选择明显的价值机会

任何事物都是有周期的，我却没有能力预测周期。值得庆幸的是，当周期明显处于超常的低谷或高峰时，就像极瘦的瘦子和极胖的胖子，不用上秤也知道他是瘦子或胖子。这给了我们非常好的机会去买入或者卖出，以获得均值收益，甚至获得超过均值的收益。

选择未来长周期会增长的股票，然后静静等待，并去捕捉那些明显的价值偏差，其他时间就是等待不动，因为其他时间我无法判断和评估其准确的价值。在这方面，狮子和老虎等猎食动物给我们做了很好的示范，静静地等待，慢慢地靠近，直到明确大概率一击可中的机会出现，再全力出击。

大自然进化的结果，基本就是很长周期大概率筛选的最优结果，不妨当作常识，对比应用，这样犯错的概率会小一些。

不考虑股票市场价格的波动，单从公司盈利带给股东的回报考虑，我们来分析一下公司股票价格溢价对股东的影响。

我们先来看一组简单的数学计算：

（1）假定公司 B 的利润增长率比公司 A 高 5%，而当前公司 B 的市盈率是公司 A 的市盈率的 2 倍，那要 14 年以后，公司 B 的盈利水平才能追平公司 A 带给股东的利润回报率。

（2）假定公司 B 的利润增长率比公司 A 高 10%，而当前公司 B 的市盈率是公司 A 的市盈率的 2 倍，那要 7.27 年以后，公司 B 的盈利水平才能追平公司 A 带给股东的利润回报率。

（3）假定公司 B 的利润增长率比公司 A 高 15%，而当前公司 B 的市盈率是公司 A 的市盈率的 2 倍，那要 4.98 年以后，公司 B 的盈利水平才能追平公司 A 带给股东的利润回报率。

（4）假定公司 B 的利润增长率比公司 A 高 15%，而当前公司 B 的市盈率是公司 A 的市盈率的 3 倍，那要 7.86 年以后，公司 B 的盈利水平才能追平公司 A 带给股东的利润回报率。

如果你是公司的长期股东，在选择买入公司 A 和公司 B 时，你需要考虑的是，公司 B 能否在这么长的时间里保持高增长，如果不能，公司将遭遇戴维斯双杀，其价格可能在一瞬间杀到低于公司 A 的价格。没有公司可以长期持续高速地增长，其增长速度最终会慢下来，否则它将拥有整个世界。如果你对公司 B 的高增长周期有把握，你可以选择阶段性持有 B 公司，享受成长性带来的溢价，如果你没有这个把握能力，从公司盈利回报角度看，你就是在赌博。

权威公司的报告未必权威

2020 年 3 月初中金公司发布报告称下调中国平安目标价。

在这份最新的对中国平安的报告中，中金公司对中国平安 A 股目标价从

102 元/股下调到 92 元/股；港股目标价从 114 港元/股下调到 101 港元/股。前次报告中，中金对中国平安的 A 股目标价从 95 元/股上调到 102 元/股，港股目标价从 107 港元/股上调到 114 港元/股。两份报告发布时间不到一个月。

为什么有这样的转折？因为 2020 年 2 月 20 日中国平安发布的年报显示，2019 年中国平安归属于母公司股东的营运利润同比增长 18. 1% 至 1329. 55 亿元；归属于母公司股东的净利润同比增长 39. 1% 至 1494. 07 亿元。看起来是很亮丽的成绩单，为什么中金公司会下调中国平安的目标价呢？因为中国平安这个成绩没有达到市场的预期。在中国平安公布年报业绩前，12 家机构对于平安年报的平均净利润增幅预测为 46%，可是中国平安只增长了 39. 1%，所以下调股票的目标价，而此时中国平安的市盈率处于不到 10 倍。

连中金公司这样知名、影响力巨大的公司，也能堂而皇之地连续发布这样两份完全相反的报告，让我有点惊讶，但转念一想，也就不足为奇了。这个世界，因为股价表现而改变对公司的看法，非常普遍，对股票如此，对人也是如此。一个人今天站在聚光灯下，有钱、有名望、有荣誉，几乎所有人都看得到他的优点，似乎他身上没有缺点，一旦他摔了跟头，大家看到他满身都是缺点，原来看到的那些优点则再没有人提起。

中金公司这两份报告代表了股市中的大多数人，没有达到预期，所以下调目标价。但如果之前预期是 26% 而不是 46%，则又会大幅上调中国平安的目标价。中国平安还是那个中国平安，它的短期目标价跟它本身的基本面没有多大关系，只是跟什么人在看它有关系。

对我来说，对于那些好公司，我倒是希望看跌的暴雨来得更猛烈些，这样我就可以更便宜地多买一些。因为在我眼里，公司还是那个公司，它的生意没有变质，没有发现公司走向衰败，它同样能赚钱，长期看还同样能保持增长，我就太关心短期的价格波动，只要行业没变、公司没变即可。

别信市场的言论

市场的言论大多是随着股价上涨和下跌变化的，它们大部分并没有主见。市场的涨跌是由很多种因素相互作用而成的，有黑也有白。当市场持续上涨了，市场上就会更多充斥论证其上涨合理的声音，这些声音会进一步刺激购买情绪，推动股价进一步上涨，直到有一天某个不可预知的原因迅速扭转过高的情绪，形成不可逆的跌势；当市场持续下跌了，市场上就会更多充斥论证其下跌合理的声音，同样地，这些声音会进一步刺激抛售的情绪，推动进一步地下跌，直到有一天某个不可预知的原因迅速扭转过于悲观的情绪，形成不可逆的涨势；当市场处于震荡时，两种声音则此起彼伏，争论不休，于是会加剧震荡，直到某个声音占据主流。

市场的声音很少真正关注价值，它们如风中的柳絮毫无主见，只是不断随风飘来荡去。如果你轻信充斥在市场里的声音，也会如同风中的柳絮，不知道自己将飘到哪里，落向何方。股票市场的声音如此，社会的声音也是如此。

身处市场，需要有一套自己的评判价值体系，无论是价值派还是趋势派，或者别的什么流派，只要它是经市场检验有效的，你又需要它，那么就坚定地依据原则执行它。心中无，则手中无；心中有，手中才会有。公司的盈利及盈利能力很难暴涨暴跌，股价却会经常暴涨暴跌，股价的暴涨暴跌大多源于人们的心理预期，但一家公司的盈利及盈利能力并不随着股价涨跌而增强或削弱。如果追求公司的价值，就会无视短期的涨跌，因为自己是公司的老板，不会根据公司股价的变化来决定是不是马上卖掉公司。如果是追求领先和战胜人们的预期，就应该学习大众心理学，至于金融学、投资学、管理学就显得不那么重要了。

愚病难解

印度学者阿比吉特·班纳吉在《贫穷的本质》一书中写道：“很多国家的穷人似乎都持这种理论，即将药物直接输送至血液是很重要的——因此，他们都愿意输液。要想驳倒这一似是而非的理论，你需要了解，身体是怎样通过消化道吸收营养的，针头为什么要进行高温消毒。换句话说，你至少要具备高中水平的生理知识。”

“更糟糕的是，了解保健知识不仅对穷人来说很难，对其他每个人来说也都一样。如果病人坚信自己需要打针才能好转，要让他们认识到自己的错误几乎是不可能的。由于大多数需要看医生的疾病都很难不治而愈，因此在打完一针抗生素之后，病人很可能会感觉好一点儿。这自然会使病人产生虚幻的联想：即使抗生素对治疗这种疾病没有任何效果，他们也会将病情的好转归功于它。相反，如果将结果归因于无所作为，那就不太正常了：如果一位流感患者去看医生，医生什么也没做，病人后来感觉好转，那么他就会认定，自己病情的好转与那位医生没有关系。因此，病人不会感谢那位医生，而是觉得自己这次是幸运的，如果以后又病了，一定要换一位医生为自己看病。这会导致一种倾向，即在无秩序的私人市场上寻求过度的药物。”

其实，在股票市场里更是如此。大多数股民并不认为股票就是公司的所有权，股票盈利的本质就是公司盈利及公司盈利的增长。又或者要深入研究一个行业，深入研究公司的商业模式、管理和经营，哪怕是读懂财务报表，都实在不容易，没有多少人愿意下苦功夫去深入学习。大多数股民会认为股票是一张张博弈用的彩票，在彩票开奖之前谁也不知道哪张会中奖，于是各种彩票投注宝典出炉，总有中奖后的现身说法某个宝典有效。如果告诉痴迷买彩票的彩民，其实买彩票总体注定是亏损，不会招来恶言，因为彩民知道自己是在赌博，但如果告诉股民他们这样在股市里博弈总体注定是亏损，却可能招来恶言相向。

股票价格对应公司价值的变化，相较于疾病对药物的反应，更加间接和见效缓慢，更有甚者，股票价格大多数时候是偏离公司价值的——虽然拉长看它们具有一致性。如果用价值投资理念给股民们提供当下的建议，由于短期的效果准确率或符合度并不高，对股民来说，其效果跟医生不给普通流感病人开药，而只是告诉他多喝水、注意休息一样，股民并不认为这样的建议有价值，以后可能再也不会找价值投资者寻求建议了。特别是在某个投机理论当下特别奏效的时候，价值投资者往往是被嘲笑的对象。

面对这样的情形，真正认知并相信价格与价值关系的人又很少，于是各种建立在对短期波动规律做出总结的“火鸡科学家”们的理论泛滥开来，而股民们抱着不同的“火鸡科学家”理论投身于股票市场，蒙对了，那是理论正确；蒙错了，那是自己运气不好，或者再换成另一个此刻“有效果”的某个“火鸡科学家”的理论。

短视和赌一把的特性，似乎是根植在大多数人心里的，很难拔除。很少有人愿意研究事物表象背后的机制，很少有人愿意延迟满足。股票市场七亏二平一赚也就成了必然。

每一刻都是崭新的

我记忆力不好，记不住股票的买入价格，这成了我的优势，当然我也并不想记住它。我多少钱买入的，跟它值多少钱、未来是涨还是跌没有任何关系，市场不会管我多少钱买入的。如果我心里总是惦记着多少钱买的，就会影响我当下的决策。如果我是 10 元买入的，涨到 20 元我是应该因为赚了不少而卖出吗？如果我是 10 元买入的，现在跌到 5 元我是应该补仓吗？如果我总是惦记着买入价 10 元，我可能就会以 10 元为一个基础价来做比较，从而影响我对当下买入卖出的决策。

其实我应该关心的是，当下公司发展是否依然很有前景。我不能因为 10 元的合理价格买了只母鸡，养了一段时间通过下蛋孵小鸡，我已经拥有了 10 只母鸡，却要 20 元把 10 只母鸡都卖掉吧，除非我疯了。如果我 10 元买入了一只母鸡，结果母鸡生病了，既不能下蛋，还要消耗粮食，还越来越瘦快要死掉了，那你说我是否应该花 5 元再买一只这样的病鸡呢？

投资股票时，很多人拥有这样一个糟糕的想法，在哪里跌倒就一定要在哪里爬起来。因为判断错误，买了一只错误的股票，损失了钱，结果不断在下降的价格中补仓，想要在它身上赚回来，结果是越赔越多。如果买错了公司，买入了价值毁灭的公司或者不能持续创造价值增加值的公司，最好的决断是赶紧卖出，然后投入价值创造的公司中去。不惜一切代价想要在原地拿回已经损失的钱，是不理智的行为，永久性的损失已经发生，过去的永远过去了。每一刻都是崭新的，无论之前是赔是赚，每一刻都应从零开始，站在全新的视角去审视手里的资产和市场上的资产，比较它们，然后选择最优的。

买入了，就把买入价放下，没有必要把它放在心上，一是无论多少钱买的，都不会影响它今天和未来的价格。二是把它放在心上，只能徒增烦恼，跌到买入价之下，会懊恼、会后悔；涨得很多该卖了，也许你会因为买入价很低而想再冒险博取更高的收益。我们投资股票，是为了赚钱，为了创造价值，不是为了徒增烦恼。

很多寓言都极其深刻，比如下面这则寓言——我们常常背着历史的负重，当作成本放不下，不断错过当下和未来：

两个穷樵夫一直靠上山打柴为生。有一天，他们在山里发现两大包棉花，两人喜出望外——要知道，棉花的价格高过柴薪数倍，将这两包棉花卖掉，足可供家人一个月衣食无忧！于是，两人各自背了一包棉花，打算赶紧回家。

走着走着，其中一名樵夫眼尖，看到山路上有一大捆布，走近细看，竟是上等的细麻布，足足有十多匹。他欣喜之余，便和同伴商量，打算一同放下肩负的棉花，改背麻布回家。

他的同伴却有不同的想法，认为自己背着棉花已走了一大段路，到了这里丢下棉花，岂不枉费自己先前的辛苦？因此，他坚持不愿换麻布。见同伴不听，先前发现麻布的樵夫只能竭尽所能地背起麻布，继续前行。

又走了一段路，背麻布的樵夫望见前面闪闪发光，待走近前一看，地上竟然散落着一大堆黄金。他心想：这下真的发财了。于是赶快放下肩头的麻布，并劝同伴放弃棉花，改用挑柴的扁担来挑黄金。让他感到无奈的是，他的同伴仍是那套理由，不愿丢下棉花；并且怀疑那些黄金不是真的，劝他不要白费力气，免得到头来空欢喜一场。

在投资股票的时候，大多数人都会像一直背着棉花的那个穷樵夫，心里始终放不下当初买入的成本价格，明明知道买错了，已经知道那个公司不行，可却始终抱着不放，不肯卖了换成更优秀、更赚钱的公司，仿佛只有在那只股票上赚回来的才是钱。这里面有两个意识，一个是把买入价当作成本的意识，另一个是不肯承认自己错了的意识，都是很要命的意识。

在投资时，要始终把所有过去决策买入的资产当作沉没成本，仅仅关注当下哪个资产最具投资价值，然后把差于该资产的投资抛售掉，换成当下最具价值的资产。手上投资的资产，无论之前花了多少工夫和精力，是赚了还是赔了，都不构成是否继续持有的理由。切忌用“在哪里跌倒就要在哪里爬起来”来证明自己过去的决策没有错，或证明自己过去没有那么蠢。

过去之心不可得，无论过往买入价格是多少，或者过往投入精力与感情是多少，均需放下，立足当下，比较手上的各类资产，以及准备买入的各类资产，放下一切，比较它们，然后选择更具价值的，仅此而已。

优秀的交易者都不会以自己的买入成本，更不会以买入后曾经涨到什么位置，来作出卖出或买入的决策。一旦买入，在下次作买入或卖出分析和决策时，必须忘掉它的成本，而仅仅以它当下的价值来做判断，是否卖出或者继续买入。

《金刚经》云：“过去心不可得，现在心不可得，未来心不可得。”说的是人心的变化。其实一切都是变化的，变化的不仅仅是人心，外物也一样在变化，古希腊哲学家赫拉克利特说：“人不能两次踏进同一条河流。”所以，我选择要“活在当下”，一切决策，都要基于当下的情况来作出，把一切过往，当作沉没成本——无论是赚是赔。虽然难以完全做到，但却可以尽力修炼。

很多时候，当买入股票后，那个买入价就会深深刻在心上，变成一个锚，在股价的涨跌中，买卖的思考和决策都会受到这个“锚”的约束。即便已经判断买错了股票，也不愿意低于这个价格卖出，因为这时候卖出就是亏了。当买入一家公司后，那个买入价就会成为一个后续行动的锚，再买卖时会忘掉决策要依据公司的基本面，忘掉了应依据其价值而不是价格。

买卖股票时，受买入价的“锚定”非常普遍，其实在生活中这个现象也无处不在：

家附近的美容美发店推出了会员卡，存 5000 元打三折，算一算很合适，于是存了 5000 元。可刚花了 2000 元，美容美发店换了老板，原来的老板消失了，还好新的老板认旧账，卡里剩的 3000 元一分不少都认账，但条件是需要再存 8000 元才能激活这 3000 元并同样继续享受三折优惠，如果不存就不给打折。

经了解，我发现美容美发的会员卡普遍存在这个情况，老板走马灯一样在换，你也不知道真假。想找原老板退钱，一是很难实施，二是代价太大。面对卡里还剩的3000元，存还是不存？我看到很多人一次次续存，以至于卡里的余额越来越多……

我们往往不甘于沉没成本的灭失，总是执着于此，却常常因此带来无尽的烦恼，并不断加深错误。然而，一切都是变化的，公司的经营发展在变，公司所处行业的形势在变，股票市场的情绪也在变，当初那个买入价其实对当下买卖的决策已经没有什么意义了。应该忘掉那个买入价，要评估的仅仅是当下手上股票所代表的资产是否与其经营价值相当，是否合理：合理就持有，低估就买入，高估就卖出，与原来的买入价无关。

当心里只装着当下价值的评估并专注于此，就能忘掉当初的买入价，不再执着，坦然面对过往——无论赔赚。能做到如此，大约就能感受《金刚经》中佛陀第一次回答须菩提所说的："应如是住，如是降伏其心"，大约就能内心平静，少受悲喜的干扰，就能从悲喜的轮回中解脱出来。

没有稳定的高收益

如果不能承受资产价格的波动，只愿资产能保住本金且获得稳定的收益，如果这个收益期望值是市场给的合理值，比如银行利息或者债券、信托承诺的确定回报，那必然不会获得特别高的回报。因为资产价格的波动是不可避免的，你不承担这些波动的风险，却要分享资产的收益，就必须要其他人来替你承担资产波动的风险。而替你承担风险的人，必然会要求风险溢价，这个风险溢价只能由你来承担，这就必然导致你的收益会低于平均水平。

如果你没有能力识别风险，也没有承受波动的强大心理，那么安心获取一个较低的稳定回报，是一种合适且不错的选择。其实绝大多数人都做出了这样的选择——在职场上——绝大多数人选择获得稳定的工资收入而不是创业。创业的风险由创业者承担，所以创业者拿走创业成功中的风险溢价也就合情合理。

企业掌舵者和运营者

企业掌舵者和运营者是两类不同思维方式的人。对于掌舵者而言，擅长“差不多”思维，面对纷繁复杂、不断变化的形势和未来，能迅速粗略估计，并作出定性判断，如果形势发生了变化，还要能迅速调整方向。就好像有人问沃伦·巴菲特怎么计算估值，他说我不计算估值，胖子瘦子一眼不就看出来了吗。而企业运营者则不然，他们擅长“精确计算”，他们重视细节，因为细节决定成败，他们喜欢所有细节都规范、可控。运营者更倾向于一旦启动，就一定要有预期的结果。

掌舵者面临的事情，往往没有边界且无图可依，需要把握的是做“对”的事情，过多关注细节会导致看不到大局；运营者面临的事情，边界大多比较清晰，有很多可参考和可借鉴的范例，甚至可以按图施工，需要的是把事情“做对”，必须更多关注细节。

同时具有这两种思维习惯并都能运用得很好的人是极其稀缺的，所以在团队中搭配好这两种思维的人很重要，对于一个团队来说，两种思维缺一不可。

对于投资人来说，两种思维都要有，一个定性选择，一个定量选择，两者叠加才会是更好的选择。当然，对于投资人来说，掌舵者的思维比运营者的思维更重要，定性选择时，其价值优势已经大到可以忽略定量偏差时，就不必费工夫做定量计算，选择那些明显的胖子就好了，不必过于计较两个人到底是谁比谁重一公斤。

财富自由

人的一生，唯一无法更多拥有的是时间。

财富自由不是有钱想消费什么就消费什么，而是可以根据需要，花钱买时间；与之相反的是，花时间买钱。

很多年轻人，为了省钱，不得不大把地花时间“买”钱，比如住在便宜但上下班遥远的地方，把大量时间浪费在上下班的路上。当然，也有住在便宜而遥远的地方，但把路上时间充分利用起来的极少数人。

花时间“买”钱的人是穷人思维，他们不知道时间的价值，不懂得复利的威力。于是把一生最不可能增加的时间浪费掉了。

更可悲的是，还有不少已经足够有钱的人，还在继续花时间“买”钱，甚至一停下就会焦虑。他们不懂得把时间花在自己真正喜欢的事情上，不懂得把时间花在更有价值的事情上，而是不断去追逐本已花不完的钱，并没有想过除金钱以外，还有什么有更大的其他价值，是否金钱只是一种工具而不是终极目的。当然，以赚更多钱为最大快乐的人除外。

在一个节目中，比尔·盖茨分享了关于巴菲特空白行事历的故事。节目中巴菲特把他那本小小的行事历给主持人看。主持人翻了一下，发现在当年4月的某一周，巴菲特只记了3项工作。这对于巴菲特这样的人物来说，似乎是太少了点。随后两人分享了对此的个人想法，比尔·盖茨说：“时间是唯一一个你不能买到的东西。基本上，我可以买我任何想要的东西，但是我不能买到时间。”而巴菲特则把时间花在“阅读与思考”上。

但有很多企业家，却整天忙于事务，甚至是热衷于到处救火，并不懂得雇用更多能干的人才去处理这些事务性的工作，以便把自己的时间省出来，用于学习和思考，或去做那些更长远的事情。

企业经营者的报酬

大部分公司给公司高管的报酬（包括工资、奖金和股票激励），主要是跟企业规模和利润有关，企业规模越大报酬越高，利润越大报酬越高，并没有考虑这种规模的含金量。比如企业规模的增长是否对企业发展长期有利，是否扎实而非虚胖；比如利润的增长是靠内生性增长还是靠增加资本金；比如内生性利润的增长率是否跑赢了平均水平等。

缺少了这些从长期股东回报角度的刚性考量，必然导致经营管理层去追求企业规模和利润的绝对增长，经营管理层的这些行为从长远看甚至是对企业有害的，这与股东的利益并不一致。这个问题在上市公司体现得尤为突出，因为短期股价的压力，使得股东和经营管理层都倾向于选择快速做大规模，而不是做实优质的内生性增长。

给管理层股票期权激励未必能达到预期效果

我并不认为上市公司（或已经准备要上市的公司）给企业高层管理者股票期权激励是多么好的手段。一般期权激励会以当年达到某些业绩目标为条件，或者近两三年达到某些业绩目标为条件，看似是将高层管理者的利益与企业的利益捆绑在一起，但这只是把短期的业绩目标与高层管理者捆绑在一起了，而非企业的长期利益与高层管理者捆绑在一起，这样有时反而会激起高层管理者为达到短期目标而损害企业的长远利益。

追求企业的短期经营业绩，往往会造成企业经营的高波动，扰乱企业的经营，最终损害公司的成长。即便只是算术题，比如你有 100 万元，第一年赚40%，第二年亏 20%，第三年赚 40%，第四年亏 20%，第五年赚 40%，第六年亏 20%，资产剩余 140. 5 万元，六年复合年化收益率仅为 5. 83%。追求优秀公司的平均回报，比如 10% ~15%，看似不高，但长期看可能会远远跑赢那些追求短期高经营业绩的公司。

与其给期权激励，不如直接给公允的现金激励，并鼓励管理层去购买企业的股票，或者加入现金购买的持股计划。当管理层真正拿自己的现金去投资到企业，希望能从主动当股东获得未来的收益时，才真正是跟企业的利益捆绑在一起了。比如中国平安 2014 年设立的核心人员持股计划，是鼓励管理层及骨干员工自愿以其薪酬及业绩奖金，从公开市场购买公司股票，这样的持股计划设计我是赞同的。要知道期权并没有拿自己的现金去购买，就算到时候期权一文不值，对期权拥有者来说也没有损失什么已有的东西，而管理层一旦拿自己的现金去买股权，如果公司的股东价值不能实现，其投资是有可能亏本的，这样才使管理层真正和股东绑在了一起。

当然，如果是对表现优秀的员工，给予少量的股票激励，作为一种区别于其他员工的激励手段还是不错的，但这种激励不是以金钱而是以心理感受为计量单位的。

不讲感情

国与国之间只有利益，没有情感，也没有义气。国与国之间谈所谓价值观、体制、人权，都只是为了实现利益的借口或工具。印度的种姓制度也未见谁以人权之名予以制裁，当然，印度实力接近美国时将会例外。

情感、义气是人与人之间交往过程的产物，是人与人之间共同经历后产生的一种不完全是理性的东西。如果你跟一个没有共同经历的人在一起，是不会有情感的，义气也是一样。记得有个跟着摄影家父母在非洲长大的 9 岁法国小姑娘蒂皮，写了一本叫《我的野生动物朋友》的书，书里这么说："我只吃不认识的鸡。"很朴素，很真实。

国与国之间发生的事，最少都要以 10 年为单位来计算，甚至是以几十年、上百年做时间单位，这么长的时间过去了，当初共同发生故事的人已经不在了，至少不再当权，新人不记旧情，是很自然的。别说国家了，就算是一个单位，新的领导也不会对有很大贡献的老员工有多大感情，面对他们大多会以规则优先。

那些我们没有研究过，没有买入的股票，我们对它一般是没有感情的，但当我们花了大量精力研究它，形成了对它的倾向性结论时，特别是下决心买入了它时，往往会对它产生感情，会偏向于论证它"对"，这会让我们失去客观。要始终提醒自己，它们和那些没有付出过精力的股票一样只是资产，我要做的就是比较它们，然后选择并持有更好的资产。

警惕高估值的风险

经常会有股票出现很高的估值，甚至有些股票长期处于很高的估值。这里讲的估值，是指当下利润与股价或净资产的比较。

如果分析为什么会出现高估值，大体上可以分为三类：

一是炒作。究其交易本质，是"博傻"的游戏，是期望以更高估值卖给其他的交易者，是一种击鼓传花的游戏，鼓声停止的一刹那，美丽的花就变成了烫手的山芋。参与者们寄希望于自己不是那个最后接棒的人。比如2019—2020年间被炒作的东方通信、中潜股份。

二是对公司未来的高预期。这种情况是对公司未来经营业绩有着很高预期的结果，当下的股价严重透支了未来的业绩，它需要公司未来经营业绩有长期的高速增长来作支撑。然而长期的高增长是非常困难的，大多数公司的高增长会突然终止或降速，一旦预期落空，估值将迅速回归均值，而戴维斯双杀给投资带来的价值毁灭将是巨大的。不可否认，的确存在少数长期高速增长的公司，但选对了的，其判断正确是基于专业的分析还是基于运气，不得而知。

三是群体性情绪化的结果。前两种情况无论看起来多么不合理，毕竟还是基于理性的选择，由各自体系不同所决定，第三种就完全是失去理性的情绪化的结果。当高估值在较长时间持续，甚至是继续不断在提升估值，在贪婪、从众、幻想、麻醉等心理因素的共同作用下，陷入群体性癫狂，相互不断编造新的支撑理由，包括市梦率——只需要梦幻般的预期就行了，如果旧梦不够支撑，就创造一个新梦。梦毕竟是梦，终有醒来的时候，也就最终有从虚幻跌落到现实的一刻。

对于第一种、第三种高估值，很多人是持否定意见的，但依然有不少人对第二种持有支持态度。正如前面所说，不可否认，的确存在少数长期高速增长的公司，但奇迹往往由一系列机遇和运气造就，绝不是仅仅依靠了实力。我想，即便是实现了长期高速增长的公司的实控人，自己也无法知道是否能实现这样的长期高速增长，不然就不会有大量这样公司的实控人和高管，在公司一路高速增长下不断减持股份了。腾讯公司的马化腾就是一个很好的例子，自2004年上市以来，马化腾一直在减持自己公司的股份，马化腾仅因减持股份导致的财富损失就以千亿元计——马化腾也无法确定自己的公司是否能持续高速增长。

避开高估值，其实是远离人群拥挤的一种做法，结果是必然难以享受疯狂的高估泡沫盛宴，所以也经常会受到赚泡沫钱的人的嘲讽和鄙视，正如互联网泡沫期间沃伦·巴菲特也同样被嘲笑——《时代》周刊公然在封面羞辱巴菲特："沃伦，究竟哪儿出了问题？"然而，持续了6年、越吹越大的互联网泡沫，最终还是破灭了。不可否认，几乎每一次巨大的泡沫，都会激发出一个产业，甚至是激发出一次生产力革命，但在泡沫中湮灭了财富的人们，却再也拿不回他们失去的那些财富了。

注：

巴菲特在其漫长的投资生涯中，从来没有以超过 25 倍市盈率买进任何公司的股票。这应该是这位伟大的投资家留给我们的最为宝贵的投资建议之一。

永久性的资本损失

沃伦·巴菲特说："我们的投资要致力于将永久性的资本损失（而不是短期内的报价损失）降到最低。"如何理解永久性的资本损失？我花了好久的时间才有所理解，我想用下面这个简化的例子来说明我的理解。

我希望我的资本回报是每年 10% 的现金，这也是市场长期普遍接受的一个资本回报率。现在市面上有一种神奇的母鸡在卖，这种母鸡似乎长生不老又不吃不喝，而且每年能下 10 枚金币，现在这种母鸡卖 100 枚金币一只，我一算发现正好满足我的回报预期，于是我买了一只母鸡。买下神奇母鸡不久，市场上突然增加了很多号称每年能下 20 枚金币，却只卖 100 枚金币一只的神奇的鹅，于是神奇母鸡价格跌到 50 枚金币一只。神奇母鸡的价格下跌了，但并没有造成永久性的资本损失，因为当初投入的 100 枚金币依然每年在创造 10 枚金币的价值，当神奇的鹅的风潮吹过后，一切平静下来，神奇母鸡的价格依然会回到 100 枚金币一只。

如果买入的神奇母鸡被陨石击中，受到永久性损害，它每年只能下 5 枚金币，这只神奇母鸡就只能卖 50 枚金币了，这种损失则可以认为是永久性的资本损失。

投资公司也是一样，一个经营稳健，能长期创造价值的公司，在合理的估值下买入（比如 10 ~ 15 倍市盈率），买入后遇到了熊市，股价下跌了 30%，但公司的经营情况没有改变，未来预期也没有改变，这种损失就不是永久性的资本损失。如果买入后，公司经营发生了重大变化，比如生产胶卷的公司，遇到了数码相机的出现，这将导致公司盈利能力急剧下降，甚至是公司的倒闭，这就是永久性的资本损失了。

价格要与价值相称

即便是面对一个效益极佳的优质公司，假定有足够多的资金，它的价格不能让我下决心花钱把它都买下来私有化，那就不是我应该买它股票的时候。如果它的价格足以让我下决心把它全部买下私有化，那我为什么不买它的股票呢？

反过来讲，即便拥有了一个效益极佳的优质公司，如果它的价格已经远远透支了未来的预期利润，我为什么不把它卖掉换成其他价格合适的优质公司呢？

比如这一年来，我经常跟一些企业家交流，问他们的生意是否好做，表示当前生意难做的有不少，当我们谈起如果给他金融牌照，是否愿意投资开设一家银行时，大多数企业家都表示了浓厚的兴趣。当我说如果一家已经开办并拥有了人才队伍、广泛网点、较大知名度的银行，现在把原始股（净资产价格）卖给你，你愿意买吗？大多数企业家表示愿意买。但当我说现在股票市场上充斥着原始股打折的银行，甚至是打五折、四折，你愿意买吗？多数人表示了愕然，一是惊异于股票市场的不可思议，二是表现了对股票的抗拒（在很多人的认识里，股市就是个赌场）。

抱团取暖与羊群效应

集体赴死的旅鼠作为一个群体会被嘲笑，却没有任何一只旅鼠会被其他旅鼠批评。亨利·法布尔所做的毛毛虫效应实验中，那些围着花盆边沿转圈到死的毛毛虫会被我们嘲笑，但却没有任何一只毛毛虫会被一起围着花盆边沿转圈的其他毛毛虫视为笨蛋。

群居动物羊群效应的这个从众特性，大多数时候有利于帮助个体存活下来，但在面对未知的不确定世界时，却往往是致命的——群体的智慧往往是非常低下的，远不如独立思考的个体。

比如2020年A股针对消费、医药、科技的抱团取暖，充分展示了人类的毛毛虫效应，即便是高大上的金融机构也不例外，机构们甚至冲得更狠。当价格已经偏离价值，抱团现象不减反增，谁也不知道还能抱多久、冲多高，但树的确不会长到天上去，终有摔下来的那一天。

当摔下来的时候，无论是散户还是机构，都会互相看看，然后求得了安慰：并不是我傻，大家是一起摔的，连某某某不也摔了吗？这是系统性问题，不是某个人能避免的。

独立思考是一种非常难得的价值。

第五篇

修心见性

世界就在那里，无穷、变化和不确定，不可尽知，而我们看到的世界，只是我们心中的世界。世界是我们内心的反映，修什么样的心，就拥有什么样的世界；修什么样的心，就拥有什么样的人生观和人生。

生命的价值

生命只是一段过程，最终都将消亡。无论是个体、族群还是物种，生命本无任何意义。我们生而自由，却被世俗和经历所困，我们烦恼重重，痛苦如影随形。我想，要使自己从心魔的苦痛中解脱，把这段生命过程按自己的想法精彩演绎，并能带给他人和世界真善美，可能是这段生命旅程最大的意义。

佛说度己度人。我们首先是求得自己心灵的解脱，不再为烦恼所困，即便受伤，也不会苦痛，即便苦痛也能快速解脱。当我们不再被苦痛控制时，自然会想着帮他人解脱。这跟佛教的大乘小乘似乎相通。我看了很多价值投资者的书，这些人早已实现了财富自由，他们能花费巨大心力，把自己所思所得总结出来，写成书广而告之，其实本身就是在普度，而价值投资者的书，大多在讲心法而不是技法。

《金枝》的作者詹姆斯·G. 弗雷泽说，当人类的思维之舟“从其停泊处被砍断缆绳而颠簸在怀疑和不确定的艰难之海”时，他们会感到痛苦和困惑，只有一种方式可以抹平这种痛苦，消除这种困惑，那就是，思维之船必须重新进入一种“新的信仰体系和实践的体系中”。

随着年龄的增长和职位的提升，面对的问题越来越复杂、越来越没有边界，当单一科学的方法、单一理论指导实践的方法，在现实中处处碰壁，我逐渐陷入弗雷泽说的困境之中，痛苦随之而来，以至于抑郁了几年。

这个世界是不确定的，但由于诸多大概率的存在，让它披着似乎确定的外衣。这蒙蔽了很多人的心智，使人们陷入主观，内心装着太多的“应该如何如何”。而所有的“应该”背后，都藏着一个确定的前提条件和与之对应的确定的规律或法则。

笃信“确定”和“应该”的人们，就是佛法中所说的“愚痴”，执着于各种执念，陷于其中，在不断遇到的“不应该”中痛苦不堪，沉浮于“痛苦——痛苦缓解——痛苦”的轮回中。

当我们认知到这一点而“不应该”再次在脑海中出现的时候，我们就会知道“不应该”也同样是客观的存在，那种因执念而产生的巨大痛苦会减轻，我们恢复得也更快，会不再纠结于痛苦，而是远离痛苦，积极地去应对当下。

直到开始认识到世界如此之大，而自己如此渺小，世界如此变幻莫测，自己根本不可能完全掌握，内心所有的“应该如何如何”都只是一厢情愿的执念时，我突然进入另一个明亮的世界中，痛苦也开始逐渐退去。新的认知和实践体系开始生长，逐渐形成本书的核心内容。解脱痛苦产生了喜悦，也让我产生了将认知分享出去，帮助曾如我一样陷入苦难之海的人们的发心，这也许就是我生命的价值。

北大毕业的外卖小哥回公司上班了

读到一篇微信公众号文章《那个北大毕业的外卖小哥，回公司上班了，他说不焦虑了》，这是一篇很治愈的文章。所谓治愈，就是让我们不再焦虑、不再痛苦，是佛陀所说的解脱。

身边有不少学佛的人，走入了歧途，陷入了迷信，非但没有开悟和解脱，反而在逆行的路上越走越远，拉也拉不回。这位北大毕业送外卖的小哥，未有一言一行言佛，却用亲身经历和体验感知，很好地诠释了佛陀的经义，解除了焦虑，自在了人生。所谓“万法皆是佛法，万行皆是修行，不过都是舟楫，解脱方是彼岸，抵彼岸方知此岸亦是彼岸”。

拥有再多财富都是少，拥有再大权力都是小，对应地，拥有再少财富都是多，拥有再小权力都是大。我见过不少贫苦出身的创业者，已经亿万身家了，对于财富还是没有安全感，充满了焦虑，依旧一门心思聚集财富，而不是追求价值；我听说有贪官曾告诫自己，贪够一个亿就收手，可是到了一个亿还是不满足，依旧焦虑，于是开始向10亿进发，最终锒铛入狱；很多人做职员时觉得没有地位，梦想着要是当上厂长就不用再仰人鼻息了，可如果真正当上厂长，才发现上面还有集团公司，到了集团领导位置，发现还有政府可以管自己，即便当上了政府首脑，还会发现自己的国家不够强大，最后当上了世界唯一霸权国家首脑，还会担心别的国家超越自己，以及民众是不是会暴乱或者自己被选下去。周而复始，无穷尽也。

《庄子·则阳》讲了个蛮触之争的故事："有国于蜗之左角者，曰触氏；有国于蜗之右角者，曰蛮氏。时相与争地而战，伏尸数万，逐北旬有五日而后反。"放眼星河，地球上的各个国家，不就是蜗牛角上的国家吗？人与人之间因名利困扰而焦虑和痛苦，较之国与国的战争，又是小之又小。

当遍历世间，经历富贵与贫穷、高低和贵贱，面对内心的焦虑，终会知道多少无止境、大小无差异、高下无分别。

在物质贫乏、思想禁锢、贫富无差距的时代，没有选择，大多数人麻木地重复着人生，反而没有了焦虑和痛苦，但这不是解脱。现在这个时代，物质丰富了，思想解放了，贫富差异大了，各种比较多了，焦虑和痛苦就普遍产生了。

这个时代给了更多人选择权，这是产生焦虑和痛苦的一个源头，同时也是获得解脱的一种方法。以为因贫穷而焦虑和痛苦的，可以追求财富，当财富到手后，会发现贫穷并不是焦虑和痛苦产生的根源；以为没有干自己喜欢的工作而焦虑和痛苦的，当干上那份工作时，发现并没有消除焦虑和痛苦；以为没有生存烦恼，天天周游世界才是最好的人生，才不会焦虑和痛苦，当天天周游世界时，才发现焦虑和痛苦依旧如影随形……这时候，只有停下来，审视自己，从内心去寻找焦虑与痛苦的根源，才可能获得解除焦虑和痛苦的智慧。

当最终看明白了，于是豁达积极，生死不惧，物来则应，物去不留。学会放下，不被牵绊，不被阻碍，才能更好地积极面对。

面向不确定的遥远的未来

世界是无限的、世界的变化是无限的、世界的变化又是不确定的，每个人/每件事的未来都有无限种可能，以这样的前提去看待世界、看待事物、看待自己，用生命的长度去看待人生，甚至用生命和文化遗传的长度去看待人生，而不是局限于某个有限的时段或者某个具体当下的目标去看待人生，一切都会发生变化。

如此，我们将不再对有限条件下的局部的、短暂的竞争或者博弈的结果看得那么重要，对控制和限制他人参加有限条件下的局部的、短暂的竞争和博弈不再那么执着。举一个比较极端的例子：当一个国家面对仇敌时，以有限条件去看待它，可能会恨不得马上就要复仇，可是，如果拉长到数十年甚至上百年的时间长度，叠加这期间整个社会的变化，以及两国在这个时段里的行为活动，可能之前的仇恨也没那么重要了。但这并不妨碍当下我们要去复仇的想法和行动，复仇本身就是一种常识。

面对无限的、变化的、不确定的世界，我们会对遥远的未来更感兴趣，对当下更感兴趣。我们对过去感兴趣，是为了未来和当下，我们就会放下对过去的执念，不被其牵绊。面对无限的可能性，我们脑袋里装的更多的是对世界认知的多维体系，以及用这样的体系去解决当下如何做选择。我们感兴趣的会是如何选择更高概率的方向或要素，如何通过努力扩大自己所知的边界和提高概率的可能性，如何不断提升和完善自己的认知体系。

放下自己才能看见、听见

唯有放下，才能看见；唯有放下，才能听见。

放下不是放弃，我们可以有自己的想法、观点、逻辑，但在接收时，如果不能放下，就不能真正理解别人的想法、观点和逻辑。

当我们放下，全身心地去阅读、倾听，才能真正知道别人在说什么，才能明白他的处境、立场、目的、观点、逻辑。知道了他在说什么，才知道自己和他的一致与分歧，才能求同存异，才能学到他的优点和新意，如果要合作或连接，才能从共同处找到切入点。

批判地学习也是如此。如果想要否定谁的观点，也首先要充分地学习和认知他的前提、观点和逻辑，只有当自己能够向下兼容他，这样的否定才是可信的。

我对这个世界的一个根本认知是概率。有人可能会认为既然都是概率，努力还有什么意义？世界的关键本质是概率，这只是在探寻世界本质过程中发现的一个现象；发现它是概率的，并非就此认命，恰恰相反，不断探寻世界本质这一活动本身，才是解决问题的根本，它是一种积极面对问题、积极应对问题的人生态度。

世界的运行是基于概率的，那么如何才能使我们想要的结果概率更大，如何在不好的结果出现时得以从痛苦中解脱，这是进一步要解决的问题。

认可世界的运行是概率的，就要学会坦然接受一切可能的结果，无论自己做了什么。这样，就不会被阻碍。

由于不确定和概率，一个正确的决定，也可能收获一个糟糕的结果。坦然接受一切结果，并复盘当初的决定，如有不足，修订它，否则继续坚持它；如果收获了一个好结果，在高兴之余，同样要复盘当初的决定，如果是意料之外，找到原因，改进决策的模型，如果是意料之中，必须提醒自己还有很多没有看到的要素其实并没有显现，要清醒地认识到自己的成功存在很多运气的成分，千万不可以自得，更不可骄傲自满。

接受自己的不完美，接受世界的不完美，是认识自己和世界的开始，否则就会一直带着深深的偏见和沉重的包袱前行。偏见和包袱使我们远离正见，自然不会有好的行动。接受自己的不完美，接受世界的不完美，才能接受已经发生的损失，而不会总想着把损失捞回来，如果总想着把损失捞回来，最终会慢慢变成一个赌徒。

接受过去的所有，无论好坏，放下、忘掉过去的一切，不被情绪左右，专注于此刻，在自己的体系和原则下去评估当下，然后做出行动，每一次行动或不行动，都是新的开始。

必然性与痛苦

大多数人并没有认识到万物的复杂性，对必然性和偶然性的认知不足，他们不知道自己的观点都是有限条件下的观点，却以自己的观点为是，去否定别人的观点，于是痛苦就此产生。

不知道自己认知不足还自以为是，行为就会偏离事物发展的主线，也就会远离均值（主导性力量产生的结果）。出现偏差是糟糕的，但更可怕的是事物虽然总是围绕均值波动，却很少严格地沿着均值的轨迹前行，当错误的认知和行为碰到了恰好偏离均值的情况，形成了良好的结果或预期的结果，错误的认知会被强化，其未来的结果和痛苦可以想象。

著名的荷兰哲学家巴鲁赫·斯宾诺莎在《伦理学》中说道："心灵理解到万物的必然性，理解的范围有多大，它就在多大的范围内有更大的力量控制后果，而不为它们受苦。"我理解，斯宾诺莎并不是在说我们有多大能力认识和掌握万物的全部必然性，而是要在更大范围理解导致后果的必然要素和它们的复杂性，并在有限边界下去把握其中的必然要素，去控制后果，同时由于对复杂性的足够认知，当不可控后果出现时也不会为之痛苦。

喜怒哀乐

喜怒哀乐是人之常情，但喜怒哀乐的产生却往往是因为认知不足或者认知的偏差。认为应得而未得，并因此而怪罪别人则"怒"，如果因此而怪自己、怪天地则"哀"；认为应该得而得则"乐"；认为不该得而得则"喜"。喜怒哀乐的前提往往是我们事先设定了"应该如何"，然而"必须应该"本身并不存在，所有的结果只是概率在背后起作用，我们所有的努力，不过是在改变结果发生的概率。

事情出现了与期望不同的结果，产生喜怒哀乐的情绪很正常，但如果认知足够，情绪的反应就不会过度，比如像中举的范进因喜而疯；更不会陷于情绪难以自拔，比如像祥林嫂一直受困于失子之悔当中。

承认并接受一个概率的世界，并不是要把一切交给运气，而是要积极地努力，去改变事物发展的前提，控制事物发展的过程，努力提升所期望结果的概率。同时，在结果出来时，又能淡然处之，能迅速站在这个结果的新的条件下，去积极努力，为下一个期望的结果奋斗。

人生如梦，确定性并不存在，安全感也并不真正存在，当知道一切都将消散，生命终归尘土，好好地去珍惜每一刻，活在当下，这才是面对无常的积极态度。

学会与不确定相处

《道德经》曰：“人法地，地法天，天法道，道法自然。”天道无常，于是世界是不确定的，人生也就随之不确定，从生到死一路无常。

人的本性总是期望追求“确定”，仿佛只有“确定”才能给我们安全感，仿佛拥有了对所有“不确定”的掌控力，就能获得安全感。然而，对“确定”的极致追求，恰是人生痛苦的源泉。

知无常，学会与无常相处，才能解除痛苦。学会与不确定相处，提高与不确定相处的能力，才能心安淡定。我们无法消除不确定，但可以追求大概率事件，可以削减不确定的可能性和影响程度；知道我们不能从根本上消除不确定，当不确定带来损害时，才能积极面对、积极应对。

短期的辉煌是失败的开始

在股票市场这个荒野赛中，如果我们把目标设定为当下、近期的辉煌，我们就必须采取更大的冒险策略。很多人会把当下、近期的辉煌当作一生追求的目标，甚至试图树立一座后人永远不能超越的丰碑。不幸的是，随着社会的发展，那些具象的、可量化的成就，都将在未来被超越，最终只有史学家才会关心它们。

众人只会关注当下的明星，之前创造过辉煌的明星，也同样会被无情地鄙视，如果他不能继续创造现时的辉煌，他就会成为过气明星，如已经衰老、满脸皱纹、体态发福的曾经的美女那样不再受人瞩目。换句话说，当用冒险换来辉煌或者成功的那一刻，就已经成了失败者，只有通过一次又一次的再次成功，才能证明自己是新的当下的成功者。然而，无论之前获得多少次辉煌，我们只需要一次的失败或者不辉煌，就会被打回原地，被踩在地上摩擦。取得了辉煌，得到的却是辉煌后深深的失落感，这与自己所追求的目标恰好相反，很多人会在短暂辉煌的喜悦中，情绪迅速跌落到谷底，由于对比效应，那是一个比没有取得辉煌前更低的谷底。有些人将一蹶不振，有些人会选择再次证明自己从而陷入轮回——冒险总是会遇到失败。

如果所有追求当下辉煌的人们知道这一切，是否会有人能够醒悟？我想是会有一部分的，但应该只是一小部分，大部分的还是会如飞蛾扑火。

如果我们不再把当下、近期的辉煌当作目标，而是把一直在比赛中生存、在比赛中能持续变得更强大作为目标，我们的行为就会改变。我们对风险的宽容度会变小，对自身能力的提升要求会变高，我们会要求自己能持续超越标准速度，但对取得很高的绝对速度的要求就会大大降低。我们将不再为一时的得失和是否落后而烦恼，不再羡慕他人的短暂辉煌，对取得长期结果辉煌的选手只会钦佩而不会嫉妒，平和、自如就会降临。

股票市场如此，人生何尝不是如此。

投资是一种修行

当我认为自己终于找到股票价格和企业价值之间的根本关系时，我的股票投资就变成了一场修行，在专业力之外，需要时刻修炼自己的内心：信念、积极、善良、客观、专注、决断、割舍、耐心、忍耐、坚忍、认错，破除贪念，放弃投机，不悲不喜……投资的过程，还会不断见证人性。这是一场价值观与人生观的重修。

投资是一场修行。投资是孤独的，要有自己的一套理论，并能孤独地坚持。每个人的理论都会不同，不同人的意见更是可以大相径庭，能否独立思考，不被各种声音左右，忍受嘲笑，甚至是失败的打击，当市场表现长期与自己的分析不一致，甚至相反，能否坚持独立思考、寂寞坚守，需要修行足够的定力才耐得住寂寞。投资有时候跟马拉松真的很相似。

投资是一场修行。我把自己股票投资的每一笔买卖，公开透明地发布出来，本身也是修行的一部分，能否敢于真诚地面对自己，并真诚地面对周边的人，内心坦荡、不虚伪。能修炼好这一关，就不会焦虑，也许晚上还能如婴儿般入睡。

投资是一场修行，也是一种消费。像我这样并不专业的投资者，试图用自己的理论和实践战胜市场，本身其实是一种消费。失败了，就是花钱消费了；胜利了，是消费后居然还能盈利。我的目标是战胜上证指数、深证指数、ETF50、ETF300、ETF500。

这场修行的过程，我会坚持发布，一直更新。

心性的挑战甚至大于认知的挑战

即便你是个基于公司价值创造和价值增长的价值投资者，即便你已经精于评估公司的价值，如果你投资的是上市公司，你还是会受到如下对心性的严峻挑战：

1. 从众心理。不得不面对市场天天向你报价，虽然他们当天的报价经常是毫无理性，但这却是全社会以及围绕在你身边所有人对你的共同报价。他们还会通过各种渠道和方式讲述各自支撑其报价的理由。当自己的估值与其他人有较大差异时，就会产生巨大的心理压力——特别是在股价的走势与众人的判断一致而与自己的判断相反时。

2. 怀疑人生。即便自己的估值是正确的，但却不敢绝对地肯定，因为世界很大，自己很渺小，自己不可能是万能的上帝或先知。当股价长时间，甚至在以年为单位的时长里，与自己的估值背道而驰，市场的偏好就是反对自己，周围的人还不断地劝自己回头，甚至自己变成了众人嘲笑的对象，以至于自己可能会严重地怀疑人生、怀疑自己的体系，能坚持住吗？

3. 遗憾还是动摇。研究了好久的公司，各方面自己都满意，唯一显得不足的是估值没有达到自己想下手重仓的位置，然而，这样一个好公司却在这时候开始持续地上涨，估值一直在自己的估值体系之上，以至几年都是这样，股价也因此而大涨甚至翻倍。公司继续很好地成长，估值继续高于自己的估值体系，是选择遗憾还是动摇？又或者在高于自己估值体系时卖出了，结果股票却继续上涨了很多并持续很长时间，甚至又继续涨了一倍两倍，这时候回头看，自己是否还是会同样的选择错过？

4. 诚实面对错误。发现决策错误时，诚实地面对自己，及时止损而不是寄希望于市场的非理性上涨来弥补自己的损失或者掩盖自己的错误。诚实面对自己，勇于承认错误其实并不容易。沃伦·巴菲特在2020年亏损清仓航空股，给我们做了很好的示范——虽然他卖出后航空股大涨。

5. 相互比较。特别是在牛市期间，每次牛市的热点都不尽相同，如果自己持有的公司不是热点，甚至是被市场鄙视的板块，就会眼睁睁看着别人红红火火赚大钱，而自己却收益平平甚至远远落后于大盘。自己的投资理念和过往业绩都会被他人踩在脚下，甚至是被嘲笑已经过时，跟不上时代的进步了，这时你是否会跟风切换到潮流的风格？20世纪90年代互联网泡沫期间沃伦·巴菲特就是这样被嘲笑的，60年代本杰明·格雷厄姆也是这样被嘲笑的。

只有骗子才能择机

伯纳德·巴鲁克说：“只有骗子才可能实现择机出入股市。”我赞同这个观点，我还想说：“能实现择机出入股市的，除了骗子想骗别人外，还有一种情况，那就是连自己都被自己骗了的人。骗自己的人甚至对自己的谎言深信不疑，沉浸于自己营造的虚幻谎言世界中无法自拔。”

如何戳穿谎言？很简单，让他从现在开始公布他后面每一笔买卖的实况，时间会检验一切谎言。骗子是不敢把真相公之于众的，无论是骗别人还是骗自己。

如果想修炼自己，公布自己的实盘，就是很好的修行——让自己变成一个诚实的人，关键是对自己诚实。所以我选择了这个修行的方法，自2019年2月起，公布自己的实盘，强迫自己真实地面对自己，面对自己的错误，并用公开的环境来迫使自己主动纠正投机心理和行为。

投资也可以是一种爱好

有人问我说：“你工作那么忙，哪有那么多时间去研究股票、去搞投资？”其实投资股票是我的一个兴趣和爱好。我的爱好很多，有几年喜欢游泳，就每天去游泳，只不过一直游得不快；有几年喜欢打羽毛球，就每周都打两场，只不过一直打得很烂；有两年喜欢组装、维修电脑，除了给自己组装、升级和维修电脑，还不断帮助别人；有几年喜欢编程，就天天抽时间编程和建网站，把自己的工作工具 AutoCAD 改得面目全非以至于别的同事用我的电脑画不了图——连命令都改成了自己习惯的各种快捷键，后来还因编的小程序获了些小奖帮助自己顺利晋升了职称；有几年喜欢摄影，就买了很多摄影的书花了很多时间去摄影，最后发现自己不是搞摄影的料；最近几年喜欢跑步，于是就连续跑了 10 年的步，一不小心还跑成了马拉松三级运动员，现在还在继续跑。

投资也是我的爱好，年少时就喜欢商业，虽然没有自己去创业，但一直喜欢琢磨商业，遇到新的生意或商业模式，就会琢磨它，后来的管理工作也让我不断去思考企业的战略和商业模式并付诸实践，还取得了很好的成效。

人的时间是有限的，爱好了这个就没办法花更多时间去爱好别的。最近几年工作非常忙，又要花时间在投资这个爱好上，所以这几年我没看过电视，也没看几部电影，没有什么娱乐活动，除了保持健康而必需的跑步和上下班必需的开车（练到人车合一也是很棒的体验），几乎没有别的活动。好在股票投资本身不需要花什么时间，我不需要看盘，研究所投资和关注的那几家公司也不需要多少时间，毕竟一个公司很难总是发生巨大和快速的变化，每年看看这几家公司的年报、半年报，订阅一下公司和其所处行业的重大新闻就够了。对我而言，投资股票，提升认知水平、提升心性能力才是关键，所以我花在股票投资上的时间几乎都是在阅读、思考和写作上。我只是把别人追剧、聚会、KTV、玩游戏的时间用在了投资这个爱好上罢了。

好在阅读、思考和写作不需要占用整块的时间，任何零碎的时间都可以用上，否则这个爱好所花的时间就会和紧张的工作冲突：跑步的时候可以听书也可以口述写作，出差的飞机上也可以读书和写作，等红灯的时候都可以思考或者写上几句，工作中的思考同样可以联系到投资上，去超市可以观察和分析各商品的生意逻辑和营销策略，零碎时间刷“今日头条”也都是心理学、社会学、管理学、财经、投资、所投产业相关的内容……这些零零碎碎的时间加起来，累积到一年就很可观了——光东一句、西一句写写朋友圈，一年就写了 23 万多字的书稿草稿（本书就是这么写出来的）。

不同的是，多数人的爱好看起来更像爱好，而我的这个股票投资的爱好看起来不那么像爱好罢了；而且多数人的爱好会花钱，我的爱好会挣钱罢了；有些人的爱好会影响到职业工作，我的爱好会促进职业工作甚至可以把自己变成斜杠中年罢了。

最简单也最困难

可能多数人会认为赢得冒险的传奇是很困难的，而选择普通的常识获得普通的结果比较简单和容易。然而，结果告诉我们其实恰恰相反，赢得冒险的传奇数不胜数，而长期坚守普通常识的人却寥寥无几。最简单的往往也是最困难的，不是事情困难，而是克服人性的弱点非常困难。

遵循常识这样简单的事，往往当下的、短期的效果不那么令人瞩目，甚至不明显，愿意一贯坚持这么做的人就会很少，最终的结果是很少有人能做到——虽然这样做的结果长期看很诱人。正如沃伦·巴菲特所说：没有人愿意慢慢变富。

赢得冒险的传奇看似概率不高，但由于其效果短期凸显，加上人们贪婪的赌性，其结果有着无数的追逐者，由于参与者基数大，最终的结果是，奇迹总是被不断创造。然而，奇迹很难被连续创造，所以我们很难见到一直创造奇迹的人。这在投资界可以得到印证：我们看到无数短期翻倍的投资者，长期可能是亏损的，某年创造惊人回报的基金，一般长期回报率都不高；那些取得几十年最终高回报的投资大师们，少有非常优秀的短期业绩，但他们能保持数十年 15% 左右的年化回报率，沃伦·巴菲特甚至能保持数十年约 20% 的年化回报率。

创造奇迹

神话有两种，一种是极小概率事件发生了，另一种是常人不能理解的事情发生了，然后被人们改编成了神话。而奇迹有三种，除了上面两种外，还有一种是平常得不能再平常的常识，被人长时间坚持了下来，得到了每个人都认为应该的结果。

在人世间，在股票市场，追逐第一种的人很多，践行第三种的人很少。第二种就不说了，反正我们还不能理解。

想要创造第一种奇迹，无须挑战自己，只需要勇气即可，于是追逐第一种的人很多，虽然失败者众，但由于基数大，导致第一种奇迹经常出现，这进一步激发了人们去创造它。第三种奇迹看似简单，甚至任何普通人好像都能做到，但是真正要践行却要长时间挑战自己、挑战人性，需要坚定的信念、顽强的毅力和强大的忍耐力，虽然坚持常识成功的概率较高，却鲜有人能做到。

偏执狂能够创造奇迹。商界大量的成功者都是敢于冒险的人，很多还是极为偏执的人，比较著名的有缔造苹果公司的史蒂夫·乔布斯和缔造特斯拉公司的埃隆·马斯克，国内这样的人也很多，他们创造了奇迹，成了传奇。

奇迹的创造有三种方式，第一种就是敢于冒险，近乎偏执地追求极致；第二种是持之以恒，哪怕持之以恒做普通的事，但需要坚持足够长的时间；第三种是常人不能理解的事发生了。

河南省新乡市的郭亮村人在没有任何机械的条件下，13 个村民全靠人力苦战了 5 年，一锤一钎开凿坚硬的太行山，终于凿开了一条悬挂在绝壁上的穿山公路，不但解决了村民出行的难题，还成为世界奇迹，变成旅游景点。

重庆市江津人刘国江，为爱情避世深山，为了爱人出行方便，在悬崖峭壁上凿下石梯，一凿就是半个世纪，一共凿了 6000 多级，被称为天梯。刘国江老人故后被树碑立传，天梯成为后人见证爱情的知名地。

这些极其普通的事，坚持得足够久，积累的成果足够大，就是奇迹，就是传奇。

商业奇迹也是一样，史蒂夫·乔布斯、埃隆·马斯克这样的偏执狂创造了奇迹改变了世界；同样还有 578 年建立、现今员工约 100 人的日本小企业金刚组，专注于寺庙的建设，企业寿命已经超过了 1440 年；还有 60 多年坚守价值投资哲学慢慢变富并最终成为世界首富之一的沃伦·巴菲特；还有稻盛和夫 60 年坚守利他之心，潜心布道，创办了两家世界 500 强企业，并拯救了宣布破产的日本航空公司。

创造第一种奇迹，不但万众瞩目，且由于成功速度很快，所以人们更愿意选择。但创造这样的奇迹，需要偏执，需要天分，更需要运气，且成功率很低。不过还好，由于多数人愿意为此而拼搏，所以最终成功者的数量是可观的，甚至占成功者的比例也是很高的，这是大基数决定的。世界的重大变革，往往产生于这类奇迹。

第二种奇迹不需要人有多大的天分，看似大多数人都能做到，但由于到达成功的时间周期太长，过程艰苦、枯燥，甚至日常所做平淡无奇，所以没有多少人愿意选择这条路，即便选择了，能坚持下来的也不多，留给世界的这类奇迹就相对较少了。

如果自己没有过人的天分，不相信自己拥有创造奇迹的运气，安下心来选择第二种途径，也许真的可以创造奇迹。

慢跑者

在人生和投资的路上，我选择做一个慢跑者，不追求短期耀眼的辉煌，不追求超越谁，不疾不徐，长久的持续，不休息，不停歇，因为未来很远，我要到那里去。

人生和投资的路很长很长，所有短期的输赢，瞬间的辉煌，都只是长长路上的一个片段。能一直跑下去，不被淘汰，就不错。我相信，如果能在一生中始终不被淘汰，始终能用不低于平均的速度跑下去，最终将积累成令人瞩目的优势。拿投资来讲，很多投资者可能都看不上15%的年回报率，但如果能从年轻时开始，将这个回报率持续一生，大约就能成为富豪榜上的人物了——很多世界顶级的基金经理的长期投资回报也没有达到这个数值，巴菲特迄今的回报率为年化20%左右。

在这里，我想分享一个真实的关于跑步的故事。故事的主人公克里夫·杨就是我学习的榜样（以下故事摘编自网络）：

每年，澳大利亚都会举行一场悉尼至墨尔本的耐力长跑，名称为“UCS超级马拉松限时赛”（Ultramarathon Challenge Series）。该赛事创始于1968

年，全长875公里，被认为是世界上最艰难的马拉松赛事之一，对任何年龄段的世界顶尖运动员来说都是一项严酷的耐力考验。体能超好的年轻选手在赛前要进行数月的训练，而且还和像耐克、阿迪达斯这样著名的赞助商签约，这些赞助商通过强大的资金和装备支持机制为选手提供资助。历时7天，即使对那些为荣誉和奖金而赛的世界一流运动员来说，这项比赛也是对体能和力量的严峻考验。

1983年比赛的那一天，来自西澳大利亚州弗里曼特尔的克里夫·杨，一个61岁的农民来到了比赛场。他穿了条工装裤，脚上穿着橡胶靴，年龄比其他选手大得多。没有人注意到这个外表古怪的老头，他就跟个隐身人差不多。聚集的人群以为克里夫只是来观看比赛的。当克里夫·杨上前领取他的运动员号码时，人们这才明白他是来参赛的。他将跻身150名世界级选手的行列参加赛跑！他周围的世界级选手先是表示出明显的怀疑，继而予以鄙视。显然，人们认为他来参赛只是媒体的炒作而已。

但是媒体记者颇为好奇，所以当克里夫拿到他的“64号”号码布，走进配备昂贵的特殊装备的参赛选手队伍时，镜头对准了他，聚集的记者们向他抛来一个又一个问题。他们问：“你是谁?”“你来做什么?”

“我是克里夫·杨。我来自墨尔本郊外的一个农场，我们在那里养羊。”

他们又问：“你真的要参赛吗?”

“是的。”克里夫点点头。

“有人赞助你吗?”

“没有。”

“那你不能参赛。”

“不，我可以，”克里夫·杨说，“你知道吗，我出生在一个农场，家里买不起马匹和四轮车。每次暴风雨快来的时候，我都得跑出去聚拢羊群。我们有2000头羊，2000英亩地。有时候我得追着羊群跑两三天。虽然费工夫，但我总能追上它们。我相信我能跑这场比赛，不过五天时间，也就多出两天而已。我追着羊群跑过三天。”

克里夫事先并不知道其他选手每天跑18个小时要休息6小时。

很快，马拉松比赛开始了，年轻的运动员把克里夫远远地甩在了后面。

人们笑了，有些人还大声地笑，因为克里夫甚至连跑步的姿势都不正确。他跑步的样子怪极了，因为他似乎是在拖着脚走。随着比赛的进行，体育解说员和观众们的注意力都放到了那些领先的选手身上。想象一下第二天早上看到新闻报道说克里夫还在比赛的队伍里时，人们有多么惊奇！不仅如此，他还彻夜未眠，一直在跑。而且，看起来他决意要一直跑到终点，或一直跑到病倒或受伤为止，这正是许多观众现在开始担心的事情。他们变得不安起来，而且非常担心克里夫的身心健康。许多人在说，甚至更多的人在想："不用说，应该有人制止这疯狂的老头儿，免得他真的把自己弄伤!"

但是克里夫没有要停下的意思。虽然他仍然远远落后于那些世界顶级的选手，但他还是一直坚持着。当他抵达一个大城镇时，有人问他对接下来的比赛有什么计划，他说他会继续跑下去，而且他也的确是这样做的。显然，克里夫从比赛第一天起就没有停过脚步。尽管还被远远甩在世界级选手后面，但他还是不停地跑着。他甚至还有工夫跟公路两旁观看比赛的观众挥手致意。

随着每一小时的流逝和迈出的每一次拖拖拉拉的步履，他一点一点地接近领先的选手们。事后，他告诉人们，整个比赛过程中他都很专注，他把自己想象成是在赶着羊群，努力与暴风雨抢时间。

到了第五天夜里，他追上了所有的选手。第六天他把整个队伍甩开一大截。他一路领先直到终点，以 5 天 15 小时 4 分钟跑完 875 公里的赛程，打破了纪录，比之前最快的选手还快了 9 个小时！在那一刻，克里夫·杨成为受人爱戴的民族英雄。当克里夫得到 1 万澳元奖金时，他说他不知道比赛还有奖金，并坚持说他不是为了钱才参赛的。他说："还没有到达终点的那五位选手，他们比我跑得更艰苦。"他给他们每人 2000 澳元，而他自己一分钱都没留。

1997 年，克里夫在他 75 岁时又一次赢得了声望。当时他试图成为环澳大利亚长跑年龄最大的人，并为无家可归的孩子们筹集善款。在他的余生里，克里夫一直坚持跑步。多年来，尽管年纪越来越大，身体状况也不如从前，但是他还是参加了许多比赛，并赢得了其中的多次比赛。据说克里夫从未为自己留下任何奖品。因为他从没戴过表，所以人们就送他手表。他会感谢送他手表的人，因为他不想伤害他们的感情。但是随后，他就把表送给沿途上他看见的第一个孩子。他说："我不需要手表。我知道什么时候是白天、什么时候是黑夜、什么时候肚子饿了。"

克里夫对跑步运动的热爱从未衰减。但在2000年，他得了轻度中风，从而结束了他具有英雄色彩的跑步生涯。2003年11月2日，克里夫·杨这位长跑传奇人物在悉尼与世长辞，享年81岁。

安守本分才能保住财富

多年以前我经常出差到萧山和杭州，接我的专职司机经常是个富翁，跟他们聊天让我很受益。

这些"富翁司机"几乎一致地对我说，在萧山和杭州，像他们这样的人是比较多的，有的在做司机，有的在做保安，有的在做保洁，还有的在做门卫，每天早上他们开着奔驰、宝马去单位上班，到了单位换上工作服开始工作，下班了再换上自己的衣服，开着奔驰、宝马回家。有些做司机的，开着自己的奔驰、宝马去单位，然后开着单位的帕萨特、别克GL8去工作。

我会问他们为什么这么有钱，却甘于在公司里做一名普通的司机，或者做底层的保洁或保安，赚着微薄的工资？甚至工资还不够上下班养车？

他们给我的答案出奇地一致：他们都是因拆迁致富的。当地第一代拆迁致富的人们，不少人都结局不太好。一些人因拆迁一下子有了钱，但不知道干什么，也不会干什么，有钱了，不工作了，反而陷入了精神空虚，有赌博的，有吸毒的，不少人因此而堕入贫穷——比之前更加贫穷。从第一代拆迁致富的人身上，大家总结到：不老实本分、不勤奋努力，就算天上掉馅饼，最终还不如没有馅饼。于是后来的拆迁致富户，就有了像他们这样继续本本分分工作的人，不好高骛远，做自己能做的事，坚持做下去。

本分、勤奋未必能带来巨大的财富，但至少可以保住财富。

风险并不会带来收益，耐心和痛苦才会

美国投资大师、华尔街专业投资人、经济学者伯顿 G. 马尔基尔在《漫步华尔街》中讲道："平均而言，投资由于承担了更大的风险，而获得了更多的投资回报。"

股票投资者获得更多的回报，并非承担了更大的风险，而是承担了更大的痛苦；风险不能带来更大的收益，长期主义必须具备的耐心和痛苦承受能力，才是获得更大收益的主要原因。如果风险能带来更高的收益，那我想理性的人们都会冲向风险更高的投资品并赚到风险的溢价了。但面对股票长期总体跑赢债券的正收益，即便有这么多人参与股票投资，大部分股票投资者并不赚钱，为什么？因为坚持长期主义，具有耐心并能承受痛苦的是少数人。

那些投资于收益远小于股票的国债投资者，因为国债收益的稳定和股票相比较几乎没有波动，他们用降低收益来换取不承担或少承担波动带来的痛苦。

如果说股票有更大的损失本金的风险，或者担心购买个股会因为公司倒闭而造成损失本金，完全可以通过购买指数基金或者一揽子股票，来规避个别的风险，以实现股票的平均收益。这样，从长期来看，股票的收益明显高于债券（特别是国债），而且是确定高于债券，但过程却不那么愉悦。

国债的收益几乎是确定且稳定的，买入时就知道确定的结果和收益的过程，持有的过程中不会有涨跌带来的情绪波动，最多就是持有到债券到期收回约定的利息和投资本金。但股票则不然，熊市和牛市、投资者间的博弈等，这导致了股票价格短期的剧烈波动，在持有股票的过程中，这些波动会给投资者带来情绪上的很大波动，造成心理上的巨大痛苦。

诺贝尔奖获得者丹尼尔·卡尼曼和斯坦福大学心理学教授阿莫斯·特沃斯基，在决策效用理论研究中得出这样的结论：人们对于同样数量的损失和盈利的感受是不一样的，损失所带来的痛苦是盈利带来的喜悦的两倍到两倍半。

正是这种长期持有股票过程中频繁下跌所带来损失的痛苦，使得人们在选择不同投资品时，有了不同的溢价。股票的长期投资者获得的高收益，是对他们所持有的长期主义必需的耐心和所承受的痛苦的奖赏。这里，我想引用1995年威斯科金融公司年度股东会议上查理·芒格说出的那句可载入投资史册的智慧之语来表达我的选择：“只要能够成功到达目的地，我不在意一路之上的颠簸，如果这就是代价的话。”

逍遥游

《庄子》曰：“鹏之徙于南冥也，水击三千里，抟扶摇而上者九万里，去以六月息者也。”“蜩与学鸠笑之曰：‘我决起而飞，抢榆枋而止，时则不至，而控于地而已矣，奚以之九万里而南为？’”“小知不及大知，小年不及大年。”郭象注曰：“则虽大鹏无以自贵于小鸟，小鸟无羡于天池，而荣愿有余矣。故小大虽殊，逍遥一也。”

翻译如下：

《庄子》曰：“鹏往南方的大海迁徙的时候，翅膀拍打水面，能激起三千里的浪涛，环绕着旋风飞上了九万里的高空，乘着六月的风离开了北海。”“蝉和小斑鸠讥笑鹏说：‘我们奋力而飞，碰到榆树和檀树就停止，有时飞不上去，落在地上就是了。何必要飞九万里到南海去呢？’”“小智比不上大智，短命比不上长寿。”郭象注《庄子》曰：“所以大鹏就没有自认为比小鸟高贵的理由，小鸟也无须羡慕天池，各自最大的愿望已经绰绰有余了。所以，小和大之间虽然有差别，但却是同样的逍遥。”

我赞同郭象“小大虽殊，逍遥一也”的观点，逍遥是一种主观的感受，本是无可比较的，蜩与学鸠的逍遥并不比大鹏的逍遥小。蜩与学鸠有自身的局限，大鹏也一样；蜩与学鸠有自己的空间，大鹏也一样，在自己局限的空间里对逍遥的感受并不会有程度上的差异，虽然大鹏能清晰知道蜩与学鸠看不到的空间，却和蜩与学鸠一样无法知道自己看不到的空间。大小只是相对的，小无至小，大无至大，大家都只是至小和至大两点连线中的某个位置罢了。

“小知”不知“大知”，“小知”以己之狭窄的视野去评论“大知”的行为，是认知有限的表现，同时如果“大知”以广于“小知”的视野，去嘲笑或者不理解“小知”所思所为，也同样是认知不足的表现。

2000年互联网泡沫时嘲笑沃伦·巴菲特的投资者，就是“小知”嘲笑“大知”，他们见得太少，仅以当下股票的表现去评判那些“老气”的认知，殊不知常识之所以成为常识，却是长期有效却不为众人真正认知的平常知识。

身边不少极为聪明的管理者，学习、认知水平远高于普通人，然而在管理工作中，却常常不能理解普通员工的所思所想，想当然认为其他人跟自己一样聪明，不能站在普通员工的视野看待事物，用自己的视野和认知，简约地布置了工作，结果常常是不尽如人意，这就是陷入了“知识的诅咒”。这让我想起一个笑话：老爸渴了，让两岁的儿子去帮自己接杯水，结果孩子从马桶里舀了杯水给他。

知道自己只是处在至小和至大两点连线中的某个位置，向前看尚无穷无尽，就不会自傲自满，就会奋力向前；这时再向后看，就不会倨傲，就会谦和，会设身处地。

描述获取成就的公式

我试图跟孩子讲解取得成功的要素及其关系，思考之后建立了下面这个用来描述未来成就值的简化模型公式：

当方向正确时：

未来的成就值 X = 天赋 × 勤奋 × （X1/Y） × 持续的时间 × 运气

Y = 社会平均成就值

X1 = 自己当下的成就值

公式右边的“天赋”“勤奋”两个参数就不多说了，相信大家都能理解。我想重点说一说对后面几个参数的理解。

关于参数“X1/Y”：

我们未来获得的成就值，跟当下已经取得的成就值有着密切的关系。这里讲的成就值，包括财富、能力、影响力、专业水平、社会资源等。当下的成就值越大，超越社会平均值越多，就能拥有更多资源来促进成就的获取，这是马太效应的体现。拥有很大的财富，就自然会吸引优秀的人才来帮助自己打理这些财富，就会吸引更多拥有财富和权力的人，这会创造很多的机会；拥有先进的技术能力，就会吸引拥有很多财富的人来投资他；拥有卓越的管理能力的人，财富会追着他跑。如果你谁也不靠，只是去投资股票，只要方向正确，也会因为本金基数大而获取更大的收益额。当然，如果起步很低，远低于社会平均值，这一切又会反过来。所以，需要不断努力提高自己拥有的成就，以摆脱困境或加速进步。

关于参数“持续的时间”：

时间是复利增长的朋友。抛开运气这个参数，在相同的天赋和勤奋下，坚持努力的时间越久，获得的成就就会越大，且这种差异是令人吃惊的。在这个公式中我采用了“持续的时间”与其他参数相乘的关系，但实际上“持续的时间”与增长率是指数关系，其对结果的影响远大于乘积关系，由于我没有找到更好的表达方法，这里仅简化用乘积表示。

关于复利，有一个很形象的中小学数学题，说荷塘开始长荷叶了，荷叶每天增长一倍，从开始长荷叶到荷塘全部长满荷叶需要 30 天。那么：

第 29 天荷叶覆盖了荷塘面积的 1/2，第 28 天荷叶覆盖了荷塘面积的 1/4，第 27 天荷叶覆盖了荷塘面积的 1/8，第 26 天荷叶覆盖了荷塘面积的 1/16，第 25 天荷叶覆盖了荷塘面积的 1/32。也就是说，在前 25 天里，几乎看不到荷塘里有多少荷叶，但在最后的那五天里，将看到一日千里的飞速变化。

对于财富的复利增长，很多人都有认识，其实知识、经验的积累，也同样具有复利效应。当知识、经验积累到一定厚度时，进步也可以是肉眼可见的。如果此时还建立了开放的思想系统，可以如饥似渴地疯狂吸收一切知识、智慧，这时不会排斥不同的东西，而是会获得一个或几个洞见，然后沿着这些洞见继续积累，会渐渐宁静下来，不再被纷繁复杂的变化扰动。当然，这些洞见都应该是常识，或者不违背常识。

关于参数“运气”：

对于世界的不确定性，本书已经写了很多，就不再赘述。运气其实就是世界不确定性的体现，指的是钟形曲线（类似于正态分布曲线）中远离中轴的那些小概率事件，它可以是在中轴左侧的坏运气，也可以是在中轴右侧的好运气。运气的出现是随机的，出现的时间是随机的，是好是坏也是随机的，这就使未来的成就值 X 变得不确定，也就是说即便天赋很高且足够努力，依然可能无法获得很高的成就，那些天赋不高且不够努力的人未必不能获得高的成就。

运气之所以被称为运气，是因为它出现的概率比较低，所以对大多数人来说，拥有一定的天赋并足够勤奋，都能获取较高的成就。如果运气不好，你拥有天赋并足够勤奋，却因运气不佳而没有获得较高的成就，不必耿耿于怀，对身边天赋不高又不勤奋却获得较高成就的人，也不必嫉妒，用美国总统唐纳德·特朗普的话说："也许这就是人生，有时候是会发生这样的事。"

所有的成功都是幸存者偏差，只不过偏差度不同罢了，所以那些非常成功的人士常说自己是因为运气而成功，这并不仅仅是谦逊，他们更多是认识到了这一点，这也是他们的优秀之处。高概率的成功发生了，是因为大量低概率的、偶然的导致失败的因素没有发生；而低概率的成功发生了，是因为那些高概率导致其不成功的因素没有发生。

由于运气这个参数的存在，我们获得成就的过程也变得不再是线性的或者指数型的，我们成就值的增长过程变得时快时慢，有时候很长时间停滞不前，有时候线性增长，有时候突然阶梯形跳跃，有时候还会突然变成负增长。所谓无平不陂，我们需要用平和的心态去看待它、接受它。

所有这些参数中，"天赋"和"运气"是无法改变的，"时间"对每个人都是公平的，"X1/Y"是每个人当下所处的位置，是一种客观的存在，我们唯一能改变的是"勤奋"，以及坚持勤奋的时间，当然，还有这个公式的前提"当方向正确时"。选择正确的方向，通过坚持勤奋不断提高"X1/Y"这个参数，并享受时间的复利，这就是人生。至于结果，就交给运气吧。

打高尔夫球你战胜的只有自己

同学聚会时，喜欢打高尔夫球的学长凯哥跟我分享打球的经验：

“球就在那里，球场是静止的，球是静止的，只有你自己才是唯一的变化，你唯一的敌人就是你自己，你要做的就是不犯错，只有不犯错，才能打出好球，所有的坏球都是因为自己犯错。

“要想打好高尔夫球，你需要学习正确的姿势，但更重要的是稳定和不犯大的错误。稳定往往比学会最标准的姿势更重要，你要保持稳定，持续打出不差的球，而不是打出某一杆好球。

“你要有耐心，每一次挥杆都要情绪稳定，遇到不利的局面更要稳住心绪，认真处理好当下这一球。”

在人生中何尝不是如此，在股市中又何尝不是如此。

我见过的富人都是非常奋发进取的，甚至大部分人的工作量，是远远超过那些非常奋发进取的中产的。

我也见过一些有钱人，是的，是有钱人，有的是富二代，有的是官二代，有的是凭运气一夜暴富，还有别的，但他们除了钱似乎什么都没有，其实他们过得很苦，因为没有精神寄托。

第六篇

选择的力量

穷人的思维方式是什么？股票投资为何有执念？世界本是自己的映照，应该让理性战胜感性。如果你感到自己被限制住了，那可能是内在出了问题。人生会面临一个又一个选择，那么，知识和智慧则尤为重要，而知识可以习得，智慧则只能修悟。

冲破封闭

坚持一件自己不喜欢的事情，有时候会改变自己。比如我不喜欢跑步，但坚持了下来，后来反而爱上了跑步，并从跑步中收获良多。坚持一件自己不喜欢的事情，能帮助我们打破自我封闭，这是一种熵减的行为。强迫自己去接受一些难以接受的他人的观点，就会从他的逻辑去理解事物，这也是一种开放，不一定真的接受了他的观点，但可以多一个看待事物的视角。比如买了一只股票，一定是喜欢它、觉得好才买的，但往往一旦买入，就会听不进对它的负面评价或者是负面说法，这其实是很危险的，一个心态开放的人则期望能听到更多对它的负面评价。

孕妇效应即偶然因素随着自己的关注，而让你觉得是个普遍现象。这个现象源于孕妇，当自己或家人怀孕了，就会容易发现身边或者路人中的孕妇，会突然发现到处都有孕妇。同理，当自己开了奔驰就更容易看到奔驰，背了 LV 就发现满大街都是 LV，当开始接受价值投资时，于是满世界关于价值投资的书和文章蜂拥而至，而与价值投资相对的其他投资信息则逐渐远离或被屏蔽。这会产生被动封闭的风险。

要坚持开放，要主动防止封闭，还要想办法突破这种下意识的被动封闭，因为所有的封闭，都将带来巨大的风险。封闭于价值投资也一样是危险的。

一个人自我封闭的时候，往往自己是不知道的。处于自我封闭状态的人，面对别人的批评或者意见建议，常常会采取防御或者反击的姿态，用这个特点去对照和比较就很容易发现可能自我封闭的人。

之所以被限制住，往往是因为自己

不知不觉两个多月时间里，本书居然累计写了 85000 字了，虽然部分内容是过去的随笔，但依然让我吃惊。

十几年前作为主笔人之一，我参与撰写了《全国施工企业信息化现状调研报告》一书（网上流传的《全国施工企业信息化建设现状与发展趋势调查报告》是未定稿的名称）。这是个大部头，是首部全面、系统反映我国施工企业信息化建设情况的报告，该报告被政府部委、行业机构和各类业内人士引用了很多年。合著者建筑科学研究院黄如福教授、清华大学马智亮教授、华北电力大学李存斌教授都是治学严谨的业界大咖，我算是他们的编外学生。教授们对该书的要求很高，又是一个大部头，我负责调研、处理数据、分析数据和写综述部分，真是耗尽了心血。

一直以为书就是那种严肃的，有着完整体系和完整叙述的体裁，后来一想起写书，就回忆起当年写这份报告的情形，就联想到那个浩繁的工程。今天想来，这种想法真是有很大的局限性，为什么微信、微博这样的碎片文字就不可以成书？只要能够围绕一个主题就好呀，而且更易于阅读——你可以从任何一个片段开始阅读并结束。《论语》不就是一段一段孔子的语录吗。于是，就有了本书的写作。

本书之所以采用了笔记、随笔的形式，一个很大的原因是工作很忙，只能用零零碎碎的时间来写作，比如排队、等待的时候，但即便是这样零零碎碎的时间，也能积累出意想不到的成效，这让我对《道德经》所说的“合抱之木，生于毫末；九层之台，起于累土；千里之行，始于足下”有了更加深刻的认识。

知识与智慧

知识可以快速学习，但智慧只能修悟。

拥有博士学位的人很多，但有智慧的人并不多。我们说知识，通常是讲科学知识，是自然科学范畴，是唯物的。自然科学的积累可以通过书本学习，直接站在前人的肩膀上向上攀登。我们说智慧，通常讲的是社会科学，是唯心的，我们很难直接通过书本学习获得。

“学习，学习”，一个学，一个习。知识可以学来，但智慧和技能只能习得，我们必须通过大量的实践和感悟，才能感悟智慧、习得技能，我们很难仅通过书本学习直接站在巨人的肩膀上。当习得一点智慧之后，会突然发现自己能看得懂别人的书、听得懂别人的话了，于是如饥似渴地想要学习，就好像一个真空封闭的罐子突然开了窍，迫不及待地想要吸收周围的一切。

投资的技法有很多，可以从书本学来，但投资的心法却需要用心去感悟。没有悟到价值投资的时候，我就是那个封闭的罐子，只能不断向外求知，却始终内心空虚，不能安宁，一旦对价值投资开了窍，就开始疯狂地吸收过去自己不能吸收的智慧，最终走向内心的充实和安宁。我依然会学习和使用投资的技法，但不再迷惑。人生也是一样。

智慧是知行合一的。如果仅是说得一口哲言，写得满篇哲理，却不能行的如所说、如所写，那还不能算修悟了智慧。智慧源于实践和实践中的思索，它本身就该是知行合一的。

跑步也是人生，懂的人不会抢跑

没跑过马拉松的人，大多会觉得很难，甚至觉得遥不可及，自己不可能完成。但不要轻易说不可能，不试试怎么知道呢？没有开始，没有坚持，怎么就断定不可能呢？其实马拉松没什么了不起，普通的没特殊重大疾病的人，通过努力都能完成。我从小体育就很差，从龟速跑 2 公里就要死掉，到全马破 4 小时，一点点就这么坚持过来了。所有的不可能，都是自己给自己设的本不存在的“天花板”。

舒适者死，恐惧者绝，惶者生存。善跑是人的天分，惰性是人的天性。花几年十几年养成的好习惯，如果哪天犯懒该跑没去跑，就会有第二次。然后，然后就都知道结果了。

惶惶然，战战兢兢，不敢放松自己，不倨、不傲、不卑、不亢，始终勤勉。乾卦，九三：君子终日乾乾，夕惕若厉，无咎。

所谓毅力，其实就是简单地坚持，坚持一会儿，再坚持一会儿。毅力强大的人，只不过比其他人更能坚持罢了。即便毅力很好的人，在那些困难的时刻，比如达到极点时，如果不能坚持，放弃了一次，就种下了一颗“放弃”的种子，每每再次遇到极点，就会容易放弃。所以，坚持一会儿，再坚持一会儿。

跑步，很多人喜欢跟人比速度。但世界很大，无论跑多快，都有更快的在前面，甚至是很多很多，即便跑了世界冠军，最终还是会有后起之秀。跑多了才知道，不要总跟他人比，跟自己比更靠谱，马拉松是一场跟自己的比赛。

我也算勤奋，几年累计跑了1.6万多公里了，参赛时却经常被一些刚跑了几百公里的人轻松超越，没办法，天资并不公平，得学会接受现实。

一切都有因果，跑过的里程不会骗人；付出才有回报，今天的成绩是过往付出的结果；不爱惜身体，不科学运动，伤病是另一种回报。

每次赛前我都会设定一个目标。虽然不一定成功，却要全力以赴，这是态度，也是我唯一能影响结果的行动。尽吾志也而不能至者，可以无悔矣。

一切都在变化，虽然做了最充分的准备，也可能因为一场感冒，不小心崴脚，或者途中的胃肠痉挛断送一场比赛。不知道意外会在什么时候以什么形式出现，有句话说“永远不知道意外和明天哪个先到来”。坦然面对意外和失败，积极应对下一场比赛。

今天弱弱的跑步小白，也许不久就能风一般从身边超越，回头给一声：“加油！加油！”如之前我给他加油一样。给他祝福，为他高兴，同时自己也多加油。

飘风不终朝，骤雨不终日，就算是博尔特，百米10秒也坚持不了1公里。梅雨月不停，跑得慢，才跑得远，放慢速度，大多数普通人练一练，跑慢点，都能跑个一二十公里。

马拉松跑得多了，跑着跑着，突然发现生命虽然是个奇迹，却似乎并没有什么意义，正如跑完42.195公里后并没有发现什么特殊的意义，这时候，是否依然能够鼓足勇气发现生命的美好，是否依然选择活得有滋有味、跑得自由欢快，是由心。

终点总是会到来，但那只是个标记，并没有什么特殊意义，跑过终点，只是另一个起点。

马拉松有终点，跑步和人生却只有过程。回望所有的终极目标，都只是过程中一个个节点。路漫漫，流水长，未来不确定，过去不再来，以此为常，安住此心，关注当下，迈好每一步。

真经不在西天，真经在取经的路上，奖牌在终点，奖牌更在途中。跑过终点，拿到奖牌，终不过放在柜子里，但一路的艰辛、欢乐、痛苦、温情，以及与内心的对话，却能时时浮现，给自己些许力量。

跑到终点，拿到奖牌，战胜的不是对手，而是自我。

马拉松是一场长跑，懂的人都不会抢跑。所谓输在起跑线，更多适用于短距离的比赛。褚时健 74 岁创业种橙子，6 年后才能卖橙，依然可以淡定积累厚度，其实是他本人够厚。

每年一个马拉松，健康奔跑40 年。今年这场比赛就要上场了，希望几天前脚上受的小伤能不碍事。今年计划把体力发挥到极致，再破 4 小时，并实现 PB（Personal Best），目标成绩 3：57：59。岁数越来越大，即便是把体力发挥到极致，实现 PB 的机会也越来越小，但是，不拼一把，不试试，怎么知道就不行？

比赛完了，成绩出来，3：55：32，实现了设定的目标：破四、PB，就是过程很艰苦，25 公里开始不停地想要减速，37 公里达到体能极限感觉随时要“撞墙”，40 公里开始不停想要停下来，只能强迫自己坚持，坚持一会儿，再坚持一会儿……

到达终点时已完全力竭，需要扶着栏杆才能走过领物区，别人让我帮照相一概没有帮，不是不想帮，是我已不能独自站立……但是依然觉得，拼过，不遗憾。

可怕的是牛市入市赚钱

2020 年 3 月以来，中国股市已连续上涨近 30%，而且上涨的势头看起来还很猛，是典型的牛市形态。据说这几天证券公司的开户系统都被挤宕机了，可见股市的火热。

新股民熊市的时候开户入场，初入股市就遭遇亏损其实并不可怕，因为刚入市不会投入太多，遭遇熊市亏损，损失也不会太大；一入市就遭遇亏损，能使人清醒地认识自己，这是很关键的收获；即便最终认亏离场，不再投入股市也不算很差的结果，一是在股市里亏损的损失不会太大，二是可以自此止损了。

最可怕的是新股民在牛市入场，刚进股市就开始赚钱，于是不断追加投资，越投越多，投得越多就赚得越多。本来赚钱是个好事儿，但可怕的是绝大部分牛市入市的新股民，都会认为炒股的收益是凭自己的本事赚来的：眼光独到、选股精确、勇于搏浪，于是越赚越自信，越赚越觉得自己掌握了方法和技术。殊不知自己不过是站在大风口被高高吹起的猪，自以为会飞翔，甚至是飞行技术很高，一旦风平浪静，从万米高空摔下来的，摔得最惨的，恰恰是那些本并不会飞的猪。

熊市入市，一上来就一直亏，很多人可能认为是自己不适合，于是选择离开，也有些人会冷静下来开始认真学习和钻研。

牛市入市就不断赚钱的新股民，其结局大多跟从小被人一路呵护而一帆风顺的人差不多，一旦失去牛市，一旦失去呵护，将坠入深渊，能再爬起来是少数，而且要历经劫难。

穷人的思维方式

穷人往往愿意选择平均成本更大甚至是昂贵的风险应对措施，仅仅因为这些总体昂贵的方法在承担成本分布时的不均匀性——在承担风险时有可能幸运地只承担较小的代价，甚至是零代价。多数穷人做出这样的选择，其根本逻辑是寄希望于自己运气更好，成为付出代价最小的那一个，而不是追求平均最好的结果，这有点囚徒困境的意味。

穷人更倾向下注于赔率很高但概率很低的选项上。其背后根本的思维定式还是寄希望于一夜暴富，不肯接受客观规律的平均收益，不肯等待慢慢变富，不能接受延迟满足。

这使得穷人总体上为风险付出了更大的成本，而面对机会时却相反地总体收获了较小的收益。

与此对应的是，穷人中更容易产生奇迹——面对风险时损失最小和面对机会时收益最大，但这些奇迹是建立在很大的样本基础上的，比如买彩票中大奖的多是穷人，但买彩票总体是亏损的。

值得注意的是，即便凭运气成了幸运儿，多数情况却并不能改变最终的结果——幸运很少持续降临在同一个人身上，而思维方式上的不足最终会让一切幸运归于均值。常见的例子是买彩票中大奖的人，善终的却是少数，中奖并不能改变他们的思维方式，凭运气中奖得来的钱，最终都会凭实力亏损或浪费掉。

穷人一般不能专注于某一领域，并成为专家。有的是因为没有长远的目标或自我要求标准太低，有的是因为根本无法专注，而将精力分散到很多低水平的职业上。这就导致穷人无法获得职业专业度方面的复利效应。

复利效应不仅在投资上适用，在专业能力、人际关系积累等方面都适用。任何需要一定专业度的工作，只要达到专业要求的平均水平（不是中位数水平），就能获得还不错的收益，如果能超过平均水平，则收益会大幅上升，超过的越多，收益差异越大。

拿我自己来举例子，由于各种原因我做过很多专业，当然，根本的原因是我年轻时没有做职业规划，虽然在每个专业领域都做到了超过专业要求的平均水平，却并没有成为任何一个领域真正的专家。当然，副产品是促使我因多元的经历而形成了另一种相对独特的优势——较宽广的视野、能普遍关联和更愿意探究普遍的规律。有时候“失之东隅，收之桑榆”，这算是意外所得，而这个意外所得使我在面对无边界、全要素条件环境时具备一定的优势——比如股票投资就是无边界、全要素条件下的活动，但这只是个意外。

穷人的这些思维方式或习惯，有些是天生的，有些是因为环境使然。其实放大一点儿看，这些思维方式或习惯，并不只是穷人才有，而是绝大多数人共有的，只不过在绝对贫困和非常富有这两类人群对比时，才显示出较大的差异罢了。真正能摆脱这些思维方式或习惯的，总是少数人。

如果有时间和机会，我很想去研究关于穷人的思维方式以及行为习惯，探究背后的原理，同时也找到其合理性，并探寻改变这些思维方式或习惯的方法。

人生是一个又一个的选择

你积极，世界就积极；你消极，世界就消极。你是什么样子，世界就是什么样子。你觉得世界跟你作对，世界就无时无刻不跟你作对；你觉得世界不美好但积极去建设它，它就会与你共舞—— 一个曾经的不可救药的唯物主义者的觉醒。

从这个角度看，人生都是灰暗的；换个角度看，又可以处处是阳光、鲜花。人生就是这么回事儿，你眼里的世界，就是你的世界，你心里的世界，就是你眼里的世界。

无论怎样，我们只有那么多钱，我们没有办法买下所有的股票，所以注定很多大牛股会被错过。我们必须做出选择，无论哪种选择，都会错过很多，我们能拥有的只能是少数，而且其中大部分是平庸的，还有不少错误的，这就是人生，一种偶然且必然的人生。

同样，我们只有那么多时间，我们没有办法选择所有的事情，所以注定有很多精彩的事情会被错过，而我们选择的事情，其中大部分是平庸的，还有不少错误的，这就是人生。

就像选择女孩，每一次的选择，又不像选择股票那样容易，因为我们同样还在被选择，选择了她，她未必会选择我，我们唯一能做到的就是像投资家查理·芒格说的：拥有一样东西的最好办法，是让自己配得上它。即便股票看起来较容易选择，但真正要做到长期持有优秀公司的股票，也同样需要自己足够优秀。

所有的客观都是主观。从更多维度、更多层面、更多角度去观察、认识和理解事物，可以帮助我们走在接近客观的路上，帮助我们降低糟糕结果的概率。

买了一兜鸡蛋走回家，开门时不小心摔了，打碎了鸡蛋，怎么办？它们已经不能复原了，我们能做的就是考虑用它们做蛋卷或者别的什么了。这也是不断靠近客观思考的过程。

那么，这种思维如果用在股票投资呢？

投资股票，有的人单纯是为了赚钱，有的人是为了消磨时光，对我来说，投资股票是一种创业，是去那些优秀的企业实践自己的想法，又不用被烦琐的公司事务性工作缠身。

相较于创业家、企业家，我并不擅长具体解决企业的麻烦，也不擅长处理复杂的人际关系，我的优势是长远看行业和企业的发展，以及对商业模式前景的判断，发现企业中重大的方向性问题和重大风险，并提出方向性改进方案，识别人才和发挥人才的作用，这些都属于定性型的工作，在具体的公司里，属于股东和超脱型董事长的工作。但在现实具体的企业里，这样的工作不容易得到，作为普通员工跟老板们谈这个，老板会认为你是神经病。我知道自身的全面性很不足，真让我做总经理这样的角色，我大概率是做不好的，在具体的管理事务中，可能我更适合做副手、参谋或顾问。

股票投资给了我这样的创业机会，拿自己的钱去创业，却不需要去面对企业具体的麻烦，不需要面对复杂的人际关系，只需要发挥自己的比较优势，对优秀公司做分析，分析行业趋势、竞争格局，分析企业发展模式、商业模式、企业文化，以及公司对我所判断未来趋势的应对是否一致，再就是判断企业是否存在重大风险。仿佛我就是一个大股东，听取经营管理层的汇报，如果同意，我就投赞成票（买入或持有），如果不同意，就投反对票（卖出），而且还可以在公司没有问题，但其他股东非理性卖出和买入时（价格过于低于和高于当前价值），从他们手上买过来或暂时卖给他们。这份创业的工作很适合我，只要我身体健康，大脑没出问题，就可以一直工作下去，80 岁、90 岁、100 岁都没有问题。这份工作需要持续不断地学习，需要持续不断地提升自己，除了赚钱，还可以长久地获得成长感、成就感和满足感。

但做股票投资并不比创业简单，要想获得成功，所承受的压力，对人性的挑战一点都不少。唯一少的可能是繁杂的事务性工作，以及处理人与人之间的关系。

五四青年节

每一次五四青年节的时候都习惯性地问自己什么是青年，青年是年龄段吗？是的，但青年更是勇敢和成长。青年意味着可塑性和成长力，意味着有未来所以不怕摔倒。

虽然 18 岁，但失去了成长力和勇敢，一样是老者；即使“老骥伏枥”，依然可以是青年。

74 岁的褚时健从头开始，学农业，开荒山，种橙子。别人问他橙子种下去多久才开始挂果，他回答说要 6 年，11 年后褚时健 85 岁又开始开电商卖橙子了。

2020 年 5 月 2 日，伯克希尔哈撒韦公司年会全球直播，89 岁的董事长沃伦·巴菲特居然第一次使用了 PPT，副董事长查理·芒格虽然因疫情没有参会，却在 96 岁高龄学会了用 Zoom 的视频会议软件，并且每天都在开视频会议！2020 年初沃伦·巴菲特买入航空股，4 月就勇于认错全部亏损卖出。俩老头手握 1300 亿美元现金还想着要大手笔收购。

76 岁的任正非率领团队，以“一企之力”迎战全球霸主美国率领的一众发达国家，其勇气之豪壮，同时又能虚心学习美国。

几个老头的成长力和勇气不得不让人佩服。什么是青年？相较地球的生命周期，整个人类都还算不上幼年。勇敢、坚毅、开放、成长，就可以无视岁月，就可以万里归来年愈少，始终做一个青年。

只有少数人使用了大脑

有个说法是“人类只使用了大脑的 10%”。人类是不是只开发了大脑的 10% 我不知道，但在股市里的确只有大约 10% 的人使用了大脑，其他的人基本都只是从众而已。从众的人一般都是看哪边人多就跟哪边，所以在一个长期看肯定赚钱的股票市场里，九成的散户都不赚钱，这个很难破解，因为从众心理难以打破。

想要不站在那九成人群里，就必须学会独立思考，并且要善于逆向这九成人思考。比如 2019 年至今的畜牧养殖、消费、医药、科技、教育板块的一路狂飙，板块平均市盈率畜牧养殖业达到 59 倍、软件信息服务业达到 63 倍、食品制造业达到 44 倍、文体制造业达到 60 倍、医药制造业达到 40 倍、教育业达到112倍，这些行业中的优秀企业和龙头企业的市盈率更高，并在贸易战、新冠疫情下保持高位甚至还在创新高。在看别人追高赚钱的时候，应该思考这样的估值是否值得。这时候，不要怀疑自己是否看错了，要多想想他们是不是站错了。

我无法预测非理性的拥挤或踩踏能到什么程度、能继续多久，但我可以选择离开那里，远离拥挤。

我们无法从历史中吸取教训

德国哲学家黑格尔曾说："人类唯一能从历史中吸取的教训就是，人类从来都不会从历史中吸取教训。"纵观世界人类发展史，无论是朝代更迭还是经济发展等活动都在不断地重复过去。疫病的暴发也不例外。

为什么我们总是无法从历史中吸取教训？因为从来就没有感同身受。人文社科的知识和经验，必须通过实践和亲身体验才能真正获得。你给一个男人讲生孩子的痛，无论你怎么描述，他都不会知道那是什么样的痛；你给从未经历战争的年轻人讲炮火连天、子弹呼啸，无数身边战友血肉横飞给你留下的心理创伤，他根本就无法真正理解；王石、柳传志在一起大谈红烧肉的美味，他们身边的80后、90后，无法感知那是什么样的美味，即便今天他们放入口中的红烧肉比那个年代的红烧肉好吃很多倍；当武汉已经出现医疗挤兑，中国已经集全国医疗力量支持武汉，依然有较高的死亡率时，大洋彼岸的人们只会相信他们看到的祥和和欢乐，还有正在流行的流感，一句"那不过是一个大号的流感"，就无知、无感、傲慢而欢乐地聚会去了，而政府则倨傲地认为那不过是落后国家才会得的病，白白浪费2个月的最佳防范时机。

能主动吸取历史教训，通过可能的实验去体验并获得感知的人，将更容易获得成功。做到这样并不容易。勤于思考并经历过更多艰难实践的人，更容易获得这样间接感知的能力。

"历史总是不断地重复"，然而"历史总会惊人地相似，但又不会简单地重复"。一切都在变，不会有同样的条件出现在未来的任何一个历史时刻。

我选择防守反击

鉴于我对世界认知的局限性，我不认为自己是那个必然取得高收益而胜出的人，我选择了西蒙·拉莫《网球庸手的高超打法》里业余网球手的策略：在股票投资者中我不刻意追求高收益，而是在确保低风险前提下，追求略高于平均的收益，一切以不犯错、少犯错为原则，坚决避免本金的永久性损失。我选择的是防守反击的打法。

主动追求高风险高收益的策略，是主动进攻的打法，这并不适合我。因为我的能力达不到，专业性差得还很远。不过，迄今为止我也没有见到几个专业性和能力足以在股市中长期取得高收益的人。

我同意并相信沃伦·巴菲特说的："投资者几乎无须做对什么事，他只需能够避免犯重大错误。"

杠杆的放大作用是非对称的

加杠杆并不能改变风险或收益发生的概率，它仅仅是放大了风险和收益。但是，杠杆的放大作用是非对称的，由于杠杆需要成本，比如在 A 股融资融券是有年化约 8% 利息的，赚钱时需要减去利息成本，而赔钱时同样要支付利息成本，这使得在盈亏相当的机会下，使用杠杆总体上必定是亏的。除非能确保自己的选择会盈利，且盈利超过利息成本，否则使用杠杆就注定是赔钱的买卖。

然而，有谁能确保自己的收益一定大于杠杆成本呢？如果有，我想他可以一年之内成为世界首富。

杠杆能放大收益或亏损的结果，却不能改变风险发生的概率。如果确信未来是什么样的，加杠杆是最大化收益的最佳途径，但未来却并不能准确预测，一旦走势不如预期，杠杆一瞬间就能把你的本金吞没。

举一个例子，安德烈·科斯托拉尼在《大投机家》中写了他的一段经历，那是"二战"爆发前，他预测到了战争，并预测战争一旦爆发，一切都将下跌，股市会关闭，银行也会关闭。为防止被锁在关闭的欧洲市场中，科斯托拉尼果断终止了交易，全部变现并把现金转移到了美国，即便在战争中能做空赚钱也放弃了。但结果却是出人意料，战争果然爆发了，但股市、银行都没有关闭，甚至期货也在正常交易，更出乎意料的是，股市在战争爆发后上涨了 6 个月。科斯托拉尼是幸运的，他担心被锁在关闭的市场中，所以变现退出了市场，如果他没有退出市场，他必定会大举做空，然而 6 个月的上涨很有可能使他破产。

进入 2020 年，A 股在一个并不高估的位置，经过 2019 年反反复复的盘整，贸易战的不利因素似乎已经消化殆尽，牛市似乎已经在路上了，这时候如果你加高杠杆做多股市，你将迎来新冠疫情这个“黑天鹅”，股市面临整体的暴跌，你可能就此爆仓归零。2020 年春节前暴发了新冠疫情，2 月 3 日春节后第一个交易日上证指数暴跌超过 7%，如果你看到这个巨大的风险去加高杠杆做空股市，你将迎来一个多月的上涨，涨幅达到 12%，你有可能在这一个多月里爆仓归零。

2020 年新冠疫情叠加石油战，美股分别在 3 月 9 日、12 日、16 日、18 日，10 天里暴跌熔断 4 次，如果你加高杠杆做空股市，在 3 月 13 日、17 日和 24 日都出现了暴涨，你很可能就此爆仓清零。

面对未来的不确定，加杠杆是非常危险的操作，因为只需要一次的错误，就能毁掉你前面所有的积累。高杠杆投资是一种可能归零的博弈。股市里什么都会发生，短期的涨跌是无法准确预测的，即便是价值投资者面对价值打折 50% 的股票，它也有可能再下跌 50%。你要冒失去一切的风险去博取更高一些的收益吗？反正我不会。

一个博弈如果胜了可获得十倍收益，输了则输光本金，胜率是 50%，这个游戏你是否会玩？

面对这样的游戏，我会把本金拆分成很多份，每次只下注一份，这会有很大的胜算。

但是如果每次都必须全部下注，这个游戏你是否会玩？我是不会玩的，因为即使连续赢十次，只要后面有一次输了，本金就会归零，就没有游戏可玩了。要想赢得游戏，就必须保证自己始终还在场上。

投资中运用杠杆并不会改变获利的胜率，它只是放大了输赢的幅度，但杠杆会带来一个显著的效应：你输了就有可能爆仓——本金归零。所以，运用杠杆会改变投资的游戏规则，增加了输掉就会归零这样一条游戏规则，使投资变成了上面的那个游戏。

其实不仅是投资，企业经营中也有很多种类似情况，比如面对诱人的营收大幅增长和利润的大幅增长，你是否会选择在现金流上冒险？比如在大型收购中的高杠杆和对赌，一旦收购预期的收益不能实现，就会冒失去整个企业控制权的风险，等等。面对诱惑，我们首先要评估是否存在死亡的可能，如果有，我会选择避开。

第七篇

人生工具箱

人一辈子会遇到各种各样的人生问题，需要打造和积累各种各样的工具，才能更好应对人生的不断变化。

向野生动物学习避险策略

大自然里的野生动物，在遇到可能的威胁时，不管这个威胁是否被证实，它第一件要做的事就是迅速跑开，跑到安全的地方，以躲避可能的致命威胁，这个策略已经成了动物的本能，无须思考，直接就能做出。对于野生动物来说，虽然100次的惊疑躲避，其中99次可能都是判断错误，但只需要1次是正确的，那白费力气的99次就都是值得的。

在工作和生活中，在股票市场中，虽然我们遇到的致命风险远远低于野生动物在荒野中所遇到的，我们大可不必像它们那样整天如惊弓之鸟，但对于大概率会出现的重大风险，我们同样应该学习野生动物的避险策略。

然而，在股票市场中，许许多多的投资者却过于相信自己的聪明，或者寄希望于风险最终不会发生，当买入股票的公司出现这样那样严重的潜在风险时，不但不及时卖出避险，反而如鸵鸟般将头埋入沙堆，视而不见、听而不闻，更有甚者，迎风险而上。

在康美药业、康得新、东旭光电、神雾节能和神雾环保等一系列公司，仅粗看财报就能看出财务造假嫌疑明显，坏结果风险巨大时，无数人选择了看不见或者寄希望于幻想，直到这些公司造假被坐实，股价暴跌。还有很多投资者，在公司面临退市，股价跌到几毛几分时买入股票，寄希望退市不成反而暴涨。这样的例子，在身边比比皆是。

向野生动物学习避险的方法，不失为一种好的策略。这是亿万年进化出来的策略。

专注、专业是提高概率的重要方法

企业一味追逐风口，不可能成为伟大的企业，只有深耕某个领域，才能成为行业领袖。正如华为始终如一反复对着一个城墙口冲锋。

追逐风口，也需要实力支撑，没有实力，即便台风把你吹得再高，最终也会把你摔得更惨。

追逐板块轮动的投资人，我还没有见到谁成为世界级的富翁，而凭实力的长期投资者，却有一大把世界级的大富豪。

看待任何成功的经验时，都要认真分析是不是幸存者、偏差者，其经验是否普适或是大概率。我们看到在成功者中掺杂着大量的幸存者偏差的人，把时间拉长能帮助我们识别不同的成功者。

人生有无数可能，然而人生有限，不可能遍历所有可能。我们在每个节点作出不同的选择，都会走向不同的人生，如果时间轴可以分裂，不同的选择将在不同的时间轴上继续前行，但我们在每个节点只能作出一种选择，最终只能走向一种人生。

庄子云："吾生也有涯，而知也无涯。以有涯随无涯，殆已！"选择自己擅长的，选择自己懂的，才能大概率获得成功。所谓弱水三千只取一瓢饮，想要把握所有机会是不可能的，一般的投资者能搞清两三个行业，就已经具有了巨大的优势。如果选择的是朝阳行业，就有了战胜许多职业投资经理的优势。

我们身处的这个世界是概率下的世界，而这个现实世界本身，已经有几十亿年了，其长期显现或存在的客观事实，就是这个世界各种要素运动概率的集合呈现，虽然它也在不断变化，但由于大概率的原因，它相对稳定。

在这样一个大概率相对稳定的集合条件下，选择专注于一个具体的领域，并提升自身的专业性，是提高预期结果概率的重要方法。这一方法，不但在投资上适用，在实业上适用，在职业上也同样适用，而且适用性递增，因为其领域边界在不断缩小。

职业是在一个具体的行业里的一个细分领域，边界清晰，专业性对结果的影响非常直接、效果显现非常迅速；实业是处在一个具体的行业里的，其边界比一个具体的职业要广泛得多，一个企业里会包含众多的职业领域，因在一个具体的行业里，其边界相对有限，专业性对其影响非常重要，但专业性对结果的响应周期相对较长，结果的不确定性也远远大于一个具体的职业；投资面对的领域边界更加开放，涉及各行各业、不同的企业，其边界的不确定性更为凸显，专业性对结果的影响不那么直接和显性，特别是在一个较短周期里，结果甚至不能反映其专业性，但概率最终会显示出其决定性的力量——在一个长的周期里，比如 10 年、30 年，专业性会体现出长周期结果的差异。

正因为投资面对的领域边界更加广泛，而人的时间和精力是有限的，主动缩小标的范围，是提升专业力的重要方法，也是提高收益的重要方法。比如专注于几个行业，而不是泛泛投资于全部市场，比如选择对自己而言更简单易懂的行业或企业，在投入相同时间和精力的情况下，专业力及其对结果的影响都将得到很大提升。同理，对于年轻人来说，把精力首先投入提升职业的专业性上，是投入产出比、确定性、收效时效都更好的选择。

选择简单本身就是在提高概率

查理·芒格说："我们总是遵守常识——平常人没有的常识。把很多东西扔到'太难'的一堆里，这是平常人没有的常识之一。""我遇到了问题会分门别类，很多问题被我扔到了'太难'的一堆。别人给我出的问题，如果符合我的'太难'标准，我就把它扔到'太难'的一堆里，想都不再想了。""我桌子上摞着一堆东西，这堆东西解决了我的大部分难题，我给它起了个名字叫'太难'的一堆。我总是把东西扔到'太难'这一堆里。偶尔来到我手边的是很简单的东西，我很轻松地就做了，这是我的处世之道。"

要追求成果最大，应该把资源更多地分配到"简单"且有较好成果的事情上，毕竟我们的资源是有限的，无论时间、精力还是其他资源。如果让我来选择投资项目或投资标的，我会选择那些"简单"的，并把很多精力放在寻找"简单"的项目或标的上，而不会反之而行。把更多资源分配到"简单"的项目和标的，因为"简单"，所以效率高、质量好，自然集合成果会大。

我会把一部分资源分配到"太难"上来，第一种情况是被迫的，在没有足够多"简单"的项目或标的时，只好做一些"太难"的，以扩大成果值；第二种情况也是被迫的，已经在手的"太难"项目是必须要解决的问题；第三种情况是主动的，主动分配一定的资源，选择典型、有代表性的"难题"，其目的是提升自己的能力圈或者专业性，能力圈和专业性提升了，一方面可以让“简单”的变得“更简单”，另一方面可以把原来“太难”的变成“简单”，这可以帮助未来“更简单”和成果更大。

但选择“简单”往往与人性相反，很多人更愿意挑战复杂和难的事情，这样会比较有成就感，特别是在某些领域专业性比较突出的专家，更愿意挑战“太难”类的项目。其结果常常是得小失大，得近失远。

学习要挑战难的，做事要选简单的。面对复杂的市场，以及自己有限的生命和能力，要选择那些对自己而言更简单的事情来做。正如在职业工作中，选择那些自己专业的，轻车熟路的工作去做，犯错概率更小，取得工作绩效的概率更大。选择对自己来说简单的生意和公司，恰好是选择了成功概率最大的，总是在简单的里面下注那些更加确定和赔率小的，其结果不会差。

就好像波士顿红袜队的棒球手泰德，他把击打区划分为 77 个小区域，每个区域只有一个棒球大小，只有当球进入自己击球比较理想的那些区域时，他才挥棒击打，这样才能保持最高的击打率。不要每个球都打，而是只打那些处在“甜蜜区”的球。

看似平庸的选择，最后结果可能是最好的。除了选择的能力，心性也很重要，需要忍得住，忍住不动。

没有轻松得来的好事

世界上发大财最好的方式是创业，其次是投资。

如果在职业上付出了那么多，都没有通过工作发大财，那为什么会认为不经过努力学习和实践就能投资发大财？不勤奋努力学习投资，是不能依靠投资发大财的。

一些刚懂得股市本质的人会认为在股市里赚钱很容易，因为长期看股市是上涨的，虽然中间会有较大的波动。但要战胜市场是极其困难的，即便是单边上涨的牛市中，要想长期战胜平均涨幅，也是极其困难的。这就是为什么美国股市长期牛市的情况下，绝大多数华尔街基金经理都无法战胜标普

500 指数基金，即使扣掉管理费的影响，绝大多数基金经理还是无法战胜指数基金的。想要在一个长周期里战胜市场，需要很高的智慧和很稳定的心性。

抛开纷繁复杂的理论，我们用最简单的二八定律的分布来计算，20% 的人赚走了 80% 的钱，如果想达到平均值，你大约需要站在 0.8% 以内的尖端人群中；即便是三七定律，30% 的人赚走了 70% 的钱，如果想达到平均值，你大约需要站在 9% 的尖端人群中；哪怕是四六定律这样一个近似平均的比例，如果想达到平均值，你也需要站在 24% 以内的头部人群中。

世界不会理想化地按照二八或者三七定律来分布，但会大体遵循这个规律。比如就全球财富的分布来看，《2022 年世界不平等报告》中的全球财富分布显示：全球 1% 的人拥有 38% 的财富；9% 的人拥有 37% 的财富；40% 的人拥有 23% 的财富；而排在最后 50% 的人只拥有 2% 的财富。也就是说，在处于 50% 以上位置但没有达到 10% 位置，这之间的人群的人均值只有全球人均值的 57.5%。换言之，大约只有进入全球前 10% 的人群，才有可能拥有全球的人均财富值，全球有 70 多亿人的财富值达不到平均值。这一分布情况全球是这样，在全球最发达的国家美国也并不例外，美联储 2021 年最新公布的数据显示，美国最富裕的 1% 的个人财富高达 34.2 万亿美元，这相当于美国一半以上的个人财富合计值的 15 倍；数据还显示，美国最富裕的 50 个人的财富相当于美国最贫困的 1.65 亿人的财富总和（美国总人口 3.32 亿）。网络上经常看到不少网友说自己被平均了，说自己虽然已经处于人群中上位置了，但收入居然达不到平均值，并以此质疑统计数据的准确性。其实，处于人群中上位置而达不到平均水平，这是一个必然的客观现象。

不要以为达到平均值是件很容易的事，不付出巨大的努力是很难实现的。

股市如此，人生其实也是如此。想要达到全社会平均财富值，即便是在中国贫富差距还不那么大的情况下，凭感觉估计，不站在全中国 20% 以内的人群中是无法达到的，这个值还有可能是 15% 以内。即便跑个马拉松，你想达到全国的平均成绩——全程马拉松 4 小时 25 分 40 秒的成绩，你也必须站在全部参赛选手的 35% 左右的位置，想一想，还有多少根本没有能力参加全程马拉松比赛的跑者没有纳入分母。

所以，如果在人生中只是想轻松地混一混，那就必须降低对人生结果的预期，要降得非常低才有可能符合实际。如果进入股市只是想玩玩，或者想赚钱又不想付出足够的努力，还是远离比较好，这样至少可以不亏钱。

爱因斯坦在《论自由》中说："人类不应该为了取得必要的生活资料，而不得不工作到既无时间也无体力从事个人活动的程度。"我想大多数人都会同意这个观点，我也不例外。

在同意这个观点的同时，我还想说，在人类物质文明没有发达到每个人都不必为必要的生活资料而工作前，必要的工作是必需的。在当今时代，对于大多数普通人而言，如果没有类似于或接近于工作到无时间也无体力从事个人活动的程度，恐怕也难以积累到足够的能力和财富，来保障自己不必"为了取得必要的生活资料，而不得不工作到既无时间也无体力从事个人活动的程度"。说得有点夸张，但至少要付出足够的异于常人的努力，才能保障自己达到那样的高度，比如基本的财务自由。

投资并不容易，人生也是如此

投资10万元，赚100%会变为20万元，接下来只需要亏50%，就又回到了10万元；如果赚、亏的顺序颠倒一下，先亏50%，会变成5万元，接下来需要赚100%，才能回到10万元。相信我们都会认为亏损50%比赚取100%要容易得多，但要弥补一个50%的亏损，需要赚一个100%；如果连续亏损了两次50%，10万元就只剩下2.5万元，需要涨到4倍（达到400%）才能恢复到10万元，这更加困难。而且，不管赚了多少倍，是赚了一个100%，还是赚了10个100%，只需要亏一个100%，就变成了0。

假如投资10万元，涨10%后达到11万元，然后跌了10%，则只剩余9.9万元；如果涨、跌的顺序颠倒一下，跌10%后变成9万元，然后又涨了10%，则还是9.9万元。看似碰到一个涨停又接着碰到一个跌停，似乎没什么影响，但结果却是实实在在的亏损。

投资赚钱真的不容易，因为富集资产是熵减的活动。天道熵增，熵减活动是逆天道的。投机大多是随机博弈的零和游戏，而随机游戏则必然遵循熵增定律。用投机的方式参与投资活动，要赚到钱，真的非常不容易，要凭运气，而运气又是一个小概率事件。

投资如此，人生何尝不是如此。获得不容易，失去却很容易；建设不容易，毁坏却很容易。追女朋友很不容易，费尽心思，千辛万苦，但一句伤害的话就可能失去她；建座高塔不容易，设计、选材、建造，要付出大量的智慧和劳动，但一根火柴就可以将其付之一炬……

《易经》曰，“天行健，君子以自强不息”“君子终日乾乾，夕惕若厉，无咎”。唯自强不息，勤勉不已，战战兢兢，如临深渊，如履薄冰，朝夕戒惧，不敢稍懈，方无灾咎。

好的管理方法不会永远适用

我们常常看到企业大一点了，很多事情就变了，业务主导不了公司了，老板也主导不了公司了，公司被姓程的、姓流的、姓标的控制了……他们的全名叫程序、流程和标准。

程序、流程和标准是很好的管理工具，对于那些相对不变的工作内容，能起到很好的控制质量和提高效率的作用，也因此在工业制造时代被广泛应用。工业制造时代的特征是批量重复，程序、流程和标准对批量重复有极好的适用性，可以大幅提高生产效率和生产质量。

在信息时代，一方面叠加了工业制造时代的特征，另一方面又有信息时代快速变化的特征，单一使用工业制造时代的管理遗产，必定有很多不适应。

软件开发最初沿袭工业生产的生产方式，采用“瀑布式”开发模式，严格遵循计划、设计、编码、测试这样的顺序流程，其结果是几乎不能适应用户需求的变化，据说造成了70%的软件开发失败。

痛定思痛，于是软件开发走上了新的模式——“敏捷开发”，采用循序渐进、快速迭代的方法，把一个大型项目，拆成多个相互联系又能独立运行的子项目，项目同时进行，分别完成，再集合完成。产品虽然不完美，但却是可用的，且能在可用中不断迭代进化。这个模式以客户为中心，以业务为中心，以结果为导向，有很强的随机应变性，虽然起步的成果并不完美，但既能解决问题，又能持续进化。

面对爆炸般变化的时代，依旧僵化抱守工业制造时代的程序、流程和标准模式，是不能适应时代需求的。对那些稳定不变的业务、工作、岗位、单元，还是要继续发挥程序、流程和标准的优势，但对于不确定、经常变化的工作内容，就不能再僵化、刚性执行程序、流程和标准，而是需要采用更加灵动的面向客户和结果的方法。

僵化能带来很多好处，比如一定条件下的效率，但也要警惕僵化，僵化是封闭的一种体现，一旦进入封闭系统状态就会很危险，因为这会陷入封闭的熵增系统。所以，对流程、程序、标准要有纠偏机制。

不要指望流程、程序、标准的起草和督查部门来纠偏，它们应是负责刚性推行的部门，而应由业务决策端建立纠偏机制，并建立业务操作端与业务决策端之间的反馈机制。

持棍跑步不怕狗追

朋友圈里有朋友发了这么一条：“晨跑总能遇见一位大爷和一位大娘，每天总是拿一根竹棍，很久都不明白有什么用途。直到自己被三条流浪狗追着跑。”

永远不要嘲笑自己不懂的东西，特别是那些看似过时落后的做法，如果他们身经百战、经历丰富，就更不能轻视。

那些累计跑量超过 2 万公里，依然没病没灾坚持跑步的跑者，无论他岁数是否较大、速度是否较慢，都是不容忽视的对手。也许你一个冲刺就超过了他，但很可能几年后他仍在参加比赛，而你却已经跑残了。

做企业也是如此，不断追风的企业，能长期生存下来的非常罕见。而那些专注于价值创造且厌恶风险的企业，却更容易成为百年老店。

久利之事勿为，众争之地勿往

《荆园进语》曰：“久利之事勿为，众争之地勿往。物极则反，害将及矣。”《道德经》曰：“天下皆知美之为美，斯恶已。皆知善之为善，斯不善已。”

2020 年下半年的时候，面对半导体、科技、消费、医药板块已经这么久的一涨再涨，这一路涨来，参与者一直获利，并形成了盲目的惯性，仿佛这些板块还会一直涨下去，但其中优秀公司的股价已经透支了好几年的预期利润。面对 30～100 倍市盈率的消费股，面对 100 倍以上甚至是 700 倍市盈率的半导体、医药股，连基金都还在追逐买入，市场的疯狂真的难以想象。看到这样的股价，我心里只有恐惧。

这些被追逐的半导体、科技、消费、医药公司，大多是非常优秀的公司，有很强的盈利能力和较高的成长性，但当众人的追逐已经失去理性时，物极则反，害将及矣。

“久利之事勿为”是要知止。要知道过犹不及，适可而止。面对涨了这么久的半导体、科技、消费和医药，它们的股价在如此高位还在疯狂奔跑，如果之前买入价较低，也可以选择不马上见好就收、急流勇退，因为谁也不知道“市场先生”会疯狂到什么程度；但此时无论如何都不应该再买入，因为跌的概率已经越来越大。

“众争之地勿往”，是要独立思考。再好的地方，挤的人多了，也就不那么好了。国庆长假去知名的景点，除了花更贵的住宿费、门票以及浪费生命排队和看人山人海外，其实什么也得不到。再厚的利益，大家都去争抢时，也会因为争抢而变成薄利。再好的公司，追逐的人多了，股价也会变得超过公司的内在价值而变得无利可图，甚至是赔钱。《论语》中的“危邦不入，乱邦不居”，讲的是同一个道理。

久利之事、众争之地，看似红红火火，如击鼓时在手上传递的花，最终回头看往往是烫手的山芋。但人性的贪婪和自负从来就没有被消灭过，以至火中取栗、飞蛾扑火者代代相传，如春生的韭菜，割了一茬再长一茬，永远层出不穷。

拥有得越多，就越想拥有更多

一阴一阳谓之道，世界被熵增定律主导，同时也就会受熵减影响。宇宙在熵增定律主导下不断扩张和变得稀薄的同时，局部的星体却在熵减的影响下不断捕获周遭的物质来壮大自己。质量非常大的星体，比如黑洞，连经过的光线也不会放过，都会吸进黑洞。

人道熵减，而贪心则是人道熵减的驱动力，贪心造就了人类的进取心，人类的进取心则最终导致了人类的熵减行为。而且，如万有引力一般，质量越大，对外的引力就越大，我们拥有得越多，贪念就越大，其本质驱动力是拥有的越多，就越想要拥有更多，这时也往往有条件能够拥有更多。月薪5000元时希望能涨到6000元，月薪15000元时希望能达到20000元，年薪百万就会想着年赚两百万……如果贪恋所拥有的，人的贪念就会随所拥有数量的增加而不断增长，就会被加倍的饥渴折磨。正如《儒林外史》的《两茎灯草》中家财万贯的严监生，因见到油灯里有两茎灯草浪费了灯油，临终前一直从被单里伸出两根手指，迟迟不肯闭眼、不得断气，被那两茎灯草折磨，直到赵氏领会并挑掉一茎才肯断气。

清心持戒是克服贪念的一剂良药，能帮助人们在拥有更多财富、更多资源、更大权力时，不被贪念控制，让人们能在熵减影响下持续增长的同时，不至于陷入更大的痛苦。

关注跑步的要点

早晨在渭河边跑了个半程马拉松，黑洞洞的天上飘着大雪，因为天冷，不得不跑得比平时快一点，结果跑了个半马的个人最好成绩，全程平均配速4分57秒。这几年平时锻炼我刻意压着速度跑，更关注跑姿和心肺的锻炼，不承想能力反而得到了提升。

跑步的时候，不要刻意追求速度，而是应该把注意力放在跑姿和力量的训练上：身体是否正直，落脚是否在重心下方，是否靠重力牵引向前，膝关节是否有锁死，腿部力量和核心力量是否强大……当这些都做到了，只需要循序渐进地堆积跑量，速度自然就会上来。

同理，在股票交易中不要太在意钱的得失，而应该把注意力关注到公司基本面的研究上，关注到价值和价格的比较上，而不是关注到价格的波动上，这些应该关注的要点和细节都能做到完美，赚钱是自然而然的结果。

2020 年，由于疫情，北京马拉松比赛取消。不过组委会组织了线上马拉松。线上线下无所谓，一年跑一次马拉松的目标还是要坚持的。目标不变：一年一次，坚持跑 40 个马拉松，今年是 6/40。今天用 6 分多一点的配速匀速跑完了北京马拉松线上赛，比之前 3 小时 55 分的成绩慢了 31 分钟。

有跑友问我，你现在比赛怎么不追求速度了？全马明明可以 4 小时内完成比赛，却慢了半小时；明明可以 5 分配速跑半马，却用 5 分半甚至 5 分 40 配速跑。

我说，因为我们进行的是不同的运动。虽然都是跑步，但你跑的是马拉松，有终点，我跑的是长跑，没有终点，我的目标首先是要能跑到 80 岁，80 岁还能参加比赛，还在赛场上。

马拉松不等于长跑，长跑还可以跑得更长、更久。目标变了，行为模式就会改变。

智者坚守能力圈

《庄子》曰："知止乎其所不能知，至矣！若有不即是者，天钧败之。"

认识停止在不能认识的范围，便是至极；如果不是这样，天理（自然均平之理）就会使他败亡。

《庄子》曰："函车之兽，介而离山，则不免于网罟之患；吞舟之鱼，砀而失水，则蚁能苦之。"

嘴里能吞下大车的野兽，如果孤身离开山林，就免不了网罗的灾祸；吞舟的大鱼如果离开了水，蚂蚁也能欺负它。

成玄英疏曰："率其所能，止于分内，所不能者不强知之，此临学之至妙。若有心分外，即不以分内为是者，斯败自然之性者也。”

能够做好自己的本分，守在自己的能力圈里，这就是真正的智者了。

坚守能力圈无比重要，因为在能力圈内行事才能确保大概率，在能力圈外行事只能靠运气了。这也是为什么沃伦·巴菲特说：“对你的能力圈来说，最重要的不是能力圈的范围大小，而是你如何能够确定能力圈的边界所在。如果你知道了能力圈的边界所在，你将比那些能力圈虽然比你大5倍却不知道边界所在的人要富有得多。”

对于拥有能力圈的人来说，保持学习，持续进化，不断扩大能力圈也非常重要。我们无法知道自己的能力圈在未来是否还有用，即便如著名的散户投资人唐朝，研究白酒非常深入，建立了很强的白酒能力圈，但我们无法知道是否有一天突然白酒这个行业不再能创造价值了，比如全球历史上出现过很多禁酒的法令。（说明：唐朝并非只有白酒能力圈哦）

顽固地坚守已有的能力圈不再扩展，这本身是一种封闭性的行为，会使自己陷入必然的熵增的孤立系统。而保持学习，持续进化本身，是让自己成为耗散系统的重要方法。

如果心里有谱，就不会慌张

2020年春节前后暴发新冠疫情，春节后股票市场大跌，不少人选择了抛售离场避险。我没有动，没有买，也没有卖。之所以没有买卖，一是因为我不知道疫情到底会带来什么具体的影响，稍微拉长一点看，我不知道这种影响到底会使股市最终走高还是走低；二是因为我手上的股票估值并不高，长期看这些公司不会受到疫情的颠覆性影响；三是因为我没有择时的能力，我并不善于揣度人心，无法判断短期的市场情绪波动趋势。

到5月初，疫情继续发酵，我最终还是下手买入了汤臣倍健。说实话，这次买入再次充分证明了我不具备择时的能力：原计划春节后就买入的，但节后疫情暴发，股市下跌，我心里还是想趁疫情暴发再叠加汤臣倍健前期商誉减值两个利空，股价能跌到13～14元再买，结果春节后汤臣倍健仅略微下跌，并没有下跌到我预想的位置就开始快速上涨。为不至于因股价太高而错过花了不少精力研究的股票，于是在还算合理的价位 19 元买了它。如果能坚持自己的体系和原则，仅依据自己对汤臣倍健基本面的研究，不受疫情事件的影响而买入，我的买入价还会低不少，应该在 15 ~ 16 元。不过还好，19 元的价格也还没有错过我估算的合理价格区间。

注：

在遇到上述买汤臣倍健的类似情况时，很多人都会有这样的行为。自己计划 16 元以下就买入，由于一些新的短期信息临时改变了计划，降低了买入预期价格，比如 13 ~ 14 元，但股票并没有跌到这个价格就开始上涨，在股票上涨的过程中，自己会不断安慰自己它会跌下来，会跌到 13 ~ 14 元，但结果是涨到了 16 ~ 17 元。当股票价格涨到 16 ~ 17 元时，明明其还在较理想的价格区间，但由于最早计划 16 元以下购买的，于是寄希望于股票价格向下波动，给自己以原计划 15 ~ 16 元的上车机会，但很不幸，股票价格继续上涨，涨到了 19 元，这时候就更不甘心了，16 元我都没有买，不能涨到了 19 元才买，于是眼睁睁看着自己心仪的股票一路上涨，并最终错过它。

大部分普通投资者都有上述经历。“相信自己的短期择时能力”和“不肯认错”是导致大量这样错误行为的主要原因。

人们都愿意相信自己具有短期择时能力，寄希望于对短期股票的涨跌预测正确。这好像是人天生的一种秉性。

绝大多数人宁可错过一只好股票，也不肯承认自己犯错。比如在 16 元时判断价格会到 13 ~ 14 元，结果没跌那么多，当价格反而再次涨到 16 元附近时，趋势已经改变，但内心不愿意承认自己贪心犯错，寄希望于市场的波动能让自己有机会在 13 ~ 14 元买入，以证明自己的正确，如果这时候在 16 元买入，就是证实了自己先前的判断是错的；当股票涨到超过最早计划的买入价 16 元时，就更不能接受自己犯错误了，如果这时候买入就是证明自己犯了两个错误，第二个错误是在自己最早设定的 15 ~ 16 元买入价，有很多次买入的机会自己都没有买，却在 16 元以上买入了。结果是错过一只曾深入研究的股票。

鬣狗与猎豹

我们讲万法归一，然而同时又讲法无定法。同在概率世界之下，我们在股票投资与很多日常工作和生活中的对策会完全不相同。这里面最大的差异，在于失败的结局不同。

日常生活和工作中的很多决策，它们通常只是局部地影响我们，如果决策失败，不会给我们带来重创，更不会带来毁灭性打击。日常生活和工作中决策失误，我们损失的往往是未来预期收益，或者即便损失了部分已有收益，那也能在较短的时间里找补回来。就好像投资中所冒的风险只是损失一两次分红。

然而，在股票投资时却不是这样，我们的每一次决策都需要非常小心，因为每次的决策失误都会导致本金的损失。如果是集中投资，则可能一次的决策失败，就能带来重创或者归零。即便是一次本金的重创，也需要漫长的时间才能赚回来，而我们的生命却如此短暂。

这让我想到了非洲鬣狗和猎豹的差异。鬣狗总是显得比猎豹胆子更大，敢于更多冒险，甚至敢于招惹狮子，而猎豹则总是小心翼翼，不敢冒任何风险。鬣狗是群居动物，一只鬣狗受了伤，会得到其他鬣狗的帮助，不至于饿死，并可以慢慢恢复。然而，猎豹是独居动物，哪怕受一点小伤，也会降低捕猎的能力，还可能因此而丧命。

在有底线保障的情况下，去奋力博取胜利和巨大成功，是我们更应该选择的方法，而且一旦获得成功，就会形成马太效应。这正是我们在职业工作中应该做的一种选择，特别是年轻人更应该勇敢，因为即便失败，也会收获成长这一最大的本金。

股票投资则不然，每一次的本金损失，都将花费很长的时间代价来弥补。如果本金归零，即便是沃伦·巴菲特，也不可能再次创造那样的辉煌，因为时间不够了。我们在看到复利增长威力的同时，还要看到复利的前提条件——持续稳定的增长×时间，二者缺一不可。要想获得复利带来的巨大成果，就必须小心看护好复利的两大前提。

接受不完美

伏尔泰说完美是优秀的敌人。

我选择做一个勤奋而豁达的人。我见过许多聪明勤奋也获得了巨大成功的人，却都因为觉得自己不够智慧而生活在痛苦之中。我们应该勤奋努力，去创造价值和获取财富，但我们更应该活得明白、活得轻松。

今天一早读到朋友发的宗萨钦哲仁波切的话，很是赞同。宗萨钦哲仁波切说道："你之所以看到的是一个不完美的世界，是因为你有各种执着和不切实际的期待。如果你可以从这里出离，你会变得非常强大，不再坚持必须用自己喜欢的杯子喝水，不再坚持茶的味道一定不浓不淡。如果你出离了所有的执着，那么你就会变得非常自由，没有任何事情可以激怒你或伤害你。"

这个世界早就在那里了。世界过去在那里，我们不在；现在在那里，我们跟它在一起；未来我们消失了，它还在那里。如果觉得它不完美，那它就是不完美，它在那里，过去不完美，现在不完美，未来还是不完美。

我愿意接受它的不完美，于是我不再如过往那样担心错过。

人们总是担心错过，错过最好的股票，错过最好的姑娘，错过最好的工作，错过最好的时机……特别是那些回头看特别好的，曾经就在身边、手边，甚至曾经拥有，却最终错过的，让我们遗憾。

不少朋友告诉我，曾经买过某只股票，是个大牛股，但自己没拿住，错过了赚大钱的机会，或者自己跟踪研究了很久的股票，却错过了最低点买入的时机，眼睁睁看着它一路高涨而去，留下遗憾，时时追悔。还有的朋友对我的投资体系比较了解，于是劝我说：你的体系会错过很多大牛股，特别是一些有爆发力的中小公司。

我们不知道，或者不想知道的是，我们一生本来就是在不断错过。世界如此之大，我们如此之小，无论多么努力，最终遇见、把握的都是极少数，错过的都是大多数。所谓遗憾，是知道自己错过了最好的，其实，还有无数更好的擦肩而过，我们甚至根本不知道。

这让我想起了小学课文里的一则故事：

古希腊有一位大学者，名叫苏格拉底。一天，他带领几个弟子来到一块麦地边。地里满是沉甸甸的麦穗。苏格拉底对弟子们说："你们要去地里挑一个最大的麦穗，只许进不许退，我在麦地的尽头等你们。"

弟子们听后，就走进了麦地。

地里到处都是大麦穗，哪一个才是最大的呢？弟子们埋头向前走。看看这一株，摇了摇头；看看那一株，又摇了摇头。他们总认为最大的那一穗还在前面。虽然，弟子们也试着摘了几穗，但并不满意，便随手扔掉了。他们总以为机会还很多，完全没有必要过早地定夺。

弟子们一边低着头往前走，一边用心地挑挑拣拣，经过了很长一段时间。

突然，大家听到了苏格拉底如同洪钟一般的声音："你们已经到头了。"这时，两手空空的弟子们才如梦初醒，他们回头望了望麦垄，无数株小麦摇晃着脑袋，似乎在为他们惋惜。

苏格拉底对弟子们说："这块麦地里肯定有一穗是最大的，但你们未必能碰见它；即使碰见了，也未必能作出准确的判断。因此最大的一穗就是你们刚刚摘下的。"

苏格拉底的弟子们听了老师的话，悟出了这样一个道理：人的一生仿佛也在麦地中行走，也在寻找那最大的一穗。有的人见到了颗粒饱满的"麦穗"，就不失时机地摘下它；有的人则东张西望，一再地错失良机。当然，追求应该是最大的，但把眼前的一穗拿在手中，这才是实实在在的。

所以我对朋友说：错过就错过了，你不是第一次错过，也不是最后一次错过，未来还有无数的错过在前方等你。把握当下，有所取舍。不断追逐所谓最好的、更好的，往往失去了身边的美好，最终一无所获。我的投资体系的确不完美，的确会错过很多大牛股，但天下好吃的美食多着呢，我肚子只有这么大，选几样自己喜欢的吃就很好。

学会做减法

投资和摄影如此相似，当你身处其中，就万事俱足。佛说人人都是佛，只不过众生的智慧被蒙上了灰尘。打开镜头，一切景物都在其中，好照片和普通照片的最大区别，是好照片舍去了很多内容，只把场景中想收纳的少部分景物置入镜头中；人生也是如此，生而具足，但精彩的人生与普通人生的区别，往往是是否选择更多地舍弃；股票投资也是一样，股市开市，一切尽在其中，要想获得超额的收益，就必须选择舍弃，不能妄图抓到所有涨停板，妄图抄底和逃顶，妄图总是抓到大牛股，妄图只涨不跌。

在万事俱足的世界里，我们要学习的是做减法，而非加法。去掉多余的、没用的景物，就会得到一幅好的摄影作品；去掉那些干扰人心的想法，就能安住内心；去掉那些你不懂的股票，去掉你知道它不好的股票，剩下的就是好的股票。在此基础上，如果你再能提升心性，提高技能，一切将变得更加美好。

对于股票而言，普通散户大多懂得太少，又胆子很大，因此亏多赢少。如果自己不懂，那么可以遵循最基本的价值逻辑去买指数基金，比如15 倍市盈率以下才买然后长期持有。然后逐渐去拓展自己懂得的范围，用巴菲特的话说就是“拓展自己的能力圈”，你懂得越多，收益提高的就越大。

场景一应俱足，你想看到什么、表达什么，你就会聚焦什么，你就会依此取景布局，你心中所想就会反映在你的照片上；世界一应俱足，你怎么看世界，世界就是什么样子，世界是你内心的映照。你心中装满美丽善良，你看到的世界就是美丽善良；你心中装满愤恨，你看到的世界就是处处与你作对。股市一应俱足，你怎么看股市，股市就是什么样子，你看它是赌场，它就真的是波诡云谲的赌场；你看它是投机，它就是投机场；你看它是创业场，你就可以在其中创业；你看它是价值投资，它就是价值投资的场所。

第八篇

三观与投资

三观决定了一个人会走向什么样的投资之路，因为它们决定了一个人投资的底层逻辑。如果没有成体系的世界观和价值观，其投资也就必然是没有章法或者像浮萍一样不断随波逐流；如果没有成体系的人生观，就很难淡定面对资本市场的惊涛骇浪。

投资很不容易

前面七篇是讲世界观、价值观和人生观的，如果你已经看了前面七篇，我想你应该知道，投资是一件很不容易的事，特别是股票投资，对认知体系有很高的要求，对人性也是巨大的挑战。如果投资很容易，就不会总是七亏二平一赚了，就不会有那么多人为了生存，去从事那些非常辛苦的工作了。

投资很不容易，其实任何工作要做好都不容易，都需要足够的专注和努力付出。轻轻松松就能得来的事儿是有的，但那绝大部分是靠运气。靠运气得来的，最终都会凭实力亏掉，一直都幸运的那是奇迹。

即便你在人生的磨炼中修炼了心性，凝练了思想体系，建立了三观，你还需要用功学习投资的技能，学习很多拟投行业的专业知识，才有可能稳定获利。就好像千手观音大慈大悲，心有佛法，还要有千手千眼、持万般法器，为的是广开各种方便法门，方得普度众生，因为众生根基并不一样。投资也是一样，不同行业、不同企业，千差万别，没有丰富的行业和企业经验，没有丰富的投资经验，三观再正也难以落地生根，做其他工作，道理也是一样。

投资的技能纷繁复杂，适用条件变化多端，这只能从实践中磨来，既没有永远适用的方法，也没有什么单一的绝招。投资需要积累各方面的知识，包括投资标的行业知识，还有企业业务知识、财务知识、管理知识，等等。没有谁能一蹴而就，也没有谁能一网打尽。技能和知识只是工具，使用效果关键看使用工具的人。下面是我在实践中的碎片化思考和分析，谈谈个人的小经验，仅抛砖引玉，能引发一些思考即可。

投资技能的基石

《三体》这部科幻小说描述的是宇宙的故事，人们并不知道宇宙社会是如何运转的，于是作者刘慈欣通过小说人物叶文洁提出了宇宙社会学的基本公理：第一，生存是文明的第一需要；第二，文明不断增长和扩张，但宇宙中的物质总量基本保持不变。《三体》这部小说的情节就在这两条公理上展开，那些看似黑暗的宇宙法则，那些不可思议的故事情节，都是由此推理展开。

我所总结的股票投资的所有技能，也同样建立在一个理念基石之上，这就是："股票本质上是公司的部分所有权，买股票就是做股东。"也正是有一天，突然想清楚了这个道理，才出现了本书开篇所说的"突然有一天在心中闪现了一缕明亮的光，沿着这缕光，渐渐看穿了迷雾，看透了黑夜"，并由此出发，逐渐建立了认知体系并清晰和显性化了自己的三观。

正是有了这块基石，我迅速接受了价值投资理念，并开始大量阅读价值投资的书籍，最后发现，这些价值投资大师们的投资理念基石也是基于此，虽然每个人演绎的并不相同。

股票投资和投资一家公司是一样的，一定要以做股东的心态坚持长期主义，要关注企业生存发展的根本问题。长期主义不是简单地买入后长期持有，而是一种终局思维模式，要考虑公司能存续多久，要从当下出发，眼光要穿越一个长的周期，去看未来 10 年、20 年甚至更长时间公司是什么样子，然后再细看公司一年能赚多少钱，未来 5 年、10 年能赚多少钱，赚来的钱可不可以拿出来分掉，现在公司的股票价格相较 1 年、3 年、5 年时间它的赚钱能力是否物超所值，长期看是否物有所值。这些问题决定了是否要买卖。因此，才能忽视短期的诱惑和恐惧，真正坚定地长期持有。

价值投资是一种理念，而不是一种方法。本杰明·格雷厄姆开创了价值投资的先河，建立了"捡烟蒂"的投资方法，但"捡烟蒂"的投资方法并不是价值投资本身，它只是价值投资的一种方法，成长股的投资方法也是价值投资。当然，还有很多其他的方法，只要它们符合价值投资的理念，比如"股票本质上是公司的部分所有权，买股票就是做股东""买入的价格不高于所买到的价值""坚持安全边际"等。

一种投资方法不会在所有情况下有效，要想在所有情况下有效，就必须精通所有方法并准确地与市场变化匹配，这几乎是不可能完成的任务。掌握一种方法并坚持，总能在波浪的一起一伏中碰对两次，并在长期中，把这些起起伏伏中碰对的点，连成一条符合自己方法规律的上升线。

“道可道，非常道”，本杰明·格雷厄姆用他的投资方法，布道了一种投资的理念，我们不能抱守本杰明·格雷厄姆的具体方法，而是要继承他的核心理念并根据现实的变化灵活运用。世界在变，市场在变，任何一种具体的方法在未来都有不适用的时候，现在的市场不再如本杰明·格雷厄姆时代，但本杰明·格雷厄姆形而上的投资哲学理念却如灯塔，可以继续照亮前方。我们不能抱守本杰明·格雷厄姆的方法，也不能单一抱守自己过去的方法，必须持续精进，持续关注投资的六个关键词：概率、赔率、概率的变化、赔率的变化、情绪的干扰、时间，不断进化或完善自己的方法，以适应世界和市场的变化。

荒野赛

股票投资就像荒野赛，而且是无终点或终点很远的越野跑。这是一个没有人去过的地方，没有地图，路程遥远。赛道很宽而且是立体的全类型地形（股市里有各种类型的公司），同一进程里参赛者可以选择不同类型偏好的地形，但继续前进地形会变成什么样子却是未知的，一路的天气也不可预知，赛道不同海拔不同天气可能也不同。在这条奇异的赛道上，每个人，不管你在往前跑还是往后退，或者站着不动，你都会被一种无形的引力牵引着跟着赛道往前进，这个是赛道速度（相当于公司的成长造成的指数平均自然增长速度，长期看，任何股市的指数都会增长，因为公司总体在增长）。虽然有总体的赛道速度，但赛道里具体位置的赛道速度却并不相同，也无法预知；紧随赛道还有一个标准速度指示器（通货膨胀率）；每个参赛选手都能看见过往的各种速度，但看不见未来的任何速度。通常情况下，赛道速度是大于标准速度的，但具体时段里也不绝对；如果放在一个很长的时间段里，赛道速度平均值一定是大于标准速度平均值的。

这个比赛没有固定的起点，也没有固定的终点，随时都会有人在任何赛段加入比赛的队伍里来，任何选手都可以在任何时间退出比赛，退出后还可以任意再次加入比赛。任何参赛者都会在一定程度上影响比赛，但会产生什么样的影响却不确定（参赛者对赛程的影响是巨大的，很像风对海浪的影响，风对海浪起到了推波助澜的作用，甚至能掀起滔天巨浪，但这些都是短期的、局部的、细节的影响，海水的宏观运动是由于月亮对潮汐的影响，以及温差带来的全球循环的洋流）。赛程是单向的，凡已经被跑过的路都只能成为历史。

在这样的比赛中，我看到了无数采取短跑策略的参赛选手，有的没有带衣物干粮（没有安全边际或没有给自己留下生活费），有的吃了兴奋剂还猛冲（高杠杆），有的完全没有荒野生存的能力还不愿意边跑边学，有的非常喜欢冒险，比如遇到深深的沟壑选择跳过去而不是绕点远路……

在路况良好平整的下坡路段（有些下坡路段很长且没有陷阱、没有毒虫，即便有几只野兽也会被人群的洪流踩扁），几乎每个参赛选手都能取得骄人的成绩。这时越野跑就成了热门的比赛，无数的观众蜂拥而至变身选手参加比赛，很多参赛选手也会频繁地追加参赛资金。在这样的路段里，凡是谨慎小心、保存体力的，都将被远远甩在后面，即便是前几千公里的越野赛冠军也会被无数新手超越。这一刻领先的新手们往往会无情地嘲笑每一个落后的选手。遗憾的是，我们无法预知什么时候会出现下坡路段，也不知道一个下坡路段什么时候会突然终止，以及用什么方式终止。

在那些总体上比较凶险的路段里，很多人丧命其中，摔死的、淹死的、饿死的、渴死的、吓死的、力竭而亡的……不一而足。在艰难的路段里，除了死去的参赛选手，更多的是因害怕而退出比赛的，他们变成了旁观者，只有那些意志坚定的高手还在奋力拼搏。当然，还有很多已经受重伤又不甘心的选手装死躺在赛道里，等待时间把自己推移到新的赛道。

一个有意思的现象是，无论前面长长的赛道里发生了什么故事和事故，新加入比赛的绝大多数人都将无视历史，他们的注意力都放在眼前速度最快的明星身上，并且只关注眼前自己的速度。

最后，我们来看看比赛的奖金计算公式：

奖金 = 加入比赛时投入的参赛金额 ×（1 + 自己的速度 - 标准速度）^（持续的时间）

说明：持续的时间以年为单位。

我们可以看到，由于赛道速度总体是大于标准速度的，在这样一个比赛规则下，如果我们长期躺在赛道上不动，是有可能赢得比赛奖金的——只要在赛道前进过程中没有掉进坑里或遇到其他致命风险。如果我们横躺在赛道上（构建一个合理的投资组合或者买入指数基金），即便局部赛道会给我们带来伤害却不会致命，我们依然可以赢得奖金，因为奖金的计算是按躺在赛道上占据的横截面合计算出的。

如果想要赢得更多的奖金，就需要保持大于标准速度的时间足够长。由于速度和时间是指数关系，速度越快、持续的时间越长，赢得奖金的倍数就越丰厚。当然，参赛资金的大小也很重要。但最重要的是，你不能死掉（亏完本金），也不能长时间低于标准速度（也会侵蚀本金）。任何一段路程，如果产生了亏损，就相当于在日后的路程里，你投入的参赛资金变少了，由奖金计算公式可以看出其对未来有很大影响：一次亏损多少百分比，就意味着自此以后，直到终了，你的最终成果都将少这么多百分比。

对我来说，这是一个非常有意思的比赛。

抓住本质才能穿越牛熊

每天都有“砖家”在预测牛市和熊市，还有无数人寄希望于准确预测牛市和熊市，以赚取牛市和熊市大趋势的钱。然而，牛熊却是很难预测的。有多少人在2020年那个特殊的年份里准确预测到了股市的上涨？这一年里，我们碰到了全球新冠疫情大流行，这导致了全球的经济负增长，还叠加了愈演愈烈的中美贸易摩擦。在年初新冠疫情刚开始时的股市暴跌中，有多少人预测到了中国和美国股市全年都上涨的结果？

即便有人预测准了2020年中美股市的上涨（不管是不是凭运气），可面对美国股市的如下数据，又如何操作呢？（数据来源于《戴维斯王朝》）

1941—1942年

道琼斯指数下滑至92点，回到1906年（36年前）的水平。

1952年

经历了23年漫长努力之后，道琼斯指数终于超越了1929年的381点。

1965—1968年

道琼斯指数在1000点上下波动，这一水平一直到17年之后才被打破。权威人士宣称，前景无限的高科技所带来的永久性繁荣的“新时代”已经到来。可是，连续三波大熊市开始了第一波下跌。

面对上述长周期中股市的停滞不前或区间波动，那些追逐牛市和熊市的投资者，还能存活吗？

如果不能回归事物（股票）的本质，就无法找到穿越牛熊的方法，就不太可能穿越牛熊。

股票的本质就是股票代表上市公司的部分所有权。股票赚钱的底层逻辑就是，公司是否能持续创造不低于股票价格所对应的合理或超过合理收益的可现金化利润（让人郁闷的是，很多投资者连可现金化利润和财务报表利润都分不清）。

底层逻辑具有决定性作用

在工作中解决问题时，我喜欢首先分析其底层逻辑，对于底层逻辑存在问题的事情，无论提出来的解决方法多么巧妙，看起来多么无懈可击，我都不会轻易采纳，更不会轻易去实施。

我所在公司是做市政项目投资运营的，客户主要是政府。按说中国的政府实力和信用能力远超绝大多数企业，但很多政府付费的项目，如果是政绩项目，就必须小心，要认真审视是不是刚性需求，是否有最终的付费来源。如果这个项目是政绩的面子工程，那么其付费的风险就很大，建成后如果政府手头紧就有可能不及时付费；如果项目推进过程中政府换了领导，则有可能就此停下，前期的投资怎么收回就面临很大的风险。

如果项目是城市的刚需，就会好得多，因为无论哪个领导在位都必须解决，付费的理由很充分，项目推进的理由很充分。如果这样的刚需项目的付费资金来源又不需要政府来承担，那就更靠谱了。政府会运用其政策工具，帮助项目免除政府需承担的付费责任。

对于底层逻辑经得住分析的项目，即便目前没有找到很好的解决办法，我认为最终都是可以解决的，而且通常都不止一个解决办法，需要做的就是集思广益，努力想更多办法。底层逻辑很坚实，即便合同没有写好，也能在未来的合作中改过来——毕竟大家都是讲道理的，更何况要合作二三十年。当然，这并不是说合同条款不重要，合同条款非常重要，合同写不好，即便能扳过来，也是挺麻烦的。

如果一个项目在底层逻辑上有问题，比如项目是纯粹的非刚需政绩工程，建起来后根本没有用，产生不了效益；又如需要过高的局部收益率来拉起项目整体收益率，而这些局部项目又是可以独立的，遇到这类底层逻辑有问题的项目，我是反对投资的。底层逻辑有问题的项目，无论合同签得多完美，对方违约的罚则多重、条款多严谨，其实都不能很好地保护自己的投资，都会可能因根本的商业逻辑不成立而产生巨大的风险，要么收不到钱，要么最终被迫退出项目。就算出了问题，靠合同条款扳回来，那也会损失投资资金的时间价值，至少会损失大量的精力。

股票投资也是一样，对于那些公司商业模式、经营模式存在底层逻辑问题的股票，我一概选择远离。比如前几天金达莱上市了，有同事问我金达莱怎么样，其实我几乎不了解金达莱这家公司。于是抽时间看了一下它的基本数据：

当天收盘价为40～50倍市盈率；

应收账款总额约等于年营业收入；

B2G的生意毛利居然能达到近67%，这是不可持续的。

公司上市募集资金约18亿元，能爽一阵子，但长期的未来呢？拿什么来支撑40～50倍的市盈率？

从金达莱这几个关键的异常数据可以推断，金达莱公司底层的商业模式、经营模式存在逻辑上的缺陷。如果金达莱不能战战兢兢，借这次上市融了一大笔钱，以此为缓冲，从根本上改变商业模式、经营模式，反而用融来的钱大干快上，就大约离陷入困境不远了。

凡底层逻辑不通的事情，大多是会出问题的。凡底层逻辑有问题的，我选择离它远一点。

永远不要亏钱

沃伦·巴菲特的精彩语录有很多，其中广为流传的一句话是：第一条原则：永远不要亏钱；第二条原则：永远不要忘记第一条原则。（Rule No. 1：Never Lose Money. Rule No. 2：Never Forget Rule No. 1.）

如何理解沃伦·巴菲特的这句话？一千个人心中有一千个哈姆雷特，这句话的真正内涵也许只有沃伦·巴菲特本人才能说得清楚。我也不妨按自己的认知去理解这句话：

投资中没有人能做到一点亏损都没有，沃伦·巴菲特本人也做不到。我们可以理解“永远不要亏钱”是一种理念，而不是一个结果，这种理念建立在风险厌恶优先而不是博取更大收益优先。在这种理念指引下，我会关注如下几个方面：

（1）坚守能力圈。提升专业能力，在能力圈内行动，精选个股，选优秀公司，深度研究，提升胜率。

（2）适度分散。在能力圈内集中投资，同时用适度的分散来抵消某一只股票看错或出现意外的风险，确保组合不亏损。

（3）坚持安全边际。用安全边际抵消估值偏差带来的损失，或给看错调整的时间和空间。

（4）关注内在价值。忘掉所谓的技术，坚持以内在价值为估值依据，确保买入价格不高于内在价值，即便遇到熊市或市场阶段性风格转换，估值出现亏损，也是短期亏价格不亏价值。

（5）选择成长。坚持选择公司的未来成长而不是单一的价格低估，即便错误估值，价格买高了，因为公司在成长，也只输时间不输钱。

我不认为有一套标准的投资方法或完美的投资技法，能在股市中无往而不胜，投资的技能更像一门手艺，需要在实践中磨炼得来。所谓技能，是积累起的一个一个的知识点、经验点，掌握得越多，理解得越深刻，相互间有机联系越多，功力就越深厚。

没有万能的投资方法

一切都是变化的，股市也不例外，而且由于股市集中了各种快速变化的全部要素，其变化更是远大于自然界的其他变化，也远大于人类社会的平均变化。因此，我们无法找到一个固定的方法去连续和全面战胜市场，即便暂时有一个方法非常有效，也会因为它非常有效而失效，因为贪婪和从众会让太多人去疯狂追逐这个方法，最终会使这个方法因过度溢价而失效。

就拿估值来说，我找不到一个普适的估值方法，不同的行业特点不同，周期性的重资产行业 PB 估值更靠谱一些，成熟稳定的非周期性行业 PE 估值会更适合些，利润滚动增长的成长股 PEG 估值会比较贴切，未来很有想象力但长期无法实现盈利的互联网企业，市梦率可能更好，市梦率又有很多不同的说法（有基于用户增长率的，有基于流量的等）。当然，有人会说沃伦·巴菲特说现金流折现的估值方法是唯一正确的，不幸的是我们可以清楚地知道一家企业过去的利润和自由现金流，但我们却无法准确预知这家企业未来的利润和自由现金流。

即便掌握了这些估值方法，但如何确定基准值又是个难题。我们通常讲 15 倍 PE 是个合理的估值，可 A 股很多行业市盈率长期远高于 15 倍 PE，又有一些行业市盈率长期远低于 15 倍 PE，这是整个市场偏好决定的，而这种偏好本身又不是稳定不变的——基准值本身并不固定。

有效估值方法的形成，需要长期的思考和实践的磨炼，并根据形势的变化适时调整。最起码，这个估值方法要考虑多个维度，且逻辑自洽。

所有的投资技能都是片面的

世界是无限的，是人类不可尽知的。如果想要计量一颗尘埃的全部数据，则需要计算整个宇宙的全部参数！何况投资中还有更不可知、实时变化的人心。

法无定法，所有的投资技能，都是在一个相对确定的条件下适用的，但现实条件却千差万别并在不断变化，所以，不能抱守任何固定的技能，更不能仅使用单一的技能。我们需要学习各种各样的技能，不断实践它们，不但要熟练使用、组合使用，还要能够灵活使用、创造性地使用。即便是走路这样一个人人都会的简单活动，如果僵化走路的姿态、单一化走路的动作，都将寸步难行甚至摔倒在地，更别说去户外徒步、去穿越山林、去攀登高山了。

一切皆可为执念，佛法也不例外，沉迷于佛法，即是执念。道可道，具体的佛法也有边界，也有适用范围，也会随时而变，不存在适用一切的佛法。千手观音，心中有佛，也需要手持千万种法门才得方便。在实践中掌握更多的技能，才能更真实地认识世界、认识投资，才能更好地使用它们。

关于预测体系

价值投资的估值，唯一的逻辑是未来的现金流折现，然而难点在于如何预测企业未来的现金流。

说实话，我不认为有一种确定又准确的预测企业未来现金流的方法，每一种方法都是盲人摸象。但只要从这个逻辑出发了，就走在了正确的方向上。建立了逻辑自洽的预测企业未来现金流的方法，不断对照和实践，不断拓宽自己的知识边界，不断丰富和完善自己的预测体系，自己的预测就会越来越靠谱——自己将拥有一个有一定成功概率或相对准确预测范围的体系。这个体系一定不是单维的，而是多维的。这需要学习和建立多个评估模型，对照参考着去评估，以取得一个定性的估值。

靠谱的概率，是投资的基石。

无论是谁，面对股票投资，都是在做概率的决策，即便是投资贵州茅台，抑或是投资一家停止扩张的水电企业，也同样是在做概率的决策。虽然贵州茅台和水电企业的确定性非常高，但依然会有受到地震或陨石打击的可能，更何况绝大多数企业的经营发展存在着非常大的不确定性。

无论前期对一只股票做了多深的研究，都不能简单地认为可以像巴菲特所说的“买入并持有”即可。更何况即便是沃伦·巴菲特，其买入后一直持有的股票也是少数。我们必须对买入的公司做跟踪研究，就好像为了防范健康风险我们需要每年体检一样。在买入时，我们必定做过赔率和概率的分析，并以此作为依据下注，然而情形随时间的推移，是不断变化的。情形的变化，会导致赔率和概率的变化，就需要重新评估当下买入、卖出或者持有的决策。关于这点，贝叶斯定律给了我们一个数学的方法以便于理解，下面就是一个典型的例子：

假如和一个朋友玩掷骰子游戏：你下注掷一次骰子得到数字 6。直接算出的概率是 1/6，即概率约是 16.7%。但是假如你的朋友掷了一次骰子，快速用手盖住，并悄悄看过，她说：“我能告诉你的就是这是一个偶数。”由于增加了这个新信息，你的概率变为 1/3，约是 33% 的机会。当你正在考虑是否要改变赌注额时，你的朋友加了一句：“不是 4。”现在你的概率又变为 1/2，即猜对的机会为 50%。这就是一次贝叶斯分析。

投资时也是一样，随着情形的变化，会不断有新的信息，每一次新信息都会影响决策的预期概率，新的概率和赔率是我们做出新决策的依据，我们一定不能蒙住双眼，继续依据原有的信息决策。更何况在投资时，我们所依据的概率和赔率，并不像上面这个例子那样客观和精确，而是源自我们的经验和主观判断，我们就更需要根据新情况及时修正自己的判断和决策。当然，附加更大的安全边际也是对冲这种不精确和不确定的一种重要手段。

所谓逆向投资，所谓长期投资，所谓买入并持有，不过是基于价值判断、基于长期价值判断所做决策的一个效果显现。逆向投资、长期投资、买入并持有，它们完全不是决策的理论依据，也不应该是我们的投资策略。越是基于长期价值研究，越是看中高赔率，研究得越是深入，其结果就会大概率呈现长期投资、逆向投资和买入并持有的特征罢了。

有限的生命制约了凯利公式

安皮里卡资本公司创办人，纽约大学库朗数学研究所研究员纳西姆·尼古拉斯·塔勒布在《随机漫步的傻瓜》一书中有这样一段文字：

有一次，有人请我发表对股市的看法。我说，我相信下个星期市场有较高的概率会略微上扬。有多高？大概 70%。这显然是铿锵有力的意见。接着有人插嘴道："但是，纳西姆啊，你刚刚吹嘘你大量卖空标准普尔 500 指数（SP 500）期货，赌市场下跌。是什么原因让你改变了想法？""我没有改变想法！我那么赌可是有很强的信心的！（大家笑了起来）其实，我现在还想多卖一些！"会议室内的其他人看起来丈二和尚摸不着头脑。战略家问我："你到底是看涨，还是看跌呢？"我回答说："我的意见是市场上涨的可能性比较高（我看好后市），但最好是卖空（我看坏结果），因为万一市场下跌，它可能跌幅很大。"

下个星期市场有 70% 的概率上涨，30% 的概率下跌。但是再假设上涨只涨 1%，下跌则可能跌 10%。这么一来，读者要怎么做？

按塔勒布的逻辑，未来预期结果是：买涨的收益是 70% ×1% =0.7%，而卖空的收益是 30% ×10% =3%。因此应该赌跌，卖空股票盈利会更大。

我们是不是可以按照塔勒布这个例子所说去投资呢？当然，这是一个理智和有效的策略，但是，如果我们对概率和赔率的理解仅到这里，还远远不够，还是很有可能败得很惨。

要知道，概率描述的是发生的可能性的比率，而不是确定会发生，对于一次具体的事件，不可能 60% 发生而 40% 没有发生，它只能有一个结果。比如 60% 概率会发生的事情，只有在无限样本做基数时，其发生的比率才是 60%。但对于一次具体的事件，在发生前我们可以预测它有 60% 的概率会发生，但结果只能有一个，它可能是发生了，也可能是没有发生，无论是哪种情况，相对于其最终的结果而言都是 100%，要么是 100% 发生了，要么是 100% 没有发生。

如果对概率有了全面的认识，就会知道，对于不是 100% 的事情，我们不能做 100% 的下注，因为即便是最小的概率也是会发生的，一旦小概率发生，而我们却下注 100%，就没有再翻本的机会了。

拿上面塔勒布的这个例子来说，如果大举杠杆做空，杠杆率达到了只要看错就会赔光本金，那么就会有 70% 的概率变成穷光蛋，当然，也会有 30%

的概率一举赚到大钱。同样地，如果大举杠杆做多，杠杆率达到了只要看错就会赔光本金，那么就会有30%的概率变成穷光蛋，当然，也会有70%的概率一举赚到大钱。无论哪种情况，我们都有很大的概率变成穷光蛋。

所以，当我看到很多大师级的人，在书上描写概率和赔率时，把乘积相等但概率和赔率不等的两组情况看作一样的，并对人类的很多自然反应进行了批判，且希望唤起更多理性时，我却并不完全认同这些观点。

且不说概率和赔率乘积相同的情况，如果我们用上面的例子，这是一个概率和赔率乘积不等的两个选择，从理性的推理来看，塔勒布选择卖空似乎是正确的选择，但真的如此正确吗？为什么人类会进化到凭直觉要选做多而不是做空呢？

还是那句话，如果我们的选择跟常识不一致，就需要认真思考，只有找到了充足的理由证明我们的选择成立，才能积极行动。人类进化出来的共性的本能或下意识，必定有其原因。

面对上述塔勒布的做多和做空的例子，如果加上一个前提条件：选错了就会被判处死刑，你会怎么选？答案显而易见——必须选做多啊。这就是我们人类进化出下意识选做多的原因，那些遗传选做空的人们，已经没有了后代——无论选做空有多大的当下利益。人类在千百万年的进化中，遇到无数这样的选择，最终进化出了在上述案例中下意识选做多的基因。

如果再改一下前提条件：人有20滴血，错一次损失一滴血，对了赚大钱，20滴血损失完了就立即死亡。你会怎么选？我想很多人会一开始先选做空，看到血不多了再选做多。看似很合理是吧，现实中也的确有很多人会这么选，也的确有耀眼的成功者，但不幸的是，由于血是有限的，选择却还要不断做下去，最终这样选择的人也不会留下后代——至少多代之后就会灭绝——用数学方法认真推理一下就可以得出和自然选择同样的结论。

面对上述选择，如果追求在股票市场里长期生存，应该怎么选？如果追求成为耀眼的赚钱明星，又应该怎么选？可以确定地说，绝大多数耀眼的赚钱明星是幸存者偏差，且几乎不可复制，即便让他本人再来一次，也大概率会失败。

沃伦·巴菲特是股票投资的成功典范，在沃伦·巴菲特长达60多年的投资生涯里，投资界出现了无数耀眼的明星，特别是在重大危机或繁荣时期，会产生无数收益亮瞎人眼的投资明星，但他们现在在哪里？虽然沃伦·巴菲特也是个奇迹，也有很大的运气成分，比如在正确的时代出生在美国，比如有投资天分，比如幸运地遇到了老师本杰明·格雷厄姆和搭档查理·芒格，但其谨慎的投资理念却是他能在60多年经历各类重大政治、经济事件，以及始终起起伏伏的股票市场中存活并取得最终辉煌成就的底层逻辑支撑。

沃伦·巴菲特曾经说过一个著名的例子：6个弹孔的左轮手枪里只有一颗子弹，让你对着自己的脑袋开枪，给100万美元，你干吗？很多人摇头说，我不干。为什么不干？因为一旦失败，代价过于惨重。

沃伦·巴菲特说：如果有一把左轮手枪，里面总共可以装100万发子弹，但实际上却只装了一发，然后让他对着自己的头开一枪，也就是说有一百万分之一的可能性会死（至于一把左轮手枪为什么能有100万个弹膛，不重要，这只是个比喻而已），如果他没死，就给他100万美元。即使这样，他也不会玩这个游戏。

贝佐斯曾问巴菲特："你一直公开你的投资原则，而且也不是很难，那为什么没有几个人能学会并赚到钱呢？"巴菲特回答说："因为没有人愿意慢慢变富。"

这些就是沃伦·巴菲特在资本市场能存活60多年，一直盈利的一部分底层逻辑。

还有，我们很有必要在这里再回顾一下查理·芒格常讲的那个谚语："曾经有个乡下人说：'要是知道我会死在哪里就好啦，那我将永远不去那个地方。'"这是朴素的智慧，也是常识的力量。

那么，面对概率和不确定性，我们就没有通用的可行方法吗？幸运的是，我们有凯利公式。凯利公式一文的发布在当时甚至引起轰动，横扫美国。交易场的数学家、对冲基金经理爱德华·索普就曾应用凯利公式管理资金。沃伦·巴菲特的投资组合也完美地结合了凯利公式。简化的凯利公式如下：

$$f = (b \times p - q) / b$$

f = 现有资金应进行下次投注的比例

b = 赔率

p = 赢的机会

q = 输的机会（一般等于 1 - p）

例如：

若一个游戏有 40%（p = 0.60）机会胜出，赔率为 2 ∶ 1（b = 2），这个赌客便应每次投注（2 × 0.40 - 0.60）/2 = 10% 的资金。

若一个游戏有 60%（p = 0.40）机会胜出，赔率为 2 ∶ 1（b = 2），这个赌客便应每次投注（2 × 0.60 - 0.40）/2 = 40% 的资金。

凯利公式最大的价值就是计算每次加减仓的量，计算出最高收益的投注比例。

从凯利公式可以看出，即便赔率是 2 ∶ 1，赢的概率是 60%，下注也仅仅是 40% 的资金。然而，值得我们重点关切的是，如果失败了，就需要在未来继续玩很多次，才能翻身和取得预期的收益。

不幸的是，人的生命是有限的，在人的一生中能连续玩的次数是很有限的，在有限的生命长度和可玩次数里，我们甚至没有扳盘的机会，怎么办？

改变不了生命的长度，改变不了可连续玩的次数，但我们可以改变宽度（多一个维度思考，往往事情就不那么难了）：降低凯利公式里投资资金的比例，把它们分散到更多投资标的里。这相当于作弊！在有限的生命里增加了可玩的次数。

除了上面说的作弊外，我还想补充强调："宁可错过不可做错！"

最后我想说，靠绝对的集中投资（只买一两只股票）取得耀眼成绩的明星，无论你有多么充分的成功理由，我都想说："你是幸存者偏差的那个幸运儿，因为概率的确存在，但对于个体，它不是必然发生。"

技术分析就是零和游戏

从宏观视角拉到一个很长的周期看，整个股市的收益就是全部上市公司的价值增加值。从估值的角度来看，市盈率总是在一个区间波动，不会只增不降，拉长周期看，股市的市盈率有一个大体的均值，在相同市盈率下，和多年前相比，股票的增值，就是利润的增长。

如果这么看问题，把股市当作一个黑箱，就能知道所有的基于K线、成交量等的技术分析，都只是在玩以股票为载体的零和游戏。比的是谁更聪明，谁能找到傻瓜并把高溢价的股票卖给他。

我不玩零和游戏，我只关注是否有价值的创造，以及价格和价值创造是否相称。所以，同在一个股市，和聪明人相比，我们做的是不同的事情。在这里我还想说，我不赞同走技术分析的路子，但并不意味聪明人用这种方法就一定赚不到钱，只不过这并不符合我的认知体系和价值观。

舍本逐末

原本买股票是成为一家公司的股东，并通过公司持续盈利这一结果，来收回本金和获取利润，比如合伙开一家面包房。但随着股票交易的便利，越来越多的股票购买者忘记了股票的这一本质，他们不再关注公司未来持续盈利是否能收回本金并获取利润，而是关注于实现这一结果过程中的股价起伏，变成了过程中的逐浪行为，实质上把股票变成了用于赌博的工具。

这就好像买下一个金矿，本来是为了挖出金子以收回本金并实现盈利，现在却变成了一堆人每天坐在金矿口，以金矿为买卖标的，却拿今天当天能产出多少金子，或者今天挖出的金矿是什么形状，甚至是今天第一个走出坑口的矿工是谁，作为赌博的工具。至于金矿产出了多少金子，未来还能产出多少金子，则没有人去关心了。

股票投资者如此，上市公司的经营管理者也不例外，不少上市公司把短期股价表现作为经营的最重要目标，已经远远偏离了企业的本质。从长远看，要远离这类公司。

低估与成长

对股票价格低估的估值修复是一次性的，而公司的成长是可以持续的。没有成长预期的估值修复预期，则有较大风险，因为有可能还没有等来估值修复，价值毁灭先到了。可持续的成长，可以用时间来填平买贵的错误。

成长和低估都很重要，但哪个应该摆在前面？大部分的时候，我会把成长摆在前面来考虑，而折价购买是用来对冲判断错误和买贵的风险的——好在市场的非理性总能给我们折价购买的机会。

这又回到买公司的起点上：买公司，更多还是买公司的成长，寄希望于公司成长带来价值创造力的增加。而买低估的公司，更应该是资产管理公司的工作，它们有能力将资产重组，再拼盘卖掉，一般的投资者是不具备这个能力和条件的。

那些快速增长型的成长股，市场往往给予很高的估值（市盈率），只要公司的增长速度能够保持，这个很高的市盈率就能保持，甚至市场会进一步提高其市盈率。但是，只要公司的增长速度放缓，哪怕是从 40% 的增长率降到 25%，股价很快会一落千丈，这种下跌可能是一瞬间的。如果公司的增长不能很快恢复到之前的高位，市场给予的高市盈率可能再也不会回来，那些高位买入的投资者，需要等很长的时间，才能等到公司的增长填平当初的高估值。在这个很长的时间里，公司也有可能变成价值毁灭型的公司，高位买入的投资者就再也无法收回投资了。

除了财务造假，没有哪家公司能一直保持平稳的高增长，更不会保持持续的加速增长。“成长股”被高估甚至长期被高估时，高股价往往是建立在对其高成长的持续性预期上的，一旦出现一年甚至是一个季度的成长不如预期，就有可能瞬间击破持续高增长预期幻想下的高估值泡沫。

泡沫破灭什么时候发生，谁也不知道，如果不幸买入后就碰到，将可能迎来惨烈的暴跌。即便买入的是好公司，遇到这种情况，要想回本，也需要熬足够长的时间，来填平高估的泡沫。

看着高成长和高估值以及继续飞涨的股价，还有身边在高估值泡沫中赚快钱的人，要抑制自己内心的冲动也不容易——贪婪和嫉妒是人性的弱点。

如果投资高成长成为市场主流，高估值和泡沫就在所难免，不必为没有提前上车而懊恼，也不必为现在要不要上车而烦恼。市场总有其他估值合理甚至低估的股票。弱水三千，何必非要冒险喝那一瓢呢？

没有成长的低估值，再便宜的价格也敌不过时间的磨蚀，很可能还等不到价值回归，价值就被磨蚀一空了。

我更喜欢和时间做朋友的公司，随时间的推移，公司在不断成长，即便没盘算清楚，买贵了，时间也能帮我把买贵的那部分填补回来。

从这个意义上讲，捡烟蒂是价值投资理念中不太好的一种选择，除非你有不一般的本事，能快速完成公司清算，或者改变企业的经营管理。

种子与大树

有朋友说：做投资，挑选种子优于挑选大树。我却不赞同这个观点。我认为，挑选种子优于挑选大树，这句话更适用于创业，而不是投资。

要知道，一颗种子要成长为大树，其实非常不容易，这颗种子落在了什么土壤上，气候是否适合它生长，是否得到了专业照顾，比如在该施肥的时候施肥，该浇水的时候浇水，该剪枝的时候剪枝，该捉虫的时候捉虫，还要防止大型牲畜或野兽在其不够强壮时折断它。即便如此，还有可能因为暴风雨或者其他极端天气，在其还弱小时毁坏了它。

选择了一颗优良的种子，如果没有精心的管理和照顾，其长成大树的概率其实并不高。要想这颗种子长成大树，你必须化身为勤奋、专业的园丁，这更像创业，而不是投资。投资种子型的企业，成功的概率远没有想象中高，100 次天使投资，可能只有一次成功。硅谷曾做过统计，2000 个 VC 项目，扣除前面 8 个，后面 1992 个不赚钱。

所以投资要反过来：挑选大树要优于挑选种子。大树的成长速度可能没有那么快，但它的成长更加确定。投资应该选择那些经过时间洗礼，从种子变为较为强壮却还处于生长期的准大树企业，它们既有较高的抗风险能力，又有较高的成长性，不需要你变身为园丁（企业管理者），无须干预其生长就可以获得相对确定且较高的回报。投资时选择那些已经取得巨大成功且还有很大发展空间的企业，而不是那种将会、可能、也许可以获得成功的企业，这样的选择总体看收益会好很多。

当然也有介于两者之间的投资，比如虽然不参与到企业管理，但非常熟悉所投企业的行业，且有强大的资源帮助企业成长的，这只是极少数人才可以做到的，他们能获得非凡的投资回报，但并不能普适。

风险与收益

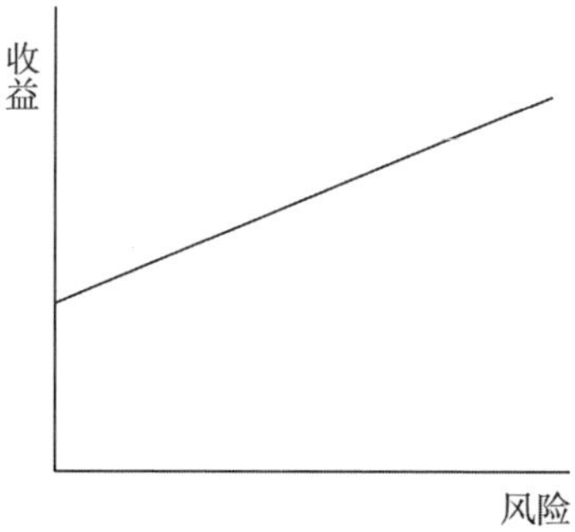

如图所示，“高风险高收益”，这个观念似乎深入人心。同时，我们还看到很多冒险家获得了高回报的成功，这进一步验证了“高风险高收益”这一论断。

但我却不这么认为。我认为，高风险往往意味着低收益。P2P 风险高，结果一地鸡毛；创业板风险高，最终平均收益抵不上大白马；买彩票风险高，就算你把奖票池里全部彩票都买下，中了全部的奖，最终会发现其实是亏损；打仗是高风险，结果是一将功成万骨枯。

“高风险高收益”针对某个具体的中奖者而言的确如此，但平均到整个群体，就是另外一种情形了。

但并不意味着这句话完全错误，换个角度去理解它，又是另一番天地。还是这张图，换句话去解读：如果风险高，就要求更高的收益，用可预见的高收益来对冲较高的风险，最终确保合理的收益。其核心思想是赔率与概率，赔率与概率的乘积决定最终的总体收益。

当然，如果你足够专业，对这项投资或业务有更高的把控能力，在别人眼里高风险的事儿，在你眼里却是风险不大，这时候，你就会真正获得高收益。这是建立在专业力基础上的低风险高收益。

高收益是建立在低风险的基础上的，低风险高收益是建立在专业力基础上的。要想获得高收益，必须提升专业力，从风险认知偏差和控制偏差中谋取。

第九篇

强化专业力

哲学的思维方式在面对极其复杂的投资问题时，往往非常管用，但做投资仅有哲学是远远不够的，投资本身的专业力是提升成功概率、提升收益率的一个关键。

四次熔断活久见

2020 年 3 月 10 日，沃伦·巴菲特接受采访时表示，3 月 9 日道琼斯指数狂泻 2000 多点，美股触发熔断，89 岁的他，也没见过这种场面。但接下来短短 10 天里，将不断更新沃伦·巴菲特前 89 年没有见过的场面：道琼斯指数分别于 3 月 9 日、12 日、16 日、18 日，10 天里熔断 4 次，自 2 月 12 日最高 29551 点跌到 3 月 18 日最低 18917 点，跌幅达到 36%。其间美国已经使用了核武级的救市手段，包括超过应对 2008 年金融危机的手段——零利率和 7000亿美元量化宽松计划，但仍然没有止住熔断，美国就差集群核武轰炸——大量派发美元——没有使用了。

美股后面还有多少跌幅，我不预测，也预测不了。但回顾 2019 年一直被嘲笑的沃伦·巴菲特，手里握着 1270 亿美元现金，其收益率严重跑输道指。个中原因，依我看其实很简单，美股太贵了，当股票价格对应公司利润太贵的时候，作为“买公司、做股东”的投资者来说，它们太贵了，即使是好公司、伟大的公司，也不要买入。至于如果没有新冠疫情，没有油价暴跌，是不是还会出现当下的美股暴跌，我不知道，但太贵了不买就好了。君子不立危墙之下，坚持这个能活得久。别人在高估浪潮中赚大钱的时候，不眼馋别人赚大钱，不听别人的嘲笑声，安心生活就好。

2020 年 3 月中国的股市整体估值不算过分，但这并不意味着不会大跌，如果股市是理性的，沃伦·巴菲特会少赚很多钱。

面对当下的形势，我会这么看 A 股：

一是不要着急抄底，如果是手握现金没有股票，可以一点一点买那些低估的好公司，如果有股票也有现金，那就先等着看。

二是要分析手中的股票，公司的生意是否正常，这次疫情等是否会改变生意的逻辑，如果逻辑改变生意没有未来了，赶紧卖掉；如果没有影响，股票价格对应当下和未来的盈利水平不高甚至低估，那就继续持有，并在低估或严重低估时继续买入；如果生意只是短期影响，可以卖出避避风险也可以持股不动。

当市场情绪极度波动的时候，要冷静，别被“市场先生”带着跑，这时候更应该默念那句谚语：别瞅傻子，瞅地！

当然，也有很多人并不懂估值，看见大形势不好就跑路避风险的，这不是少数，也有很多成功赚到钱的。各有各的原则，各有各的活法。

注：

当下要思考未来逆全球化给产业带来的风险，特别是应对疫情的战略必需品出口型的公司，当下会很舒服，但不会一直舒服。

关于波段操作

2020 年春节因新冠疫情，股市晚开市了几天，不少朋友打算开市就卖出，以规避风险，等跌下去了再买回来，做个波段。我则选择持股不动，理由源自我的世界观，在我的世界观下，我无法准确预测短期的未来，而且我认为我持有的股票，其公司没有恶化，长期看没有问题，公司该成长成长，该赚钱赚钱，于是我选择安心做股东。

我认为，即便是新冠疫情、暴雷这样明确的黑天鹅事件，短期究竟会怎样，其实也并不能准确预测。2020 年 1 月 3 日，汤臣倍健商誉暴雷开盘，一次计提了约 17 亿元的减值，导致 2019 年由盈利十几亿元变为亏损几个亿，你能预测出开盘当天它涨停吗？面对这次的新冠疫情，世界卫生组织（WHO）把中国定为疫区，几十个国家中断了往返中国的航班，我想 2 月 3 日开盘千股跌停大家也许都能预测到，但 2 月 4 日就大盘翻红猛涨，又有多少人能准确预测到？反正我预测不准。

多年前，我也曾经很多次做过波段，有些赚了，有些赔了，回首总结，赚了、赔了都不重要，最重要的是，对于有做波段思路的人来说，如果持有的是好公司、伟大的公司，一次波段没有把握住，就会错过，并因一次错过而最终完全错过这些好公司、伟大的公司。如果，你昨天大跌时卖出了股票，面对今天的上涨，你是选择赶紧买回来还是等再跌一些？我想，大多数卖出的人会选择后者，一是不想承认自己错了，今天买回来反而亏得更多；二是认为疫情还没有完，一定还有机会。但是我想，大多数情况是，如果继续涨了，卖出的人可能不会买回来了，直到涨了很多很多后才会买回来；如果继续跌，则会想还会继续跌，于是等着抄底，直到没抄到底结果又涨了很多才下手买回来。无论哪种买回来，多半是买在比较高的点，而且下次还会在一个相对低的点卖出。

世界观决定了一个人的行为。

自我强化的反馈环

2020 年上半年的最后一个交易日，上证综指收于 2984.67 点，上半年微跌 2.15%。在 2020 年上半年，医药股显然是当之无愧的明星，从行业涨幅来看，医药生物指数年内涨幅 39.32%，远超第二名食品饮料指数的 23.92%。随之而来的，公募基金的中考成绩榜中，医药基金业绩毫无悬念也是爆炸性的：排名前 100 的基金中，有 63 只是医药基金；排名前 20 的基金，有 19 只都是医药基金。消费基金、科技基金、创业 50 基金也都赚得钵满盆满。排名前 20 的收益率都在 50% 以上，排名第一的半年上涨 78.71%！

我们看一下这些相关行业的平均市盈率：医药制造业（50PE）、食品制造业（48.5PE）、酒、饮料和精制茶制造业（40PE）、计算机、通信和其他电子设备制造业（48PE）、软件和信息技术服务业（67.5PE）、创业板 50（87PE），如此之高，但还在涨涨涨！

我们再看一下价值、红利、金融等指数和行业，半年收益均为负值，市盈率在 6～9 倍 PE 之间，银行甚至处于 6 倍 PE 之下。

所谓强者恒强，在这半年体现得颇为充分。为什么会这样？我认为一个重要的原因是赚钱效应导致了自我强化，形成了一种自我强化的反馈环。过去一年，消费、医药、科技板块走强，有很强的赚钱效应，各大基金不断发行新的基金，发什么基金呢？必然是有赚钱效应的主题基金才好发行啊，于是新发行的基金越发集中在这三个板块，不断有新资金涌入，于是进一步加强了三个板块的赚钱效应，就连综合类的基金也大幅增持这三个板块，这些又进一步增强了三个板块的吸金效应……

虽然现在这三个板块已经有了不小的泡沫，但是谁又关心呢，只要能赚钱，就有无数散户往里冲，只要能发行基金扩大规模并赚到佣金，基金公司就不断再发新的主题基金，直到泡沫吹不动了，破灭了，不断增加投入资金的散户会在极短的时间把前面赚的钱全部亏掉，甚至把本金也大幅亏掉——因为前期低位投资的少，而后期高位投资的多。

不要问我泡沫什么时候破灭，谁能预料到贪婪和疯狂能到什么程度呢？回顾一下 17 世纪欧洲的郁金香泡沫吧，这造成了有史以来第一次金融泡沫，曾几何时，一株最贵的郁金香以 4600 弗罗林（florins，荷兰货币单位）的价格售出。除此以外，购买者还需要额外支付一辆崭新的马车、两匹灰马和一套完整的马具。要知道当时 4 头公牛只要花 480 弗罗林。人性的贪婪和疯狂似乎就是这么永无止境。

我不预测泡沫会吹到多高，如果我低位买入了，我会乐于享受泡沫，但我绝不会在泡沫已经吹高时加入博傻的游戏中。《荆园进语》曰：“久利之事勿为，众争之地勿往。物极则反，害将及矣。”

股票投资的总结与实践

90% 的职业，年龄大了以后会没有前途。没有前途，是绝大多数人的宿命。而投资是个具有年龄优势的职业，即便退休以后依然可以做且做得很好，比如查理 · 芒格 96 岁了，依然战斗在投资一线且做得很好。

中国老百姓的投资渠道很少，大多集中在房产、股票、信托、债权、银行理财。现在房地产已经开始失去投资的功能，只剩下保值的功能了；信托打破刚兑后风险加大，收益却节节降低，可信度高的信托产品收益率也只有 6% ~7% 了；可信的银行理财产品收益率不过 3% ~5%；低风险的债券收益率也普遍不高。要想有更高一点的收益，对大多数人来说，目前恐怕只有股票这一条路了。其他的如一级市场、艺术品投资等，也不是普通人能玩得了的。

要投资股票，就要深刻地了解它。我把自己对股票的认识记录下来，帮助自己坚定信心，走好这条路。

我是 1998 年 7 月 7 日开始开户投资股票的。开始什么也不懂，买了一堆股票的书，学了一堆技术，看K线、布林线、MACD、KDJ……分析5日、10日、20日、30日、60日、120日和240日均线，预测宏观经济走势……其间买卖了不少股票，但十几年下来没赚到什么钱，前面十年都赔钱，在2005—2007年那波牛市赚了不少，填平了亏空还略有盈余，因为打算在2008年买房子，把股票清空了，躲过了最惨烈的下跌。回头想，如果不是因为要买房子而卖了股票，恐怕又会赔个底朝天。

经历了2007—2008年那波大跌之后，我开始反思，为什么我这种985毕业的人也很难在股市里赚到钱，为什么10人至少有7人在股市里赔钱？股市真的如大家所说是赌场吗？我开始探寻股票的本质，反思自己的行为。我开始放弃所有的技术分析，去寻找那些能真正给社会带来增加价值的好公司。经过几年的不断学习和小额投资实践，我坚定了价值投资的信念，并选了两家公司，一家是中国平安，一家是伊利股份，最终投资抉择时因为更看好消费，于是在2015年全仓买入了伊利股份，买入价在17～21元不等，均价大约20元，当时中国平安的价格为80元左右，上证综指在5000～3700点。现在看来，当时的买入是买在了高点，伊利20元对应的市盈率大约是29倍，中国平安80元对应的市盈率大约是27倍。

买入伊利后就赶上了2015年的熊市，股价最低跌到了12.5元，在2017—2018年这波小牛市里最高涨到了35.9元，现在股价24.5元。对应期间的中国平安，2015年的熊市，股价从80元最低跌到了24.65元（因有10送10，相当于股价为49.3元），在2017—2018年这波小牛市里最高涨到了81.28元（因有10送10，相当于股价为162.5元），现在股价60元（因有10送10，相当于股价为120元）。4年不到的时间，经历了2015年和2018年两波熊市，股指从5000点跌到今天的2600点不到，股指跌幅接近50%；迄今我的伊利股份收益率36%（含分红收益），复合年收益率超过8%；如果当时买了平安，收益率约为50%，复合年收益率11%。这是在连年熊市中，买入价为高位，并没有在2018年初做“戴维斯双击”操作下，一个比较坏的结果。如果伊利股份买入时机再靠前或靠后一点，在更低一些的价位上买入，或者买入的是中国平安，并在2018年初高位时卖出，这两只股票3年多的收益率都将超过100%，复合年收益率将超过20%。

刚进入2019年，股市整体是个较低的位置，目前股市平均市盈率和平均市净率均处于历史低位，当下内外部环境也不是很好，不确定因素较多，后期有可能还会再跌，但目前有很多公司的股价处于价值区域，已经是一个买入股票的较好时机了，我会努力抓住这一次好的买入机会。

下面记录我对股票投资的认识和一些实操手法：

一、股票的本质

只有从本质上去了解一样事物，才能真正理解它，才能大概率做出正确的选择。

所谓持有股票，就是持有某企业的股权凭证，成为它的股东，并因企业获利而获取投资收益。最初的股权凭证是不交易或很难交易的，也没有证券市场，分享企业经营成果是股票投资人唯一的获利途径。

后来因股权凭证交易的需求，催生了证券市场，可以公开买卖股权凭证，也就是今天的股票交易。因为参与股票交易的人数众多、信息不对称、观点不一致，又因为“锦上添花、落井下石”的天然人性等诸多原因，股票市场也就自然有了波动，这种波动本身又带来了更为复杂的扰动因素。于是股票多了一种获利方式：赚取股票波动中的差价。

无论有多少因素扰动着股票市场，也无法改变股票的实质：股票持有者就是公司的股东，而股东本质的获利来源是公司的盈利。

二、股票赚钱的本质

股市有两种钱可以赚，一种是赚取企业增长的红利，另一种是掏其他股民口袋里的钱，这是两种不同的赚钱逻辑。

对应玩股票的方式也有两种：

第一种是作为股东赚企业成长的钱，企业卖出商品/服务会赚到利润，利润的增加会推动股价上涨，买了企业的股票，作为股东是要分享的，可以分到红利，还可以享受股价随公司价值而增长的收益，赚的是企业创造的新价值，这不是零和游戏。只要这个企业正常经营，持续有正常的利润，也许股价由于各种原因短期不涨，甚至下跌，但只要你拿的时间足够长，股价总会涨上来。赚这个钱的人我称为投资者。

第二种是在零和游戏中赚其他股民的钱，绝大多数人是这个玩法，短线操作，快进快出，追涨杀跌，赚的是快钱，这种玩法是赚其他股民口袋里的钱。这是一种零和游戏，类似于赌博，有人赢钱就一定有人输钱，整个赌场不会创造出新的价值。要赚这种钱，需要你足够聪明，或者你的信息比别人更快、更真实，你能预测宏观经济、产业经济、人们的情绪等，以便预测出下一波走势，你最好能控盘、能制造信息或情绪，在这种模式下一般散户根本没有优势，所以总是输多赢少，这是股市七亏一平的内在逻辑。赚这种钱的人我称为投机者。

赚第一种钱的人还可以利用零和游戏导致的股票非理性波动，赚取超额的回报：持有股票坐等企业增长红利的时候，如果遇到牛市股票价格远超企业内在赚钱价值时抛售，待价格回归后再买回来，利用股票估值的非理性变化，不仅赚了公司增长的红利，同时还赚了股票价格非理性变动的差价。

三、价值投资股票赚钱的基础逻辑

中国的股票要赚钱，根本上是中国的企业要赚钱。中国的企业要赚到超过平均水平的钱，第一个逻辑是，未来很长的时间里，中国是不是依旧能长期稳定发展，还是不是那个超越平均发展水平的领头羊。我认为是，也相信是。第二个逻辑是，要买的是不是长期稳定增长的行业。在走下坡路的行业里很难有稳定高速增长的企业。第三个逻辑是，要买的是不是优秀的企业。

沃伦·巴菲特说："人生就像滚雪球，最重要的是发现很湿的雪和很长的坡。"对投资股票来说，第一、第二个逻辑是指长长的坡，第三个逻辑是指湿的雪。选对了行业，选对了公司，要做的就是保持耐心，等待雪球顺坡越滚越大。

第一个逻辑不用去论证，我相信它，也只能相信它。下面要分析的是第二和第三个逻辑。

四、什么样的行业更容易出现长期稳定高速增长的企业

说明：四、五、六部分为散点的总结，并不系统，仅供参考。

（一）哪些行业不容易出现长期稳定高速增长的企业

B2B、B2G这样的行业，由于客户群体相对较少，客户的采购非常集中，客户较强势，一般情况下供应商的议价能力较弱，较难形成高毛利，市场想

象空间一般，这样的行业较难形成持续高回报率下的快速增长。

高科技企业的核心竞争力是领先的科技，要保持科技的持续领先就需要保持持续的创新能力，创新是一件非常困难的事情，持续保持领先的创新更加困难，今天的科技优势可能在一瞬间就被似乎毫不相干的另一个创新毁灭。特别是制造业高科技企业，你方唱罢我登场，刚看见它站在行业顶峰，你追上去投资，可能明天该企业就变成明日黄花了。虽然高科技企业一旦成功，将带来短时间的爆发式增长，但要看准谁能创新出来，创新出来的还一定能实现社会价值，太难了。要抓住它的概率太低，需要对未来的敏锐的预测能力，需要对创业团队有足够的熟悉，这个适合专业的人做风投，对普通投资者来说，很难做到。

重资产的行业，要实现快速增长，必须有足够的资金投入，除非有非凡的投资回报率才能实现自循环，但如果有非凡的投资回报率，必定会吸引其他投资者疯狂参与，回报率也会迅速降下来。企业难以找到源源不断的巨额资金流入，所以重资产行业很难实现长期持续的快速增长，即便有股权资金不断进来，也会不断稀释原有股东的收益。重资产行业前期投入巨大，而回报的现金流则比较少、比较慢，一旦公司扩张过快而市场发展减缓，很容易陷入现金流断裂的风险。还有很多重资产行业，技术更新很快，需要投资新的生产线才能满足市场的需要，这是利润的杀手。

注：

由政府持续加持投资京东方是合理的，因为这样的企业为国家创造了巨大的价值，我们不应该指责国资不断注入和支持京东方。京东方虽然自己没有盈利，却让全国的玻璃面板采购价格大幅下降了，用税收去支持它，对整个国家是合算的。

收入来源主要靠政府补贴的，其当下业绩受政策影响不确定性很大，一旦补贴取消，业绩很可能大幅下滑，比如之前享受大幅补贴的电动汽车、风电发电等。

周期性行业随经济周期而波动，业绩波动大，市场低迷时产能闲置较多，市场高涨时要压着不能扩大投资，且行业周期的预测真的很难，行业内的专业机构都很难预测准确。

（二）哪些行业更容易出现长期稳定高速增长的企业

我认为同时满足如下这些条件下的行业更容易出现长期稳定增长的企业：

1. 企业对提供的产品或服务有定价权。业务类型是 B2C 的企业比较容易拥有定价权，B2C 业务市场空间也更大。要区分一下，这里说的 B2C，必须是企业可以直接面对个人消费者，如果中间隔着必需的分销商就不能算，比如医院用的医疗设备、医保类药物主要是医院采购后用于消费者就不能算 B2C。B2B 或 B2G 业务，即使因技术壁垒等拥有了定价权，要长期拥有这样的定价权是比较困难的，需要仔细地甄别。

2. 企业提供的产品或服务是刚需，而且是重复消费，最好是消耗品，人人需要，普遍需要，经济周期对其影响小，市场空间又很大，比如食品、饮料、医药、养老、保险、日化产品、媒体（含平台）、娱乐等。

3. 行业不会经常出现颠覆性的技术或生产线更新迭代。

4. 维持企业盈利不需要大量的资本投入。如果维持企业的盈利需要大量的资本投入，使得企业的盈利无法被自由支配，这部分盈利最终变成了难以变现甚至是无法变现的生产资料，这样的盈利是“假的”，在评估企业时应把这部分盈利减去。

5. 企业是轻资产模式。轻资产才有靠自身造血持续快速扩张的潜力，才能通过将盈利再投入实现快速扩张，这样的扩张不需要股东再投资，这样的扩张更优质，更能长远持续。

6. 如果产品或服务能随中国崛起而向国际输出则更好。

不是说上述行业以外就没有优秀企业，而是在上述这些行业里更容易出现长期持续高速成长的企业。如果发现这之外的具备长期稳定高速增长特征的企业，一定要专项分析其增长逻辑，看是否能支撑它的长期稳定高速增长。

五、优秀的企业具备哪些特征

对我来说优秀的投资标的企业必须具备如下全部特征，缺失任何一条都将对长期持续快速发展带来风险：

1. 高的净资产收益率（ROE）。ROE 决定一个公司股东的投资回报（所有者权益的回报)，考虑到二级市场购买溢价等因素，要求所选企业长期 ROE 起步值为 15%，最好是 20% 以上。

2. 产品或服务是刚需。刚需才能更好地持续，才能更好地抵抗经济周期。

3. 产品或服务类的消耗品，会被重复购买。重复被购买，企业的持续稳定性会比较好。

4. 有“护城河”，不易被颠覆。如下至少占一条：①品牌知名度；②专利保护或秘方类的；③低成本 + 规模优势；④行业有很高的进入门槛 + 竞争对手强大。

5. 有较强的定价权，重要指标是毛利率高且销售费用低。这是沃伦·巴菲特所说“护城河”的一种具体体现。

6. 轻资产模式。轻资产简便识别特征：①生产资产（资产负债表里的固定资产、在建工程、工程物资及无形资产里的土地相加）占总资产比例不高；②用合并利润表里的利润总额即当年税前利润总额除以生产资产，其比值应显著高于社会平均资本回报率（社会平均资本回报率可简化为银行贷款基准利率的两倍，目前在 8% 左右）。

7. 主营业务突出。业务多元而分散，将使企业的资源被分散，业务难以做好。

8. 管理层和投资者利益一致，公司治理优秀。

六、一些排雷的重要关注点

优选了一批公司，但还要谨防其中有假，需要认真分析其财务报表，找出可能埋雷的公司，远离它们。目前我认为排雷要认真分析的一些关键问题如下：

1. 经营活动产生的现金流要为正，且与营业收入、利润相称。

2. 现金及等价物必须大于短期借款、利息支出和其他必需的支出；长期借款多一点还不可怕，要重点提防高额的短期借款。

3. 应收账款占比要小，应收账款增长率不得高于营业收入增长率。

4. 存货占比要小，存货也是埋雷的好地方；越存越值钱的如白酒等例外。

5. 应付账款占比可大。对供应商的应付账款较大，说明对上游的议价能力强，但也要谨防向下游恶意压货，或造假压货。

6. 在建工程真实可靠。在建工程是否与有效投资相称，历年在建工程转固是否正常，转固的资产是否如期体现了投资预期的回报。

7. 大存大贷、大存大货（存货）是有地雷的一个征兆。一方面拥有巨额的现金却不买理财，另一方面又有大量的贷款，这一般是掩盖现金流短缺的结果；还要关注利息收入是否与存款额相称。

8. 巨额商誉。商誉是收购产生的，巨额的商誉往往代表收购的溢价，这是个埋雷的好地方，特别是A股，通过收购转移资产不是偶发事件，要非常警惕大股东或管理层的人品问题。如果只是管理层一次收购失误造成了较大的商誉，但对未来企业的盈利能力并没有实质性影响，这时候如果计提大额的商誉减值，导致当年利润大幅下滑，从而影响股价大跌，反而是买入的机会。

9. 期权情况、可转债情况。期权是掩盖成本的工具，持续大量的期权往往是盈利造假的表现；可转债是一种变相的增发，会稀释原股东的权益。

10. 高负债率。高的负债率总是伴随着风险，较低、适宜的负债率更让人放心些（银行等高杠杆行业不在此列）。

11. 股权质押率。高的股权质押率，要么是现金流短缺，要么是股东套现，要么是股东贷款做了别的生意，这都不是好消息。

12. 存货周转率持续下降。

第五、第六部分只是从众多股票中粗筛的工具，真正要看懂一家公司，还要做更细致、深入的研究，比如它的商业逻辑，它真正的“护城河”是什么，它的企业文化、价值观等。三观对个人的发展很重要，对个人投资很重要，对企业也同样重要。

关于投资的一些常识

本小节是写给那些不懂投资的朋友的，所以读者不包括有丰富投资知识和智慧的人。

（1）相信复利的奇迹

曾经有个做保险的朋友给我介绍了一款为孩子养老设计的投资产品，从孩子出生开始每年交3.3万元，连续交15年后就不再续费，到60岁的时候可以领取390.1万元，如果到70岁可以领取598.3万元，如果到80岁呢，可以领取911.1万元，如果活到90岁再取，可以领取1381.4万元。是不是很有吸引力？其实仔细一算，年复合收益率不过4%。

复利是很神奇的，如果能实现15%的年复合增长率，20岁投资1万元，30岁时会变成4.05万元，40岁时会变成16.37万元，而到60岁时会变成267.86万元，65岁呢，它会变成538.77万元。后面的任何一个5年的收益比前面无论多少年的累积总额都要多一倍！

还是以刚才孩子养老的产品为例，如果年复合收益率按8%计算，还是从孩子出生开始每年交3.3万元，连续交15年后就不再续费，到60岁的时候这笔投资将达到3194.28万元，到70岁将达到6896.22万元，如果到80岁呢，可以领取1.489亿元，如果活到90岁再取，可以领取3.214亿元。

如果你有足够好的投资能力，你的年化收益率能达到15%，还是从孩子出生开始每年交3.3万元，连续交15年后就不再续费，到60岁的时候这笔投资将达到9.906亿元，到70岁将达到40.076亿元，如果到80岁呢，将达到162.131亿元，如果活到90岁，将达到655.90亿元！是不是天文数字？

当然，沃伦·巴菲特老爷子更厉害，他于1956年创建的伯克希尔·哈撒韦公司，63年里复合收益率达到20%左右，所以老巴成了世界首富。

（2）存银行不如投资企业

社会平均企业利润率等于贷款利率时，企业无利可图，是经营不下去的，所以总体上看，企业的平均利润率必定大于贷款利率。存款利率一定是低于贷款利率的，所以存银行肯定不如投资企业。这就是从总体上看，穷人存银行越存越穷，而富人从银行贷款却越贷越富的原因（这还没有考虑通货膨胀的因素）。

（3）合理的价格买入上市公司，逻辑上收益率应该能跑赢社会平均收益率

做投资，平均回报率应该跟全社会的平均利润率做比较，达到全社会的

平均利润率水平就达到了平均回报率，高于这个值则是有了较高收益。全社会的平均利润率大体可以等同于全部企业的平均利润率，而上市公司总体上是全部企业中较优秀的代表，所以上市公司的平均利润率应该高于全社会的平均利润率。因此，在合理的价格买入上市公司，逻辑上收益率是应该跑赢社会平均收益率的。

（4）如何估算合理平均市盈率（合理的价格）

维度一：GDP 增速大体趋势是可以预测的。GDP 增速大约可以等同于全社会的平均利润率，一笔投资的参考收益就应该以全社会的平均利润率（GDP 增速）为标尺，收益率低于 GDP 增速则为低收益，高于 GDP 增速则为高收益。2019 年起，未来 5 ~ 10 年中国 GDP 增速在 5% ~ 7% 之间，总体应该是下行通道，近期可以近似看作 6.5%，大约对应的市盈率为 15 倍。

维度二：对投资企业这样存在风险的投资，要求平均回报率为无风险利率（国债利率、AAA 级企业债利率）的两倍，是比较适宜的（这个两倍在心理学上有解释，这里不赘述）。当前无风险利率大约 3.41%，对应投资企业回报应该要求不低于 6.82%，对应的市盈率 14.66 倍，约等于 15 倍。当投资企业存在风险的平均投资回报率等于无风险利率水平时，我认为市场已经疯狂到不可理喻的程度了，其对应的平均市盈率约 29 倍，如果市场总体价格达到这个平均市盈率附近，一定要保持理性，坚决减仓、清仓，如果清仓后没有好的投资方向，买国债也是比较安全的选择。

从上述两个维度核算后，我们可以把当前合理的市盈率定位为 15 倍。当股市平均市盈率低于 15 倍则为低估，高于 15 倍则为高估，平均市盈率达到 29 倍附近时，股市已经存在必然的随时发生的深度回调的可能，因为平均价格已经超过价值，也就是随时会崩盘。

上述推算仅适用于股市平均值的推算，不适用于单个企业，因为没有考虑企业间的差异性。有的行业是高杠杆的，风险会大一些，就给低一些的估值；有些是新兴行业，成长较快，则给高一些的估值，不一而足。

（5）股票的本质是公司所有权，也可以是赌博的工具

股票的本质是公司所有权，买入哪怕一股，也是买入的公司部分所有权，从这个角度去理解该不该买一家公司的股票，犯错的可能性就很小。可

以假设你比较有钱，要买的并不是上市公司，公司的赚钱能力是否让你愿意用这个价格把公司全部买下来？

任何事物都可以被当作赌博的工具，记得老家有两个暴发户，赌性很强，经常通宵打牌赌博，赌额都很大，后来嫌打牌慢，就干脆坐在天桥上赌下一辆经过的车牌号是单还是双……股票也可以像天桥底下经过的汽车一样，成为赌博的工具。

你是来当股东的，还是来赌博的，由你自己决定。

（6）投资很简单，但很不容易

投资很简单，因为门槛很低，每个人都可以做。但成功的投资却很不容易，它有很强的专业性，要求投资者有清晰的世界观、价值观和思维体系，投资还对人性有着极强的考验。

很不幸，超过70%的投资人并不适合做投资，他们要么是来玩的，要么是来赌博的，剩下的是不愿意学习和钻研的。所以，我并不建议普通投资者直接投资股票或公司，普通投资者可以考虑把专业的事儿交给专业人去做，要么找到合适的专业人士代理你的投资，要么投资指数基金。

（7）没有认真的学习和刻苦的钻研，凭什么能通过投资赚钱

打工赚钱很辛苦，从小学到大，工作后还要持续地学习，工作还要足够努力，才能赚到一份看起来还不错的薪水。但是很多投资者没有学过一点投资知识，却幻想着通过投资一夜暴富，这符合常识吗？

不懂投资的人去做投资，特别是直接投资股票，是很危险的，大概率是把本钱拿去打了水漂，而且绝大多数人还没有学到东西，远不如把这钱拿去投资自己——去上个学或学一门技能。

（8）不懂投资的人如何取得高于社会平均利润率的投资收益

前面说的找到优秀的专业投资代理人，你需要有一定的投资知识，还要有足够的信任，这真的不容易。

投资宽基指数基金是另一条很好的途径。宽基指数基金不能让你获得像沃伦·巴菲特等投资大师那样的超高投资收益，但也解决了个人没有能力选股的困难，同时可以获得至少达到社会平均利润率的收益。

但买指数基金也要防止赌博心态，比如：在市场赚钱效应好，热火朝天

的时候买，市场赔钱效应显著时卖，就是赌博。

从前面的分析，我们可以得出近几年一个简单的操作办法来战胜市场：

股市平均市盈率低于15倍（这个数值不是固定的，对应的是无风险利率的两倍）时开始买入宽基指数基金，比如沪深300、深红利基金等，采用定投的方式买入，如果出现了低于12倍的平均市盈率，可以加大买入份额。然后就是静静地等，用时间来换取企业的增值。如果出现了平均市盈率高于25倍的情况，可以开始分批卖出，出现30倍市盈率则全部卖出（这个数值不是固定的，对应的是无风险利率市盈率）。然后又是静静地等低于15倍市盈率来临。具体操作方法我写了一个投资公式可供参考，见本书后面章节。

（9）投资什么基金收益率可能会更好些

这里仅说说股票型的指数基金，上证指数基金、深圳成指指数基金是非常宽基的基金，其投资标的是全部指数成分股，涵盖方方面面的公司。我们不妨缩小一下公司的范围，选择沪深300指数基金，选择必需消费品类的组合基金，选择以高分红为投资对象的红利基金，做一个基金投资组合，长期看，一定会战胜上证指数基金、深圳成指指数基金。

沪深300总体代表了上市公司中的龙头企业，它们总体上比全部上市公司的平均盈利水平要好。

必需消费品不受经济周期影响，持续性和稳定性非常好，而且容易出大牛股，以此为投资标的的基金，总体上能战胜指数基金。

红利基金投资标的为高分红的公司，高分红的公司盈利一般不差，而且现金流风险很小，总体高于上市公司的平均水平。

基金可分为封闭式基金、开放式基金还有ETF基金，不建议购买开放式基金，因为普通群体就是“乌合之众”，追涨杀跌，在该买入的时候他要赎回，在该卖出的时候他要买入，会打乱基金经理的投资计划，降低基金的投资收益。

如果对流动性有要求，可以选择能在股票市场交易的场内ETF基金，可以随时变现，同时不影响基金经理的投资。

（10）投资的道理很简单，都是常识，但做到其实很难

上面所说的这些道理其实非常简单，基本都是常识。但正因为简单，能

长期坚持做到的人就很少了。就好像长期坚持适度的慢跑，对人的健康非常有利，对人精神层面的改善也很有利，但这个常识有多少人能做到？

不要迷信“护城河”

没有什么能一成不变，再强大的公司，即便拥有宽广的“护城河”、看似坚不可摧的“城堡”，其实都有被摧毁或攻破的一天。迷信坚不可摧的城堡和宽广的“护城河”，是没有认清自己有认知局限的一种表现。

微软的 MSN 曾经雄霸网络通信，拥有全球最大的用户群，且背靠微软这座大山，是商务人士的标配，我也曾是用户中的一员，面对模仿者腾讯的 QQ 及其幼稚的学生用户群体，MSN 的“护城河”不可谓不宽广，可随时间的推移，当这帮幼稚的学生充斥在职场，MSN 连职场商务这块阵地也被夺走。

QQ 一度垄断了互联网网络通信和社交，一路所向披靡，佛挡杀佛，魔挡杀魔。但当移动互联网逐渐兴起，米聊（小米公司出品）迅速崛起，要不是腾讯内部竞争拼出了微信，恐怕通信社交领域已没有了腾讯的位置。

如果说这只是科技公司才有的现象，那就错了。

美国西尔斯·罗巴克公司曾经是美国也是世界上最大的私人零售企业。西尔斯公司自从 1893 年成立以来，在将近一个世纪的时间里几乎是美国消费者唯一的选择，当时将近四分之三的美国人会到西尔斯购物，半数以上的美国家庭持有西尔斯的信用卡，西尔斯公司拥有数以千计的连锁商店和大型百货商场，销售额也曾达到美国 GDP 的 1%。这样强大的公司不可谓“护城河”不深、城堡不坚固，同时身处“行业永续”的零售业，似乎可以永远强大。

然而，以低价为策略的超级市场、仓储商店、便利店等新兴业态，抓住了部分客户的需求并迅猛发展，百货商店业态逐渐衰落。到 20 世纪 90 年代初，以折扣店起家的沃尔玛公司反而超过了西尔斯公司。进入 21 世纪，随电子商务的发展，互联网零售业崛起，以亚马逊公司为代表的互联网零售公司进一步挤压西尔斯公司的生存空间，2018 年 10 月，西尔斯公司申请破产保护。

即便是口香糖这么传统的行业，竟然也会被网络购物和移动支付推向衰落——口香糖在购物交费时的消费场景减少和零钱替代功能被消灭。

大白马公司往往是经历了市场惨烈的竞争，拥有很强的竞争能力和强大的“护城河”，但依然不能掉以轻心，不能随意认为买入然后“忘掉它”，闭着眼睛持有，就能获得良好的收益。如果这个策略成功了，那只是没有遇到“护城河”的崩溃。

我们不能僵化理解巴菲特的长期投资策略，巴菲特的确说他的策略是长期投资的策略，是“买入并持有”，他还喜欢告诉伯克希尔·哈撒韦的股东“我们最喜欢的持有期限是永远”，不要忘了，巴菲特同样会卖出，巴菲特这样的卖出案例比比皆是。

一个公司最强大的，是始终处于低位的心态，始终保持对变化的敏感和适应变化的能力，而不是其他。然而，这个能力很难评估。

也看腾讯和阿里的“护城河”

近日，我跟朋友聊起了阿里巴巴和腾讯集团，聊到了两家公司的商业模式和“护城河”。

先从腾讯的商业模式谈起。很多人认为腾讯做的是社交，在社交基础上搞了游戏、金融等，我却并不这么理解，如果腾讯的底层商业是社交，恐怕它不会这么牢固。在我眼里，腾讯的底层商业是通信，它解决的是人和人之间、企业和人之间、企业和企业之间的通信问题，穷其所有，不断挖深和巩固其在通信领域的“护城河”。

在3Q大战及以前，腾讯并不清楚自己的定位，且在生死存亡的边缘经过了九死一生的挣扎，腾讯对未来和变化充满了恐惧，不知道自己明天是否会被颠覆，于是几乎互联网市场出现任何产品，腾讯都会复制并试图扼杀所有“挑战者”——这时候腾讯几乎把任何互联网创新当作颠覆自己的潜在挑战者。3Q大战以后，腾讯对自己做了深刻的反思，并于2014年提出“连接一切”，这时候腾讯已经明确了自己的根本定位——以通信为本。由此腾讯的商业底层逻辑是通信，其他所有业务都是建立在这个基础之上，包括社交。凡对做好通信有负向影响的，即便是盈利丰厚，也要放弃或尽量消除其影响；凡在通信领域挑战腾讯的，则要不惜一切代价消灭它，除此之外，都可以合作，并主动、广泛合作，以巩固其通信的绝对垄断地位。比如腾讯自己是游戏行业老大，同时又与其他各游戏公司合作。

以通信作为底层商业逻辑是一种可怕的商业思想和商业模式，因为通信业务是能够且一定会做到绝对垄断的业务，很少有其他业务能做到这么绝对的垄断；通信业务是必需品业务，在互联网时代，网络通信跟吃饭、喝水、用电一样，成了必需品，无法想象在这个时代离开通信怎样生存。人们对通信的需求几乎是实时的。在腾讯垄断中国网络通信市场的今天，如果美国对中国的打压要求中国人在腾讯和苹果手机中二选一，我想苹果手机一定会败得很惨。人们可以离开苹果手机，却无法离开腾讯构架的通信系统——微信和 QQ。

腾讯在通信领域采用了寸草不生的绝户式市场策略——消灭和打压任何可能的竞争者，同时占领不同的细分市场——微信占领社会主流通信市场，QQ 占领青少年通信市场，腾讯会议占领商务会议市场。腾讯就是通过占领青少年市场起家，最终战胜了 MSN 的，所以腾讯深知占领未来人心智的重要性，即便 QQ 不盈利、永远不盈利，腾讯也会牢牢霸占这个市场空间，灭绝潜在挑战者的生存空间。

在统治连接人与人的通信后，腾讯进一步扩展在所有领域的通信业务，企业和人、企业和企业、物和人……只要牢牢霸占住通信这个底层应用和需求，就不愁在这样一个深厚肥沃的土地上长出一棵又一棵大树，即便前面的树死了，后面还会长出新的大树；牢牢霸占住通信这个底层应用和需求，就能源源不断向外输出流量，还可以在体外不断培植新的物种。微信支付、腾讯游戏、小程序、腾讯云就是在通信这个底层商业上长出的大树，腾讯可以投入资源在任何最赚钱的领域拓展，如果能长成大树，就留着生长，如果自己不擅长，则投资体外的种苗，并向它们输出流量、向它们赋能，帮助他们成长，比如腾讯是京东、美团、哔哩哔哩的第一大股东，还是拼多多的第二大股东，腾讯几乎把各领域的独角兽都投遍了，并不断扶持它们生长。2020

年国内市值排名前五的互联网公司：腾讯、阿里巴巴、美团、拼多多、京东，除了阿里巴巴，其他全部是腾讯系。

我现在还看不到腾讯的边界和天花板，也还看不到对其通信垄断的挑战者。

再看看阿里巴巴的商业模式，阿里巴巴是做电商起家的，其跟京东不同，京东是百货大楼的商业模式，自己建楼，自己卖货，也出租柜台；阿里巴巴是大卖场模式，自己不卖货，专注于建卖场服务的基础设施和提供服务。电商这个领域一定会形成寡头垄断，却几乎永远不能形成绝对垄断——阿里巴巴永远都有挑战者。

电商的需求并不是实时的——只有在购买行为发生时才会被需要。正因如此，阿里巴巴总是在不断买流量，以巩固自己在电商领域的地位，正如快消行业必须不断花钱巩固自己的销售渠道一样，一旦失去流量、失去渠道，电商和快消公司就会迅速衰落。

阿里巴巴购买流量主要有两个手段，一是收购，通过收购相关行业或能产生流量的行业，不断为自己补充流量；二是直接花钱购买流量，比如很多App里都有淘宝的各类广告。所以阿里巴巴收购时几乎都要绝对控制被收购方，要么把它融到自己的机体里，要么吸它的血。

腾讯则不需要这么做，腾讯不需要从被收购方那里吸收营养来养活自己，腾讯即便做了大股东，也可以不要公司的控制权，而是让创业者继续控制企业，且腾讯不断向他们输出流量和赋能，他们在业务活动中继续使用腾讯的通信业务，帮助腾讯巩固其通信业务即可，这是一个互惠互利的生态关系。站在阿里巴巴对面的各类挑战者，都有腾讯的影子，且腾讯已经成为很多世界级的独角兽的第一或第二大股东，腾讯不控制他们，但腾讯享受他们的财富成长。从这个角度看，腾讯很像伯克希尔·哈撒韦，收购但给经营者极大的自主权。

从腾讯最大的收入和利润来源游戏业务，可以看出腾讯的生态思路。腾讯是国内第一大游戏厂商，但腾讯还代理国内众多游戏厂商的产品，用自己的流量帮助他们，由下表可以看得很清楚：

2018—2019 年腾讯代理的国内游戏厂商产品

上市公司名称	游戏名称
完美世界	梦云四时歌
	我的起源
	完美世界
世纪华通	择天记（合作研发）
	魔力宝贝
	传奇世界 3D（盛趣）
	龙之谷世界（盛趣）
三七互娱	择天记（合作研发）
	枪战
	王者
金山软件（西山居）	云裳羽衣
	仙剑奇侠传 4
	剑使情缘 2：剑歌行
	剑网 3：指尖江湖
掌趣科技	奇迹 MU：觉醒
游族网络	权力的游戏：凛冬将至
世纪天成	跑跑卡丁车（联运）

资料来源：新财富根据公开资料整理。

腾讯除了向这些友商输出流量，还投资他们，腾讯是其中多家游戏厂商的战略投资者，虽然并不控股。这是一种战略合作，更是给友商信心，同时也可以在友商产品中深度植入腾讯的通信业务。

腾讯的生态系是多物种的生态系，各成员有很大的独立性，而阿里巴巴的生态系在多样性方面则少了许多，其生态系的主干几乎就是阿里巴巴自己这一个基因——都是自己人在干。如果用生态的形象比喻来说，腾讯是河流生态，阿里巴巴是帝国生态。腾讯像亚马孙河，以流量为生，并以流量帮助或滋养生态伙伴，生态伙伴也产生流量汇集到腾讯这条大河中；阿里巴巴像美国，美国拥有军事、金融和科技霸权，并以此为依托，吸取全球资源（包括人才、不可再生资源、财富），从而进一步加强自己。

随着互联网向物联网发展，数据、算法会进一步改变商业生态，未来会怎么变，不得而知。目前看，腾讯和阿里巴巴两家企业都有非常雄厚的竞争实力，由生态带来的“护城河”不可谓不深厚，但从根本的商业逻辑看，腾讯更加稳定。

从商业文化来看，我更喜欢腾讯这种开放、多样性、互助生长、内部竞争的商业文化。

借美国打压中国科技公司这个时机，读者可以自评一下腾讯和阿里“护城河”目前的深度和宽度：

如果在腾讯和苹果两家公司产品二选一，你会选哪个？

如果在阿里巴巴和苹果两家公司产品二选一，你会选哪个？

面对这两组选择，哪个更容易决策？

这个答案即能反映出腾讯和阿里巴巴“护城河”的深度和宽度。

谨防当红的投资品

《戴维斯王朝》里说：“全体一致的意见是危险的信号。……每一个时代都有红极一时的流行投资品种，但它最终会让追随它的人贫困潦倒。这难道真是一个残酷的玩笑吗？二十世纪的每一个 20 年，当初看似最赚钱的投资会在达到其巅峰之后，进入长期的下滑；而那些看似最不赚钱的投资在触及低谷之后，却进入了长期的上升轨道。那些不墨守成规的少数投资者因抓住这些转折点而获利甚丰，而大多数人会继续将他们的钱放在那些昔日明星身上，大众的这种忠诚令他们付出了极高的代价。”

“意见全体一致”“红极一时的流行投资品种”，这些都只是现象，虽然现象成为一些事物发展的表征，但它们往往并不是根本。探究现象背后的根本原因，是更基础的、更好抓住机会、防范风险的能力。这样才不会被部分“错误”的表象迷惑。

“意见全体一致”“红极一时的流行投资品种”，这背后大体也代表了众人情绪的高涨，会给予投资品较高的溢价，甚至是情绪的集体疯狂，给予疯狂的溢价，以至于可以完全脱离基本的常识——无论公司是否上市，其赚钱根本上还是要通过每年的盈利来实现。比如2020年12月的消费股，一飞冲天，卖酱油的海天味业市盈率已经达到了100倍，以当下的公司利润，要未来100年的利润合计才能收回投入的本金。就算海天味业能够高速增长，利润增长一倍以后还有50倍市盈率，增长4倍依然还有25倍市盈率。当下海天味业100倍市盈率的估值，一方面反映了疫情及经济不好预期下追求资本安全的心理预期，另一方面也反映了当下消费升级下龙头品牌的高增长预期，然而这些预期一旦落空，带来的股价下跌也常常是剧烈的。由预期支撑的高估值，在预期落空时，会在一瞬间通过杀估值带来暴跌，比如短时间杀估值到30倍市盈率，对于股价来说，可能是从200元下跌到70～80元。对于海天味业来说，需要持续5年都维持32%的复合增长率，才能在股价不变的情况下将市盈率降低到25倍，海天味业有这样的增长力吗？这样的增长，海天味业过去不曾有，从可预期市场情况来看未来也很难有。较长期看，25倍市盈率大约是海天味业的合理估值范围，在海天味业实现利润增长4倍这个较长的时间周期里，股价下跌已经是很大概率的事情了。这期间公司经营会不会发生什么负面事件？这个很长的周期里，公司经营会不会出现负增长？可以预知吗？如果发生，股价下跌将会非常惨烈——形成戴维斯双杀，既杀估值，又杀业绩。

跌去50%，就需要100%的上涨才能填平，而生命又如此有限，这是维持复利最艰难的地方。

注：

海天味业是个好公司，只是当前股票价格太高了，这个价格买入和持有的风险已经远大于机会且赔率不高。当然，即便是海天味业现在这么离谱的估值，谁也无法预测这样的高估值会持续多久——过往的历史告诉我们，美国漂亮50的高估值能横跨60～70年代。但我不愿意参与这样的击鼓传花活动，即便相互传递的是好公司的股票。

与其追逐风口，不如先卖铲子

如果确定一个大的行业创新浪潮要发生，且确定将创造颠覆性的巨大价值，但是却无法知道如雨后春笋般冒出的众多创新公司谁能胜出，作为对这个行业把握不准的普通投资者，不妨换个角度，不要投资不确定的淘金者，而是去投资那些卖铲子的，无论谁能淘到金，买铲子的都不会太差，等大势基本明朗了，再把对卖铲子的投资获利转投到那些淘金的胜出者。

比如都在热追创新药，但创新药跟高科技创新差别不大，对于具体的某个公司，能不能成功，其实完全不可预知，但提供创新药研发服务的龙头企业，大概率不会差——一窝蜂众多的创新药研发投入，都是需要研发服务的，不管它是否能研发成功。

比如云计算、互联网创新等如火如荼，同时所有的传统企业都要向数字化、互联网化转型，究竟谁能杀出一条血路，不得而知，但提供互联网数据中心（Internet Data Center，IDC）服务的龙头企业，大概率不会差——科技企业创新和传统企业转型，都是需 IDC 服务的，不管它是否能创新成功或转型成功。

比如风起云涌的新能源汽车，最终谁将胜出难以判断，但生产相关汽车配件的有实力的公司大概率不会太差。

知道自己的不足就有了一定的优势

我是强于战略和定性分析的，但对细节把握却很不足。从职业角度看，我比较适合做副手、参谋或顾问，或者自己当老板，把那些烦琐的细节交给擅长的人去做，自己重点去关注那些定性分析和战略方向的东西。

在我有自主用人权的时候，我会给自己搭配逻辑严密且有细节控的合作者，这样会配合得比较好，相互欣赏，相互补短，合作愉快同时结果良好。但在职场中，很多时候并不容易实现，自己的合作伙伴往往并不能自主选择。

做股票投资时，自己身上的不足也会限制自己，但远没有职场中制约那样大，因为我自己能做主。我知道自己的长处，也知道自己的不足，所以我会基于自己的长处和不足建立自己的交易体系。我会通过定性的分析，选择那些相对确定的公司。我知道自己对细节的把握有不足，知道自己的分析肯定会有问题，在买入之后我会密切地跟踪它，并不断地去验证，一旦发现存在之前定性分析的偏差，就立刻卖出规避风险。

曾经我买入了中国平安、招商银行、云南白药、飞科电器、分众传媒，经定性分析，这些行业都不错，企业也不错，买入价格合理甚至低估。我知道自己一是看不全，二是缺乏完整的细节分析，所以买入后继续跟踪公司的关键信息。

当我看到云南白药公司医药板块长期增长乏力，牙膏板块市场占比已经超过 18%，而新的创新点一直找不到的时候，我看到了它阶段性的天花板，于是果断卖出。云南白药依旧是个好公司，如果我是管理者，我会继续发挥自身品牌的优势，持续创新研发新的产品，而不能只靠牙膏这一款产品。云南白药的成长性与我之前的判断出现了性质上的偏差。当然，云南白药也许还有其他我没有看到的增长点可以支撑它继续上涨，但没有办法，我现在还看不到。

当我看到飞科电器的研发费用相较于其巨大的利润额几乎可以忽略不计的时候，果断卖出。因为没有创新，是无法长期占领小电器市场的，而且我还看到资料说飞科电器目前的关键技术是买来的，只能在中国销售，其海外销售几乎为零可以作为佐证。

当看到分众传媒为迎接新潮传媒挑战而下沉二、三线城市，但大量铺装屏幕后，新的屏幕并没有带来相应的收益，老的市场却在宏观经济不景气及新潮传媒冲击下营收和利润大幅双降时，我也选择了立即卖出等待，等待分众传媒和新潮传媒的战争取得胜利，且戴维斯双杀效应给分众传媒足够低估值的时机。

云南白药和飞科电器我恐怕是很难再买回来了，因为支撑其持续增长的商业逻辑有问题了，但分众传媒的商业逻辑没有变化，只是出现了阶段性风险，风险解除、估值不高时，是可以再买回来的。

在买入中国平安、招商银行、云南白药、飞科电器、分众传媒的时候，我同时还跟踪分析了康美药业、汤臣倍健、腾讯控股、美的集团、华能水电、南京银行、江苏银行等，其中因为从年报中分析出康美药业高概率存在财务造假，于是排除了它（造假是不可接受的道德品质问题）；汤臣倍健存在高商誉暴雷的风险，所以没有买进（后来果然商誉暴雷了），但并没有发现公司品质有问题，于是继续等待合适的时机。在卖出云南白药、飞科电器、分众传媒后，先后置换买入了腾讯控股、美的集团、华能水电、南京银行、江苏银行。

进入2020年，暴发了新冠疫情，股市整体下跌，对世界经济和中国经济的预期总体不好。但我分析认为中国经济会有波动，会有结构性影响，但中国的上升趋势不会改变，我买入的这些公司商业逻辑和其他基本面没有改变，于是我选择持股不动；面对宏观的不确定性，年底收到的现金也选择不动，等待出现特别好的折价机会或者形势明朗。

知道自己有多强并不会变得强大，而知道自己的不足却已经有了一定的优势。只知道自己有多强，而不知道自己的不足，往往迎接自己的就是失败；知道自己不足甚至很弱，并基于自己的不足和弱点，建立起一套生存的办法，才能在股市这个丛林里生存，才能拥有自己的空间，成为丛林里具有生命力的物种。

要识别绩优的原因

虽然买入时强调要买入业绩良好和业绩可持续成长的优质公司，但同时要时刻警惕买入的这些公司的业绩变化，要分析其业绩良好的原因。

从逻辑上讲，绝大多数“成功”的企业，不过是遇上了行业景气或其他外部因素，而非自身先天优势和后天能力，虽然我们不否认这些“成功”企业具备相当的后天能力。这样的企业，缺乏抗风险的能力，不具备可持续的竞争力，一时风光却难以持续，短的一年就走到尽头，长的也不过两三年就风光不再。现实的结果也印证了上述逻辑，一拨儿一拨儿业绩和估值双升的企业，大部分在外部条件变化后迅速归于沉寂。

只有那些真正具有内生优势的企业，才能穿越行业的景气与不景气，并在行业不景气时不断扩张，最后成为领导者或垄断者，并穿越牛熊走出独立的增长行情。

分析和识别它们，抓住那些真正优秀的企业不放手，伴随它们共同成长，对那些没有真正内生优势的企业，高估时要坚决清仓。

可现金化的利润

公司赚取利润的可现金化非常重要，这决定着公司赚到的利润是数字、不得不投入的设备设施、可能贬值的资产，还是可以回馈给股东的真金白银。可现金化的利润，才是股东真正能赚到的利润。

有些公司利润额和增长数据很漂亮，但如果仔细分析会发现，其应收账款长期大于利润，且应收账款增长率也长期大于营业收入增长率和利润增长率，这是非常危险的信号，说明公司赚到的不是真金白银，而是一堆欠条，公司的现金正在向外流出，如果去分析公司的现金流量表，会发现其经营活动产生的现金流量是很丑的。这种情况，有可能是公司产品或服务的市场竞争力下降，不得不采用赊账的方式销售以赢得订单，也有可能是市场疲软，公司向市场流通渠道压货以避免存货增加，但拿不回销售款，还有可能是公司财务造假。无论哪个情况，都不是什么好情况。

还有些公司，为了维持持续的赚钱能力，不得不把赚来的利润投入新的固定资产（有时候暂时是在建工程），原有的固定资产虽然在财务账上还有很高的价值，但老的固定资产却不能继续创造价值，或者创造价值的能力在下降。比如一些科技更新很快的制造业公司，由于产品的更新换代，老的生产线生产的产品不能满足市场的需要了，或者老的产品虽然还能卖，但价格大幅下降，利润率大幅下降，公司为了维持盈利水平，不得不投资新的生产线来生产新一代产品，而老的生产线则闲置无用了。公司赚来的利润全部或者大比例被用于投资新的生产线，公司不能把利润以现金方式分配给股东，如果分配了，公司的盈利能力将迅速下降，甚至走向死亡。这样的利润，不是好的利润，是不可现金化的利润。

还有的公司，其利润变成了存货，这时候要仔细地分别，其存货是否有贬值的可能，是否能快速变现。贵州茅台集团公司的存货是不用担心的，其存货不但不会贬值，存的时间长了还会增值，而且很容易就能变现。但如果小米手机的利润变成了存货，就是要非常小心的，手机更新换代很快，存货会迅速贬值甚至成为分文不值的垃圾。

对于利润变成新的固定资产，并不能一棒子打死说都是不好的。一些公司处于扩张阶段，产品也非常畅销，公司不分红，将利润留存用于投资新的产能，新投资的产能带来的利润回报甚至高于当前公司的净资产收益率（ROE），而且老的产能依然源源不断地高效产出利润，这样的利润变成固定资产就是很好的。这样的利润虽然变成了固定资产，但它是可以现金化的，因为公司随时停止投资，利润就留存为现金，且不影响公司的盈利水平，这是可现金化的利润。如果去分析山西汾酒公司会发现，公司自 2013 年开始持续大量投资于固定资产，在 2013—2015 年形成了大量的在建工程，并于 2015 年开始转为固定资产释放产能，2015 年至今（2020 年），公司依然有不小的在建工程。同期我们看到自 2015 年开始，公司的产销量持续上升，对应的营业收入和利润更是快速提升，所投入资产的利润产出率非常高，公司内在价值快速提升。

折旧、现金流和利润

《祖鲁法则》里讲："要分析一个公司的现金流，需要把折旧类的项目算到利润中，因为折旧并不需要真正的现金支出。"我并不完全同意这个观点。折旧并不需要真正的现金支出是对的，折旧并不会造成真正的净现金流降低，但把折旧算到利润中是不妥当的。

对于多数公司而言，公司想要获得持续的盈利能力，就必须重置或者更新生产设备、设施。比如一个租房开酒店的公司（很多连锁酒店的房屋资产并不属于酒店，是租来的），酒店一般 5 ~ 7 年要重新装修一次，每年计提的装修折旧费虽然是以现金形式留存在公司，但这些钱需要在几年后一次性支出用于翻新装修酒店，否则就会因酒店装修陈旧、落后而失去客源。再比如运输公司的车辆折旧，也是一样的道理，折旧到期之日，一般当初买入的车辆也该寿终正寝了，如果不买新的车辆，公司就无法经营。如果按《祖鲁法则》里讲的，把装修的折旧、车辆的折旧当作利润，就会产生利润失真。

但对于设备、设施实际使用寿命远大于折旧年限的行业，也要重点关注，因为这里面会埋藏着报表不能反映的、非常有价值的资产，这些资产不但能带来现金流，还能为未来带来额外的利润，这时候就会有很好的投资机会。比如水电行业，其大坝、发电机组的实际寿命远大于折旧年限，不但每年能带来实实在在的现金流，还能在折旧年限到期后不再折旧。这些设备、设施停止折旧后，依然还有十几年甚至几十年的使用寿命，不需要将积累的大笔折旧资金用于重建大坝和发电机组，公司的现金流不会发生改变，这时候就会突然多出一大笔每年都有的、实实在在的现金利润。在大坝和发电机组折旧到期前，公司股价却很少能提前反映出这笔未来会持续产生的增加利润，股价往往没有反映出未来公司的实际利润产出能力，这时候就有可能产生很好的投资机会。

再如，类似于水电行业的大坝和发电机组的另一些企业，其固定资产中房屋建筑占比很大，而且是核心城市的商业地产物业，一方面房屋折旧年限为 20 年，但 20 年后房屋依旧还可以再用至少 20 年；另一方面，这些核心城市的房屋、地产不但不会因折旧到期而失去使用价值，反而会大幅增值，这些资产如果不做重新评估，就会成为财报里的隐蔽资产，不但能持续产生利润，还有大量的隐藏价值不能体现在财报里。

关于分红

中国平安分红了，中期每 10 股分红 7.5 元。近几年中国平安每半年分一次红，我立刻把分红买成了中国平安的股票。

上市公司分红往往是实力和负责任的体现，一定程度上说明公司现金流还好，上市不光是圈钱，还持续给股东以回报。不少优秀的公司上市以来分红总额已经远远超过上市募集的资金，其中贵州茅台的累计分红已经是上市

“圈钱”的34.4倍，说明公司对股东是负责任的。

但我却不喜欢当前中国平安的分红，因为这降低了我之前买入股票的价值。即使把分红都用于买入中国平安的股票，由于当前中国平安的市净率为2.58倍，相当于这些分红的价值要被2.58除，所以实际是造成了股东的价值损失。

什么时候分红好，什么时候不要分红？懂得这背后的逻辑，也就懂得了估值的基本原理。简要说就是：当公司再投资的收益大于股东自己的投资收益时，分红就会造成股东的损失，反之就能给股东带来增益。

中国平安多年来的净资产收益率都大于15%，近年来都是20%多一点，这个收益率已经高于我对收益率的要求。中国平安近年来平均利润增长达到了惊人的30%，这时候在2.58倍市净率分红，就造成了我这个股东的损失——与其分给我，不如让中国平安拿去帮我赚钱。

再说三个例子，一个是建设银行，一个是贵州茅台，一个是承德露露。

建设银行净资产收益率长期大于15%，近两年略低于15%，但也都大于14%，基本满足我对收益率的要求，目前净利润增长率大约5%。建设银行H股市净率仅0.639倍，分红后再买入股票，合计内含价值将提升，是有利于股东的。

贵州茅台净资产收益率达到恐怖的30%以上，利润增长也很惊人，当前市净率12.32倍，单从数字看，分红似乎会导致股东价值下降，但要知道，贵州茅台再投资能力极差，其茅台酒的扩产也不是仅靠钱能解决的，投多了也没啥用。现金放在贵州茅台公司账面上几乎不产生什么价值，还不如赶紧分红给股东，哪怕再高价买点茅台股票也比放在公司强，分红再买茅台股票的收益率也能达到15%甚至以上的收益率。如果我是茅台的股东，看着账面上1155亿元的现金是会很来气的——分掉800亿元也不影响公司赚取利润的能力，却能大幅提高净资产收益率!

承德露露净资产收益率近年来都超过了20%，看起来不错，但公司已经停止了增长，所以近年来公司几乎把每年的利润全部用于分红了。承德露露不但利润停止了增长，其产品年销量还连年持续下滑，维持利润的原因应该是跟随物价上涨的提价。但对于这样一个不能增长，还面临市场持续下滑的公司来说，当前4.18倍的市净率和14.29倍的市盈率实在不算低，卖掉承德露露换成其他好公司对我来说是更好的选择。

警惕高负债

美国著名经济学家海曼·明斯基对借款人的预期现金流入和偿还债务发生的现金流出之间的关系进行比较，将公司债务分为以下三种：（1）对冲型融资，指债务人未来预期的现金流能够覆盖由于贷款流出的利息和本金；（2）投机型融资，指债务人的现金流只能覆盖利息，若贷款到期需要偿还本金，债务人就不得不争取新的贷款来借新还旧；（3）庞氏型融资，指债务人未来预期的现金流，连贷款利息都无法覆盖，需要依靠出售现有资产或举借新的贷款来偿还现有贷款的利息。

高负债率或高杠杆类型的公司，对其负债要非常关注，无论是宏观经济进入衰退期，还是企业收入低于预期，或者是企业存量资产遇到贬值，原本的对冲型的融资可能恶化为投机型融资，投机型的融资可能演变为庞氏型融资。高负债率的企业，其融资一旦变性，就可能是灾难性的。用个人购房贷款举例来说：

在房价持续上涨期，购房者贷款买房，其个人薪资收入能够覆盖贷款的还本付息，对购房者来说，这时候的融资是对冲型的，这时候的负债是安全的，即便出现其他原因导致的现金流状况恶化，卖掉房子除了还掉贷款外，不但能保住本金（首付款），甚至还有地赚；

如果遇到经济危机，购房者的收入下降，但房价并没有下跌，购房者的收入不足以覆盖房贷还本付息，这时候购房者的融资就演化为投机型融资，风险就开始产生，购房者不得不找钱来填补资金缺口；

这时候，如果又再遇到房价的大幅下跌，下跌幅度超过首付款，同时又找不到新的资金来还本付息，购房者的融资就演化为庞氏型融资——最终不但会失去房子的所有权，还会欠下一大笔债务。

最近两年里一批大白马上市公司因财务造假而暴雷的，大多是逐渐陷入了庞氏融资陷阱中无法自拔。在投资时，要对高负债企业予以高度的关注，特别是在宏观经济下行或行业趋势不利的时候要高度关注，对那些通过财务分析能看到巨额隐形负债或者类似风险的企业，不妨远离。

从三一重工看周期性与反身性

多数具有周期性的事物都有反身性。对投资来讲，行业周期性越强，杠杆越高，反身性就会越大，变化的幅度就越大。

当周期走向正面的时候，一切看起来那么美好，收益增长速度加快，而风险看起来却不断下降。于是市场开始疯狂，不断放宽风险容忍度，并持续得到正向的回馈——风险容忍度越大、胆子越大的投资者赚得越多。

比如三一重工：国家在2008年至2010年4万亿元刺激政策下大搞基建，工程机械的周期走向了正面，存货周转率提高、营业收入快速增长、利润快速增长、净资产收益率大幅上升、应收账款增速远远低于营业收入、企业现金流非常好，于是企业加大产能投资，加大投资杠杆，这些产能又迅速产生高额的回报，一切看起来都那么美好。相应地，股票价格疯长，市盈率从2008年的12倍左右涨到了2009年的46倍，当产能集中释放的时候，企业利润翻倍增长，迅速使市盈率降低到15倍，一切都走在正向循环中。

然而从2011年开始，增长速度突然开始下降，虽然还保持着很高的增速，但到2012年就开始迅速反转，营业收入停止增长并开始下降，利润则急转直下。企业在高速增长时大量投入的产能，为增加产能而背负的巨额债务，不但不能变成产生利润的资产，反而成了沉重的负担。于是公司股价迅速下跌，至2014年最多跌去了三分之二，市盈率却持续上升。一切看起来都那么糟糕。

三一重工这样的工程机械企业，受经济周期的影响很大，是典型的周期性行业。它的反身性在这个周期里得到了充分的演绎。

自2016年起，三一重工仿佛又开始了同样的轮回，工程机械市场景气度上升，一方面是基建仍然保持高位，另一方面当年市场疯狂时卖出去的工程机械用了这么多年也差不多该报废了。于是三一重工又开始了存货周转率、营业收入、利润、净资产收益率的快速提升，股价也同样再次疯长，一切又看起来那么美好了。

历史会重演吗？历史总是惊人的相似，但不会完全重复。比如经过当年惨痛的经历，这次三一重工表现得很稳健，没有被市场的火热冲昏了头脑，没有去快速投资扩大产能，企业负债率持续下降到50%以下。当年工程机械遍地开花，仿佛是个人就能搞工程机械生产制造，但2020年的现在，市场集中度已经有了大幅提高。股票市场也不会完全重复，没有给三一重工几十倍的市盈率，即便如此，市场已经给了三一重工20倍的市盈率。也许近两年在新基建、老基建的拉动下还会景气，但会一直景气下去吗？一旦利润下滑一半，市盈率就会变成40倍，要知道这种下滑会具有一定的反身性特点，不过这次会因为三一重工有息负债较低而损失小得多。

预测一下，2025—2028年，三一重工有可能再次迎来一波上涨。只是预测，不必全信。

照搬国外果汁市场的结果

在网上看到一篇分析果汁市场的文章，对其中关于国内果汁市场的商业逻辑分析看起来很有道理，把其中一段摘编如下：

“汇源果汁（2007年上市）、国投中鲁（2004年上市）、海升果汁（2005年上市）等招股说明书里都有类似的一段话：‘我国人均果汁的年消费量不足1升，与发达国家人均年消费量20升相比，有非常大的差距，拥有13亿人口的中国将成为一个巨大的果蔬汁消费市场。’”

可是，为什么这么多年了，中国的果蔬汁市场一直没有如这些企业的心愿那样大幅增长？

这些上市公司抱着腾飞的梦想，奋力拼搏，却违背了经济逻辑而不自知，公司上市后经营业绩一塌糊涂，股价“跌跌不休”。这个结果是果蔬消费的经济逻辑决定的：再好的一杯NFC（Not From Concentrate的缩写，中文称为“非浓缩还原汁”）或100%果蔬汁，也无法胜过新鲜水果和蔬菜，如果新鲜果蔬很便宜，果蔬汁自然不好卖。

中国是世界第一大水果、蔬菜生产国，2017年，水果产量2.65亿吨，是美国的10倍；蔬菜年产量5.57亿吨，是美国的17倍，我国人均果蔬消费量远超美国。难道是美国老百姓太穷了，吃不起新鲜水果、蔬菜吗？

果蔬是一种商品，保质期很短，意味着可销售的时间很短；果蔬含水量高，意味着有运费的约束，在空间上覆盖市场范围有限；把果蔬产品想象成一瓶保质期很短的含水果汁，两大局限在空间、时间上约束着单位地区的果蔬产销规模，规模越小，生产成本越高。

供给会影响需求，如果供给成本过高，消费群体会减少，反之亦然。因此，中国人口密度及总量的空前优势，造就了无与伦比的果蔬市场规模，足够低的生产成本，使得绝大部分果蔬为鲜食。

因此，答案确实是美国地广人稀，导致其新鲜果蔬较贵，但美国人也需要摄入维生素等营养物质，所以选择把果蔬加工成保质期长的果蔬汁产品可以降低价格，这最终就成了美国人均消费果汁量高，吃维生素片也多的结果。由于美国动物蛋白质生产成本低，而新鲜果蔬价格高，所以美国人吃肉多、吃果蔬少，美国胖子自然就多了。

水务行业商业模式分析

投资一家企业，就必须站在股东和经营者的角度去分析。只有这个行业的发展、这个企业的经营策略符合自己的判断，并且价格合理，才是买入的基本理由。对我来说仅看K线投资其实跟赌博没有多大区别。下面以水务行业为例，做公用事业行业和企业的经营分析，分析逻辑同样可以用在其他公用事业行业和企业，比如高速公路、燃气、城市垃圾处理等。

一、水务行业的基本特征

水务行业是公用事业行业，是B2G的行业（business to government，企业对政府），水务行业主要业态包括三个方面：一是污水处理，二是自来水供应，三是水环境治理。三个细分行业根本上都是跟政府做生意，虽然自来水供应可以从用户处收费，但价格却由政府控制。

水务行业是个长期的生意，一是因为水务行业是刚需，不会消失；二是一旦拿到项目，都是十几年到30年的经营合同。只要项目收费正常，有了稳定的现金流，它是相对确定的，所以比较受金融机构的青睐，愿意贷款给这样的项目。水务行业是有特许经营的，只不过这种特许经营不是茅台、片仔癀那样市场给予的特许经营，而是政府授予的特许经营，这种特许经营的价值远不如市场给予的特许经营，因为它没有自主定价能力。

水务行业在刚开始市场化的时候，出现了阶段性的较高利润率，但这并不符合逻辑，必然会随市场的逐渐成熟，变成一个普通利润率的行业，这是公用事业行业的特点。

水务行业是基础设施行业，是个重资产投入的行业，需要很重的资产投入，然后通过长期的收费来获得回报。通常情况这个行业的总资产周转率是比较低的。

由于水务企业做生意的交易对象是政府，客户单一且强势，通常情况议价能力不高，且存在应收账款风险，对项目回款的资金来源、政府的付费能力以及政府的信用有较高的要求。

综上所述，水务行业的特点可以概括为：①这是一个长期不灭的行业；②这不是个高利润的行业；③这是个重资产行业；④这个行业的总资产周转率比较低；⑤这个行业只要项目可靠，融资就比较容易；⑥这是个由政府授予特许经营权的行业。

二、水务行业商业模式分析

（一）股东回报

作为公司的投资人，我分析一桩生意，落脚点最终是股东权益回报率，以及这个生意的生命周期，这代表了我投进去的钱到底每年能有多高的回报以及能赚多长时间的钱。对水务行业来说，由其行业特性来看，这个生意是长期的，甚至可以是永续的，所以我们主要是分析其股东权益回报率（ROE）。分析 ROE，我一般喜欢使用杜邦分析法，下面就以杜邦分析法来做一些逻辑判断。

ROE = 净利润/净资产 = 权益乘数 × 净利润率 × 总资产周转率

净利润率 = 净利润/销售收入

总资产周转率 = 销售收入/总资产

权益乘数 = 总资产/净资产

提高 ROE 要从提高净利润率、总资产周转率、权益乘数三个方面入手。

由民生市政行业的特点我们可以知道，水务行业的净利润率是不能大幅提高的，重资产的特点也决定了总资产周转率比较低，所以，唯一能突破的就是权益乘数——杠杆率。但当杠杆率达到一定程度时，就不能再提高了，因为没有人敢借钱给企业了，这就制约了 ROE 的持续提升。

（二）企业扩张

企业做大有诸多好处，规模效应、话语权、平台效应等。所以在考虑股东回报的同时，也要考虑如何将企业规模做大。

由于水务行业的重资产、低利润的特点，靠利润回报再投资来扩张，速度实在太慢了。所以，必须通过融资来扩张，融资的途径有两个，一是增资扩股，二是加大资金杠杆。

增资扩股。用比较高的市盈率增资扩股，可以提升原股东的投资回报率，会得到原股东的支持，但如果增资的市盈率不高，反而会损害原股东的利益，这样的增资通常又不会被原股东同意。所以，在市场认可行业和企业的时候，以较高的市盈率增发，是做大规模同时增厚原股东收益的好时机，企业可以抓住这样的机会，尽快做大企业规模，错过了这样的机会，再想通过这条路快速做大规模就不容易了。但原股东的收益增加是建立在新股东相较原股东较低回报基础上的。

加大杠杆。在企业负债率不高的时候，要尽量通过负债加大杠杆，把自有资金的乘数效应发挥到最大，撬动更多资金去投资项目，把企业规模做大。如前面所述，当负债杠杆率达到一定程度时，就无法再提高了。

那么是不是当企业发展到一定规模后，受制于重资产、低利润率以及负债杠杆率极限的限制，企业就不能提升 ROE 以及持续快速发展了呢？非也，其实里面还有文章可做，通过商业模式的创新是可以突破极限的。

（三）商业模式的创新方向

从前面的分析可以看出，要想提高净利润率是非常困难的，行业的重资产属性也很难改变，杠杆率也有极限，要继续提升 ROE 和实现企业持续快速扩张，出路在哪里？

关键还是对行业属性的分解。重点就在于行业的重资产特性，将基础设施的重资产投入以低于项目收益率的价格进行剥离，溢价卖出资产，并留下运营服务，这一方面可以提高企业的总资产周转率，另一方面可以极大提高杠杆率（加大了非负债杠杆）。这就既解决了ROE提升的问题，也解决了企业内生性规模扩张的问题。

（四）商业模式创新的关键点

要想实现重资产投资以低于项目收益率的价格进行剥离，其资产必须得到资本市场的认可，关键条件是资产的优质性——资产回报的确定性和回报率。

水务行业项目资产回报的确定性主要由以下几个方面决定：一是交易对手和资金来源的可靠性，表现在项目所在政府是否诚信，付费来源是否可靠，有没有钱付费，项目的现金流是否能得到保证，项目资产回报是否能以现金的方式回报给资本市场；二是项目的回报率是否高于资本市场要求的优质资产的回报率；三是项目运营是否有质量和服务品质的风险；四是资产的合规合法性。

三、水务企业商业模式创新的关键能力

在传统水务行业企业共有的市场开发能力、成本控制能力以外，要想沿上述商业模式创新，获得更高的股东回报和持续快速的增长，就要抓住商业模式创新的关键点。

关键点一：风险控制能力。首先是项目风险的控制能力，除了项目刚需、合规合法等必需的前置条件外，在项目设计及合同签署时就要把项目的风险控制住，一是收费的风险，二是运营达标的风险，三是收益率的风险。只有控制住了这几项风险，才能成为资本市场能接受的优质资产，才能实现重资产的非负债转移，这是加大杠杆的前提，也是提升公司收益率的前提。其次是企业经营风险，主要是企业现金流的风险。由于采用了高杠杆模式，必须严控企业的现金流风险。

我们看到过太多采用高杠杆模式的企业，由于现金流风险控制不足，在宏观经济下行、行业遇到黑天鹅或者其他风险时，一批一批的企业死于现金流。

顺便插一句，为什么P2P刚一出来时，我就敢断定其大多将灰飞烟灭？

就是因为金融行业是非常高杠杆的行业，风险控制是其核心，而 P2P 把风险直接交给了毫无风险分析和控制能力的个人资金提供者，这就必然会是一片狼藉的结果了。银行业是非常高杠杆的行业，它的竞争和生存核心能力就是风险控制，但凡看到某个银行为了追求高利差而放松贷款条件，它就离死不远了，几年前接触恒丰银行、包商银行时就发现它们很激进，由此判断可能要出事，果然，现在出事了。

曾听有人说某水务集团做大了，要把风险控制权力下放，我当时就判断，要么它不可能下放这个权力并会加强这个权力的控制力，要么它就离出事不远了。高杠杆企业必须保证风险控制部门的独立性和高水平。风险控制能力是优质资产的前提，是防范企业经营风险的前提。

关键点二：运营能力。保证项目安全平稳运行，保持运营成本低于或不高于行业平均水平，是保证项目资产质量的基础，不能安全稳定运营、不能提供稳定合格的产品和服务，合同约定的收益率就是空话。好的运营管理，不但是实现合同收益的保障，还能不断优化和提升项目品质，提升项目的收益率。

关键点三：资产处置的能力。其包括两个方面，一是优质资产推向资本市场实现轻资产化的能力，如对接资本市场的能力、资产包装的能力等；二是不良资产处置的能力，要尽快把不良资产处置掉，回收资本投向优质资产。

好了，面对市场上的公用事业上市公司，在整个行业杠杆率已经很高且失去传统增资扩张条件的时候，谁的发展战略和策略能创新调整，并能落地实施，得到验证，在其价格严重低估的时候，是可以持有并跟踪和验证其经营结果的。

公用事业行业，一旦成熟，虽然收益率不高，但这是个收税的商业模式，稳定、现金流好。这也是李嘉诚喜欢的商业模式。

第一个五年一倍复盘伊利股份

投资股票，一年一倍者如过江之鲫，5 年一倍者寥若晨星，10 年 4 倍者如太阳月亮。所以我把自己的投资短周期设定为 5 年。长期看，股票投资是认知的变现，今天得空做个小复盘。

先看看这 5 年的投资结果：

5 年前，我开始转入价值投资，选择了买入好公司长期持有的策略。先用 4 个月的时间分批买入了伊利股份（全仓，仅持有这一只股票，除了去年追加投资外未再买入其他股票），持股不动至今。但那时候还不会估值，当时的买入价平均约 20 元，现在来看，当时是买在了高点，伊利 20 元对应的市盈率大约是 29 倍，现在让我面对伊利股份，我会把伊利股份的合理估值定在 20 倍市盈率以下。当时 20 元的股价，至今扣除分红后买入价计约 17.2 元（不考虑分红再投资收益），如今伊利股份股价收盘 40.59 元，5 年收益率 136%，年化收益率 18.7%，实现了 5 年超过一倍的收益目标。在这个节点，总结一下为什么买入伊利股份吧：

（1）行业竞争特性

伊利股份的产品是乳制品，大多数乳制品是无差异化产品。乳制品这种无差异化产品行业，其实并不是很好的行业竞争格局，不像可乐、茅台等有较强的口味差异，容易形成品牌溢价，但好在乳制品市场空间足够大，以至于可以通过竞争形成一定的“护城河”，最终能形成寡头垄断的格局，最终的垄断者可以享受还算不错的利润率，叠加巨大的市场，最后能赚到大钱。中国乳制品行业在这些年的竞争中，形成了伊利、蒙牛双寡头垄断的格局，其他绝大部分品牌都死亡或萎缩了。

大市场同质化消费品行业的竞争，一方面规模效应作用很大，另一方面渠道、广告的作用巨大，这对已经成为寡头的企业非常有利。寡头企业更有规模效应，成本更低，产品价格更有竞争力，同时还有更多资源用于渠道和广告的投入。伊利股份 2014 年的销售费用达到了 100.75 亿元，占营业收入的 18.5%，这笔巨大的渠道、品牌推广费用，是一般乳企承受不了的。伊利股份 2019 年的销售费用已经达到了 210.7 亿元！占营业收入 902 亿元的 23.3%！这巨大的销售费用投入，能够帮助伊利股份占据消费者的心智，再叠加成本优势，就能形成一定的“护城河”，加剧弱小乳企的衰亡，形成行业壁垒。

面对产品无差异化、市场巨大的行业，在其形成寡头时再投资，则确定性大且收益也很不错——面对这类行业，这是我的投资策略。如果在市场处于红海惨烈竞争时投资，虽然选中了未来的垄断者，收益会非常惊人，但选不中的概率却很大。我想也很难有人能在混战中准确判断谁能胜出，即便是身处竞争中的企业掌舵者也难以做出这样的判断。

（2）食品安全“黑天鹅”风险判断

乳制品行业经过2008年三聚氰胺事件后，食品安全风险在行业得到了很严格的控制，这方面再发生黑天鹅事件的预期反而大幅降低了。

（3）市场空间判断

虽然彼时买伊利股份时市场已经形成了伊利和蒙牛的双寡头格局，但乳制品市场空间仍然巨大。2015 年 5 月 9 日，中国奶业协会秘书长谷继承介绍，我国已是全球奶类生产、加工和消费大国，但人均奶类消费水平依然较低，约为亚洲平均水平的二分之一、世界平均水平的三分之一。伴随市场消费量的增长，品质提升带来的价格提升，加上市场进一步集中，再叠加通货膨胀，2015 年时判断伊利未来 10 年依然有 4 倍以上的利润增长空间。

以今天来回顾，伊利股份利润从 2014 年全年 544 亿元营业收入增长到 2019 年的 902 亿元，利润从 41.44 亿元增长到 69.34 亿元，营业收入增长了 65.8%，利润增长了 67.3%，利润增长率年化约 10.8%，实际是低于当初预期的。但无论是公司利润增长还是股价增长，都远远高于同期大盘指数的增长：5 年前买入时上证综指 5178 点，今天 3403 点，上证综指下跌了 34.3%。可见好公司是可以穿越牛熊的。

（3）公司优秀

伊利股份毛利率多年来一直领先于行业平均水平，维持在较高水平，这反映了公司强大的产品竞争力，特别是高毛利产品（如安慕希、金典等）销售顺畅，营收占比逐年提高。大部分小乳企毛利率远低于伊利和蒙牛，竞争力日益减弱。拿国内市场最大的常温奶来说，20% 的毛利率是一个生死线，低于 20% 毛利率时企业就没有利润了，一般会选择退出。

伊利股份的管理堪称行业标杆，三项费用占比一直稳定，且处于行业最优秀水平。

公司净资产收益率多年在 20% 以上，长期处于 25% 以上，远远超过同行。用杜邦分析法分解伊利股份净资产收益率结构，可以发现其净资产收益率优势主要建立在“总资产周转率”优势之上，其总资产周转率长期在 1.5 次/年左右，长期高居乳业第一，傲视全行业。

在营运能力方面，伊利股份的应收账款周转天数长期处于 10 天以下，低的时候只有 3 天左右，应收账款周转天数长期是行业最低，而应付账款天数则为数十天，常达到七八十天，应付账款周转天数又是行业偏上的水平，伊利股份在产业链上下游均具有很强的议价能力。

伊利股份负债率大多时候在 50% 左右，比较适度，其中非息负债占比一直大于 50%，有息负债率仅占总资产 20% 左右，一方面负债风险可控，另一方面也体现了公司对上游的议价能力。

公司货币资金常年远远大于短期负债，现金流充沛，流动性风险几乎可以忽略。

经营性活动产生的现金流净额常年远大于净利润，利润的现金含金量非常高。

分红稳定，股利支付率较高，分红率不算低。

（4）未发现公司财务造假情况

（5）不足

行业已经过了高速成长期，增长速度不高，股价爆发式增长预期不高（但长期收益率依旧不低）。

（6）估值

对于常年稳定增长、表现优秀的处于垄断地位的必需消费品公司，市场通常会给伊利股份合理估值范围为 15～25 倍市盈率，20 倍市盈率以下可以买入，15 倍以下可以加倍买入；30 倍市盈率为高估，35 倍市盈率即可卖出等待价值回归。目前伊利股份 40.59 元的价格对应的静态市盈率约 33 倍，动态市盈率约 38 倍（今年一季度受疫情影响预计盈利下降所致），对我来说已经高估了，达到了随时卖出的价格。

未来伊利股份利润按年化 10% 增长率估计，以 20 倍市盈率为合理估值基准，35 倍市盈率就透支了近 6 年的利润增长；以 25 倍市盈率为合理基准，35 倍市盈率则透支了 3.5 年的利润增长。股价总是围绕着合理价值中枢波动，在未来 3.5～6 年里，伊利股份的股价极大概率会回到 20～25 倍市盈率，现在的价格，在未来3.5～6年里，必定会是一个高点。除非市场一直给予伊利股份30倍市盈率以上的高估值，或者公司突然进入新的快速发展轨道，而这两种情况出现的概率都不高。

不过由于伊利股份今年二季度业绩大涨，市场热情很高，短期内还有上涨惯性；另外伊利股份2020年二季度业绩大涨，可能是疫情促进了牛奶的消费，毕竟中国牛奶的渗透率不高，新冠疫情期间抗疫专家张文宏对多喝牛奶帮助抗疫的宣传作用也很大；还有预期政策鼓励内循环，也会有利于国产奶。基于此，考虑暂时观察不卖，先捂一捂，但做好随时卖出的准备。这时，要不断提醒自己，《道德经》云：知足不辱，知止不殆，可以长久。

规模经济

企业经营规模如果不能形成供给侧规模经济，这样的规模是没有意义的，这样的生意模式是难以做大的，即便做大了，也会随时受到进入者的挑战。理发业就是这样的行业，所以理发业多以小规模个体经济为主。

供给侧规模经济一个最大的意义在于成本的降低，采购成本的降低、生产成本的降低、销售成本的降低，成本降到足够低，就能形成行业竞争的壁垒，阻挡很多有新创意但实力不够大的企业进入。这些小的挑战者的创意，会成为已经形成规模经济大企业的进步动力和营养。

连锁经营模式是供给侧规模经济的典型代表之一，一方面统一采购，另一方面统一品牌，可以规模化降低采购成本和销售成本。规模化的连锁经营还能带来同时在多处分别做实验的好处，在不同的连锁店同时做多个实验，由于每个连锁店相对独立，实验失败对整个企业影响很小，但实验成功却可以迅速推广形成规模需求经济。

大市场、产品同质化的消费品行业也是经常能形成供给侧规模经济的行业，比如乳业、白电等行业，在竞争中形成供给侧规模经济的企业将不断蚕食市场份额，最终垄断市场，比如乳业的寡头垄断者伊利股份和蒙牛乳业，白电行业的寡头垄断者格力电器、美的集团和海尔智家。

平台模式的企业通常同时具有供给侧规模经济和需求侧规模经济。平台上的产品或服务供应方越多，平台建设和推广的成本就被摊得越薄，而互联网平台类企业的成本几乎都是固定成本，其边际成本几乎为零，达到一定规模后，新增加一个供应方或消费者所带来的成本几乎可以忽略不计。平台型的企业通常也有需求侧规模经济，平台有一定规模后，能增加获客能力、降低获客成本。平台供给方越多，需求方往往会越多，需求方越多会进一步刺激需求方的增多，需求方越多又会刺激供给方的增加，形成良性循环。

身边最传统的平台是美食街，当各类餐馆扎堆的时候，食客就会扎堆，不同的食客在聚餐的时候会不断向美食街引流，最终食客的规模效应足以覆盖并超过餐馆扎堆的分流效应，形成餐馆和食客的双赢。当然，美食街的房租也会上涨，平台本身也获利。

现代平台的典型例子是互联网平台，比如电子商务的京东和淘宝。互联网电子商务平台一旦建立，新增加一个商家或消费者几乎不会带来新的平台建设成本，而新开发的一个功能却能瞬间覆盖所有商家和消费者。

由于互联网平台的跨时空特性，其挤出效应远远大于传统平台。美食街再火，也不会把其他餐馆都消灭掉，互联网平台一旦形成规模，其聚集效应能很快将竞争者挤出市场，短时间内就能形成对整个大市场的绝对垄断。互联网平台的成功，具有造富快、产生财富规模巨大的特征。

投资这三类规模效应的企业，需要根据其商业特点，把握好投资的节点。投资太早，行业竞争形势不明朗，很难判断谁能胜出，且胜出的运气成分非常大。在这类行业竞争早期投资，一般是风险投资的范畴，需要较大的资金量，即便是某个行业的专业风险投资者，通常也是采取“撒胡椒面”的方式，最终用一家胜出的巨大回报来覆盖大量失败的成本，只有极少数业内非常专业的投资者能够通过专业性提高投准的概率，一般的普通投资者还是不要参与的好。当竞争格局已经清晰，寡头初步形成时，是投资这类企业的最好时机——确定性大，回报率却一点也不低，甚至是很高。

雾霾和水泥

虽然是出短差，但我还是习惯性地拖着箱子来到西安，箱子里装的是跑鞋和几套跑步的衣服，结果连续三天雾霾，没有出门跑步。打开地图 App，那条从唐山—北京—太原（石家庄）—郑州—西安的空气污染带清晰地还在，但已经好多了，特别是北京，这两年雾霾已经很少了。绿水青山就是金山银山，北京周边关停并转了很多落后产能，代价不小，但环境改善的效果也很显著。水泥这几年涨价很厉害，即是代价之一，关停并转中，大量实力弱、技术落后的水泥公司消失了，洗牌后剩下的大公司、环保做得更好些的公司，不但活下来了，而且活得更好了，海螺水泥就是其中的突出代表，也因此利润飞增，股价飙涨。建筑业则因此叫苦，建材的涨价并不能完全向下游转移，在本来就走弱的行业形势下，就更不好过了，同样，这又是那些好公司的机会，从谁都能赚钱，到真正有实力的才能赚钱，“剩者为王”。我所在的环保行业也是如此，目前难熬的行业低谷，是优秀企业变得更强大的机遇。励精图“质”，才能行稳致远。

第十篇

心手合一

心到手到、心手合一才是真知道。所以把日常总结的投资方面的具体思路和做法也零散摘录如下，并不系统，仅作印证。这些关于具体股票和具体观点的分析以及看法，一定要放到我的整个认知体系和交易体系中去看它们，看它们是否一致，并能取得总体好的结果，如果孤立地、静态地看这些具体的分析和看法，很多都是可笑的谬误。

今天卖出了伊利股份

2020 年 9 月还是下决心卖出了持有整整 5 年的伊利股份，5 年累计收益率 138%，年化收益率约 19%。为什么要在这个价位卖出，前面做了估值分析，这里就不再赘述，但最终下决心马上卖掉，还因为在这个价位拿着它心里总是不踏实。

也许卖出后伊利股份还会继续上涨，甚至还有可能上涨很多，像当下同属消费行业的海天味业近 90 倍市盈率、30 多倍市净率，恒顺醋业近 80 倍市盈率、近 11 倍市净率，安记食品超过 70 倍市盈率，市场的疯狂是不能完全用理性来解释的。我完全看不出有什么理由能支撑海天味业、恒顺醋业、安记食品在近三五年内实现业绩有这么大的增长，以使其当下的股价能够看起来合理。

拿海天味业来看，海天味业是做酱油的（其他产品占比较小），酱油主要就是中国人消费，其他国家没有消费酱油的习惯。目前酱油整个行业产量约 1000 万吨/年，合人均 14～15 斤/年（意味着人均每月要吃掉 1 斤多酱油），就算未来还有 1 倍的增长空间（人均一个月吃掉约 2.4 斤酱油），未来酱油市场空间为 2000 万吨/年。海天味业目前的产量已经达到 224 万吨/年了，市场占有率已经超过了 20%，就算未来海天味业酱油市场占有率能达到 40%，但这个增长并不是短期就能实现的，何况酱油并不是一个差异化很强的产品，千禾味业、李锦记、加加食品等一众品牌在参与竞争，40% 的市场占有率并不是一个容易实现的目标。近年来，一方面得益于高端产品的提价，另一方面主要是得益于散装酱油和小品牌酱油退出市场，品牌酱油增长迅猛，但从上面分析可知，除去涨价，海天味业未来的成长大约还能有 4 倍，但这需要一个较长的时间来实现，当达到 4 倍产销量增长后，海天味业将进入低增长期。低增长消费品市盈率合理估值在 20 倍左右，海天味业当下 90 倍的市盈率几乎将未来的成长透支得差不多了。另外，需要注意的是，在未来几年消化当前估值泡沫期间，我们无法确定海天味业是否会出现问题，如管理问题、市场偏好改变、竞争对手异军突起、“黑天鹅事件”等。一旦出现任何一个问题，戴维斯双杀效应对价值的毁灭就是非常恐怖的。

这一轮消费行业股价的疯狂上涨，一方面是对全球放水形势下通货膨胀的反映，另一方面是对中美贸易战甚至是未来更激烈的摩擦的反映，当然还有对消费行业在经济不景气叠加疫情防控期间依然能保持增长的反映，但所有这些反映都不足以支撑如此高的股价。如果阅读过《乌合之众》和《非同寻常的大众幻想与全民疯狂》这两本书，我们就能理解这种非理性行为。市场情绪往往把利好或者风险放大，甚至是放得很大，如果市场价格走势正好和利好或风险同向，就会产生循环叠加效应，最终形成群体性疯狂行为，即便是机构也会一样疯狂参与其中。

伯纳德·巴鲁克说："人们无论试图做成哪件事，似乎总会被驱动着做过了头。所以，当希望高涨之时，我总是再次告诫自己：'二加二仍然等于四，谁也不曾发明过什么方法，可以做到没有任何付出却可以有所收获。'而当展望前景陷入悲观之际，我又会提醒自己：'二加二依然等于四，谁也不能让人类长期消沉下去。'"

当前伊利股份的股价虽然还没有疯狂到那种地步，但足以让我感到不安了，已经至少需要近 5 年的可预期增长来消化其较高的估值了。"二加二依然等于四"，我还是卖出它让自己安心面对风云吧。

沃伦·巴菲特卖出了航空股

沃伦·巴菲特在 2020 年 4 月 2 日伯克希尔·哈撒韦公司年度股东大会上说 4 月清仓了美国四大航空企业股票，是美国航空公司、达美航空公司、联合航空公司和西南航空公司。是清仓，全部卖出。之前不久的 2 月 27 日，在市场恐慌之际，沃伦·巴菲特曾以平均 46.40 美元的价格，购买了 97.6 万股达美航空，并称不会出售航空股，这笔投资如果按 24 美元的出售价格计算，沃伦·巴菲特亏损了 48%。

在股东大会上，沃伦·巴菲特说："不得不说我之前在这方面的判断是错误的。目前航空业处于一个很艰难的状况。航空公司会做一个非常巨大的改变，会借很多的钱，自己的利润会吐出来，回购自己的股票，这都会影响它们之后的经营，未来显得模糊不清，尤其是在旅游、航空、邮轮、酒店行业，航空公司受到的影响巨大。如果现在再购买航空公司股票风险会更大。”

面对沃伦·巴菲特的这波操作，有各种评论，有的说沃伦·巴菲特老了、过时了，有的说已经跌了这么多，应该是抄底的好时候，为什么还要亏损这么多卖出呢？

就我而言，我赞同沃伦·巴菲特的卖出，一是无论何时，都要忘掉买入成本，自己手上的只是现有资产，这个资产的价值跟当初买它花了多少钱没有任何关系，卖出只需要评估它是否有风险、是否值；二是面对可预期影响超过一年的疫情，足以导致很多航空公司倒闭，这个概率已经非常高了，当下的航空公司的资产无论其现在价格多少，都面临归零的风险。面对永久性损失的风险，所以，必须避开。面对大概率可能更差的未来，在当下航空股价格还不算太差的时候斩仓卖掉，我认为不失为一个好的操作。

银行和保险

经验告诉我们，那些经久不衰的，未来可能依旧经久不衰；那些新出现的，大概率会快速衰亡。正如金字塔立在那里几千年了，未来它大概率还会立在那里，而如雨后春笋般耸立起来的高楼大厦，大概率会在金字塔倒下前倒下。世界知名的保险公司、银行，很多都有超过 100 年甚至 200 年的历史了，未来大概率还会继续活着。

风险永远无法杜绝，保险就会永远存在，这就是保险这个行业经久不衰的道理，而保险行业的规模会随经济规模、人口规模增加而增加。

个人受再生产能力限制，就会把多余的钱储蓄起来；企业有能力不断扩大再生产以创造财富，就会不断借贷，提供资金借贷专业中介服务的主要就是银行。借贷、投资是很专业的事情，其关键的核心能力就是风险控制，银行具备这个能力，所以这门生意几百年了，越来越兴盛。前几年兴起了 P2P 借贷，刚出来时，有朋友投资做 P2P 平台拉我入伙，经仔细研究后，我断然拒绝了，我断定其大多将灰飞烟灭，因为风险控制是金融行业的核心，而 P2P 把风险直接交给了毫无风险分析和控制能力的个人资金提供者，这就必然会是一片狼藉的结果。牌照门槛叠加风控门槛，这让银行业很难被颠覆，更何况银行业的科技含量非常之高，丝毫不逊色多数的互联网企业，甚至可以预见，未来没有巨额科技投入的小银行会被领先的大银行挤压。银行业的规模会随经济规模的增加而增加。

保险业和银行业历经超过 200 年，它们现在干的事情，和 200 年前并没有多大变化，它们依然在用客户的钱进行投资。金钱不会过时，金钱永不眠，保险和银行就不会过时。

一个经久不衰的行业，历经时间的洗礼，常常会强者恒强，在数字化、互联网科技的加持下，保险业和银行业必然会加速强者恒强这一现象。

如果相信这些，那么面对2020 年上半年低估值的保险和银行，面对中国未来可期的继续崛起和持续增大规模的经济总量，那些优秀的保险公司和银行，就是风险极低、收益确定的良好资产。

小镇养不活两个理发师

有些行业容不下太多竞争者。这样的行业，当竞争者少或者均衡的时候，大家日子过得都不错，但如果这时候新加入一个竞争者，就可能大家都没有饭吃。电梯媒体行业就有这个特征。

分众传媒是做电梯媒体的，经过多年的拼杀，成了行业老大。得益于电梯媒体强制观看的特性，分众传媒得到了广告客户的认可，创造了收益的高速增长，也创造了股价的一路狂飙。但后来分众传媒股价却从 2018 年的 12 元多一路下跌，至今仅有 4 元了。这一路的下跌，有在这期间广告行业受经济不景气影响的原因，也有这次疫情影响的原因，其中还有一个重要原因是行业里杀进了一个搅局者——新潮传媒。新潮传媒陆续融资约 60 亿元，其中不乏百度、京东的战略投资，正因如此，新潮传媒为了抢占市场，快速铺占屏幕，低价吸引广告客户，分众传媒不得不应战，一方面要向二、三线低价值城市铺屏幕跟新潮传媒抢屏幕，另一方面不得不降价保客户，同时还要承受宏观经济、疫情的影响，分众传媒的盈利能力迅速下降，股价也跟着坠落。

新潮传媒 60 亿元的投资看似不小，其实跟分众传媒比起来也只是个零头，因为分众传媒2017年、2018年每年的净利润就有60亿元，但为什么新潮传媒还是会对分众传媒造成这么大的冲击呢？这是由行业特点决定的，梯媒这个广告细分行业其实并不大，一家独大时，日子很好过，利润率也很高，但如果有两个巨头存在，就会迅速变得大家都不挣钱，因为这个行业容不下两个巨头。这好像一个偏远的小镇，人口比较有限，镇上有一个理发师，他的日子过得还不错，一旦有了两个理发师，则两人都活不下去，因为业务量养不活两个理发师。或者由于竞争加剧，导致整个行业的总利润大幅下降。

所以，在这一轮分众、新潮的竞争战中，大体最终只能有一个胜出，另一个要么死掉，要么边缘化地苟延残喘。目前看，如果没有新的“输血”，新潮传媒大概率会倒下，只是看能拖多久罢了。

地球很大，地球也很小，因为资源是有限的。美国已经建立起了国际的主要规则，并把这套规则变成了自己觅食的有效手段，这几十年来美国简直就是躺赢。中间一旦发现卧榻边有人酣睡，立刻就动用大棒把他赶下去，德国、苏联、日本都这样被赶下去了。因为美国深刻地知道，一旦有挑战者威胁到其地位，打破其建立的规则，其地位和利益将受到巨大损失。

这一次是中国，但中国的运气真的实在好。以前我们不但不搞计划生育，还鼓励多生，这导致了1962—1975年间中国史无前例的婴儿潮，本来就穷困底子薄的中国，要养活这么多人可真不容易，原本是个难题，但2001年的“9·11”事件把美国的注意力从亚洲吸引到了中东，很大限度缓解了南海撞机事件中美冰点的关系，助推了中国加入WTO，使中国全面参与到全球分工中来，充分发挥了中国当时大量、便宜且勤奋拼命的劳动力的优势，成就了中国世界工厂的地位。中国的应试教育饱受诟病，但却造就了一大批工程师，这为科技发展和互联网应用，奠定了基础，使中国在全球科技、互联网飞速进步中赶上了时候。2007年美国次贷危机带来的全球性金融危机，因为需要中国的增长，需要中国买美债，这又让美国软了手。几件意料之外的事件凑在一起，让中国有了20年的超高速发展，最终变成了今天让美国感到恐惧而不仅仅是威胁的中国。

地球很大，地球也很小，因为资源是有限的。中国人也想过好日子，如果中国人对资源的消耗跟美国人一样，很难想象现在世界的资源供给状况，用一个指标就能看得很清楚：美国人均能耗是中国人均能耗的5倍，中国人口是美国人口的4倍多，如果中国人均跟美国人均消耗一样多的能源，恐怕能源价格要涨到天上去。除了资源，当然还有制度和文化之争，不过这都是边角附属的东西了。

中美这样两个大国对资源的竞争，是不可调和的，正如分众传媒和新潮传媒的矛盾不可调和一样。中美之间再也回不到以前所谓的“婚姻关系”了，虽然当下在经济上相互依赖度非常之高，但未来很长一段时间，美国必定走向去中国化的路子，不光是美国要去中国化，还会逼迫其一众“小弟”去中国化。这就是我们将面对的形势，一方面我们跟发达国家还有很大的差距，另一方面还会受到来自以美国为首的发达国家的长期打压。好在第一代领导人不惜代价造出了原子弹，后来的领导人即便在大裁军的主基调下依然大力发展导弹和核潜艇，使中国拥有了毁灭打击的能力，使我们不会轻易像伊拉克、阿富汗、利比亚等那样被战争威胁。

未来艰苦奋斗是少不了了，同时还要有耐心、有智慧。有耐心是要保持定力做好自己，同时要耐心等待对手犯错；有智慧是要运用智慧团结一切可以团结的力量，化解一切可以化解的非主要矛盾，并在跟美国的斗争中打好“太极”。

新的革命性的可以提升全球生产力水平的技术创新，是解决目前全球面临的巨大矛盾的根本方法，但目前看短期难以实现，所以，面对未来的形势，一边大力发展科技，一边想尽一切办法扩大内需，降低对外部的依赖，既是需要的也是必要的了。

怀璧其罪

科大讯飞这家公司是做语音识别起家的，起步早、技术强。公司上市10年，股票涨了几十倍。那这家公司有没有前途呢？好几年前我的判断就是：这家公司的前途总是让我感到不放心。

从公司所在领域看，语音识别技术未来空间很大，人机交互会越来越多，对语音技术的需求会越来越广泛，依赖度会越来越高，比如汽车导航系统、机器人等，未来的趋势是大量的人机互动要通过语音交互来实现。

这个行业未来发展空间巨大，科大讯飞公司技术领先，市场占有率很高，为什么我会担忧它的未来呢?

正因为这是一个有着刚性需求、发展空间巨大的行业，才对于科大讯飞这样靠单一技术领先，并靠出卖技术为生的企业来说，很危险，所谓怀璧其罪。对于腾讯、阿里巴巴、京东、百度、华为、头条、微软、谷歌等巨型公司而言，这项技术是它们必需的关键技术，这项技术仅仅在它们自己的现有业务应用中，就有着巨大的效益，因此，这些平台型的巨头公司，一定会投入巨资研发这项技术，而这项技术只要投入巨资，就一定能被攻破。当这些巨头有了自己的语音技术，那么这项技术在自己的业务上的应用价值就已经足以覆盖其研发投入，再把这项技术在科大讯飞的市场上以低价，甚至是免费推广应用，会迅速导致科大讯飞死亡。这些巨头为了巩固自己的市场地位和抢夺数据，一定会用极低的价格，甚至是免费的方式把这项技术推向市场。这就是我担忧科大讯飞的原因。

我认为对于科大讯飞来说，最好的出路是在巨头们刚开始认识到语音技术的重要性时，以高溢价把自己卖给他们，然后继续专注于做好语音识别的技术研发和应用。还有另外两条路，看起来都不太好走，一条路是把自己变成平台型公司，另一条路是继续跟巨头们在语音领域抗衡。一家单一技术公司想要转型为平台型巨头，比创业可能要更难，而继续跟巨头们抗衡，结果大概率是死亡。无论科大讯飞选择转型为平台公司还是继续跟巨头们在语音方面抗衡，去挖掘现有产品和服务的价值，去构建和提高客户转换成本，都是非常重要的守势防御的必要手段，如果连构筑较高的客户转换成本都实现不了，还不如早点卖身求活为好。

说到这里，我想起了一位咖啡行业的资深人士对创业者说过的话：“如果你开了一家普普通通的咖啡馆，但撞大运找到了一个好市口，那么最好的方法就是在生意最好的时候卖掉，你其实是在为那些连锁咖啡馆选址节省试错成本，它们特别喜欢把新店开在那些没有太多特色却生意不错的咖啡馆的旁边。”

我还想起了个人电脑行业，在个人电脑行业竞争很激烈的时候，IBM 看到了行业的天花板和赚钱的辛苦，于是卖出了个人电脑品牌 THINKPAD，这笔交易对IBM来说非常合算，因为有较高的溢价。对比惠普，当其个人电脑业务陷入困境时才决心卖出，这时候市场上已经没有人会给出惠普可以接受的价格了。

对于科大讯飞来说，不管对自己有多么高的期望，在激烈的商业竞争中，自己所拥有的语音识别这个有价值的资源只有两个结果：要么落到配置效率更高的人手上，要么被毁灭。就像当年的戴威不愿意把小黄车卖给资源配置效率更高的滴滴，也不愿意与运营效率更高的竞争对手合并，最后的结果就是毁灭价值。

事出反常会有妖

有朋友向我咨询君正集团，因为公司2019年分红雄冠A股，年度分红率接近12%（每股当年分红数除以当前股价）！朋友很看好该公司，但不知道为啥公司股票不涨。

我第一反应是："一个公司股票为啥不涨我也不知道。不管公司是好是坏，是低估是高估，为啥当前涨还是不涨，这个只有神知道，我说的是真正的神仙，不是股神，因为最大的股神沃伦·巴菲特也不知道。"

然后我简单看了一下君正集团近几年财报的关键数据，发现：

该公司上市十年间，就去年和今年分红高，前10年分红率极低，10年累计分红融资比仅65%，累计值也只是一般。且今年的股利支付率达到了惊人的118.52%，就是说它今年的分红额是全年利润的118.52%！这种分红率是完全不可能持续的，用不了几年公司就会垮掉。

再深入一点看公司财报其他关键数据发现：

1. 该公司去年有100多亿元的并购（中化物流等），为此借了短期借款约70多亿元；

2. 并购后，固定资产增加了一倍多，达到130亿元，但销售收入仅增加了50%，利润没有相应增加反而略有下降。

3. 公司拟以自有资金112199.87万元对大安制药进行增资。大安制药2019年度净利润为1766.46万元，较2018年度净利润5949.93万元下滑较大。

4. 君正集团及君正化工将共计向安达天平转让所持有的华泰保险89912万股股份（占总股份的22.3568%），交易总价合计为人民币1078944万元。

5. 大股东杜江涛持股31.476亿股占比37.3%（含乌海君正科技公司持有的君正集团股份），但质押了8.873亿股。

一方面公司因并购增加了短期借债70亿元，另一方面拿出30亿元来分红，怎么看都不合理。这不符合常识——公司大笔借钱用来大笔分红！正常情况下，公司经营是不应该这么干的。事出反常必有妖，这让我非常怀疑大股东可能还干了别的什么生意，要么是别的生意出了问题，要么是别的生意需要资金投入，于是通过君正集团突然的高分红，拿钱堵自己的什么窟窿，或者发展其他对他更重要的生意。因为单看今年的分红，大股东杜江涛个人分红就达到了11亿元！公司令人眼花缭乱的并购和资产转让，却并没有提升公司的盈利能力。

虽然这么短时间的研究并不那么绝对可信，但由上也可以看出君正集团疑点较多。但凡发现公司有较大的疑点，我会选择远离，低风险的好公司有很多，我没有必要去冒无谓的风险。如果看错了，君正集团股价飞涨，我不遗憾，想一想第七篇“向野生动物学习避险策略”所说，想一想查理·芒格常挂在嘴边的那个乡下人所说，因为做错一次就可能回到“解放前”。

关于大股东股权质押

如果你跟人合伙做生意，对方是经营主导方，是大股东，而你只是个财务投资人。有一天你发现你的生意伙伴把他拥有的股权全部抵押贷款了，所贷款项拿去投资他自己别的生意了，你会怎么想？你还敢跟他合伙做生意吗？

面对大股东大比例的股权质押，对于小股东来说，尽早退出是个比较好的选择。

即便大股东质押股权融资后，把资金全部借给和你合资的合伙公司用，也要非常谨慎，要么是公司现金流极度紧缺，要么是公司投资项目不被市场认可无法实现项目融资，要么是项目真的好，但大股东收取较高的利息侵占了你的利益，无论哪种情况，这大多不是什么好的信号。

万一大股东质押的股权出了问题，他所持的股权就会易主，未来你和谁在合作都不知道，简直不可想象。

资产出售或核销

对于那些陷入困境时更换一把手的公司，或者实施重组的公司，如果新领导上台后或重组实施中，当年有很大的烂账核销、坏账计提、准备金计提、不良资产核销，看起来是大刀阔斧清除积弊，牺牲了当年的利润以便轻装上阵，而且第二年的确扭亏为盈或盈利大增，不要高兴得太早，不要轻易以为抓住了公司的反转机会。这时候，你需要认真细致地研究公司的财务报表，搞清楚是把应有的资产核销掉后在次年转为利润，还是真的盈利大增。如果不具备这个财务分析能力，不妨小心一点，多看两年，看其盈利增长是否可持续，避免踩坑。

当然，对那些主营业务一直优秀，因盲目搞多元化导致公司盈利下降甚至陷入困境的公司，如果大刀阔斧砍掉那些非主营业务，保留和强化主营业务的公司，也要多加注意，它很可能就此从“黄脸婆”恢复为“美少女”。

警惕投资增加时营造的现金流假象

当企业在建工程、固定资产较大增加时，有必要进一步了解其是否真的有相应的扩大再生产的投资。特别是其经营活动产生的现金流较好，投资活动产生的现金流较大的时候，这时候还有必要关注其筹资活动产生的现金流是否与投资相称。并且还要同时关注其自由现金流是否合适和安全。很多时候雷会埋在这里，通过把费用转移到投资中，美化经营活动产生的现金流，营造公司经营蒸蒸日上的假象或者公司经营没有下降的假象。

研发费用化还是资本化

对于科技公司、创新型公司（包括原研医药公司），研发费用是一笔不小的开支，我非常关注公司在对待研发投入的财务处理方式：是费用化还是资本化。

费用化处理研发投入的公司是更加负责任的公司，资本化的则有美化当期业绩之嫌。

创新是很不确定的事，成功概率并不高，投入了研发费用，未必会产生有效益的研发成果。费用化处理，是严肃和谨慎的做法，把研发投入当作当期的损益，而不是看作未来一定会有产出。这么做，一旦研发成功，就会给未来带来额外的增项，这是一种保守且做加项的处理方式，财报会更加保守、可信。而资本化处理研发费用的公司，是期望把研发费用在未来的年份里进行摊销，降低当年的费用，以提高当年的报表利润，使当年报表利润看起来更美。

对比一下两个公司的不同处理方式，感受一下企业的财务处理导向和企业文化、经营理念之间的关系：

第一个是华为公司。2015 年，华为专利申请数量全球第一，研发投入 596 亿元，全部费用化，研发资本化比例为零。五年来，华为的研发投入有 2000 亿元左右，无形资产只有 27.25 亿元。华为的实在、自信和强悍可见一斑。

第二个是乐视网，乐视的研发资本化率是多少呢？他们 2015 年年报显示，从 2013—2015 年，资本化率高达 60%，这样的财务处理方式，可以闻到浓浓的欺骗的味道。乐视会有惊人的财务造假行为，在这里已有相应的体现。

警惕很高的销售费用

相较于营业收入，企业财报上有很高的销售费用占比，说明产品本身的竞争力不足，要通过大量的销售费用来把产品卖出去。这样的公司风险很大，一旦受到相关的冲击，由于产品竞争力不足会导致灾难性的后果。这个在近年来医药行业体现得非常明显，那些销售费用在营收中占比很高的企业，在医保集中采购政策推出后，立刻如退潮时没有穿裤子，一切都变了，有的虽入了医保名录，但利润大幅下滑，有的连医保名录都没入则只能直面生死，但那些有核心竞争能力，有定价权的医药企业，却没有受到多大影响。

反过来讲，作为企业家，经营一家企业，通过很高的销售费用来获得市场高额的回报，也是很有风险的。我们不能迷恋这样的行为，即便这么做目前非常赚钱，也必须拿出更多的精力和资金投资于建立“护城河”，去为明天的生存努力。

狠抓管理经常是经营出现了问题

白岩松说：“任何一个单位只要到了开始强调考勤、打卡的时候，一定走下坡路。”白岩松只说了现象，没有说现象背后的根本原因。公司的管理是服务于经营的，如果一个公司的管理大于经营，差不多就是做错了。如果一个公司突然开始强调管理，作为投资者，是要引起足够警惕的。

如果是公司所处行业还在高速发展期，同时公司业务也在高速发展时，公司突然开始强调管理，可以安心些，这时候要判断是否是公司高层管理者有很强的远见能力，是不是公司高层管理者有着与生俱来的危机意识，如果是，那大可放心。比如华为在赚钱赚到手软时却战战兢兢、如临深渊、如履薄冰地狠抓管理，那是在为 10 年后做准备。

如果是行业和公司处于景气下降，由于经营出现问题、增长乏力而强调管理，就需要足够的警惕，公司很可能是找不到经营的突破口，于是将注意力转向了管理。在经营乏力时抓管理无可厚非，但如果不能同时集中精力解决经营的问题，反而认为是因为管理不足导致企业增长乏力，那多数情况只能是在狠抓管理的路上不断走向下坡。

不可否认，一个行业发展出现变化、遇到困难，最终那些抓好管理的公司，会有胜出者，并通过行业集中获取很高的收益，但谁能胜出却难以识别。作为普通投资者，不妨清仓、减仓观察。

市值管理与多元化

对非常强调市值管理的公司要予以警惕，这些公司往往不值得长期投资，因为公司管理层的注意力过多放在了公司股价的表现上，而不是企业内在价值的稳定增长上。

企业为什么强调市值管理，要么是大股东期望减持变现，要么是大股东短视，把短期利益看得比长期利益大，要么是公司杠杆率比较高，股价不涨或下跌对公司的经营有反身性影响，要么是大股东大比例股权质押等，这些问题对公司的长期发展都是不利的。只有那些注重关注客户需求和市场变化，关注企业核心竞争能力（“护城河”），关注企业长期稳定发展，关注利润增长，关注现金流，关注利润的现金成色，关注股东资产回报（ROE）的公司，才是值得投资的可选标的。

有的公司因行业或产品市场空间有限，有的是想通过搞新业务来提振股票表现，于是开始搞多元化，但多元化往往是公司走向价值毁灭或价值削弱的征兆，特别是非相关多元化。企业做好一个领域已经非常不容易，多元化往往是从熟悉的领域跨入新的领域，这无异于大学生变成小学生，在新领域里，原行业的优势荡然无存，劣势却凸显无疑。如果企业的多元化同时跨入多个不相关行业，除非公司已经成功转型为投资公司，不再做实体产业，否则几乎可以断定公司的盈利能力会下降。

与之对应的是那些拥有好生意，却因过往实施了多元化而处于困境的公司，如果企业调整战略，剥离那些乱七八糟的业务，回归主业的好生意，则会给予投资者很好的投资机会。

关注企业关键岗位的变化

年轻人做事情特别容易冲动，所谓初生牛犊不怕虎，一方面是血气方刚，另一方面是认知不足。在面对新事物，面对困难，或者面对旧体系、死气沉沉的团队需要冲击时，安排一些冲劲十足的年轻人担纲重任，借年轻人的冲劲去冲击，是一个好的方法。

使用这样的方法，需要注意几个问题，一是派出的年轻人思维方式是否开放，年轻人认知不足是必然的，如果思想开放，就不会自以为是，不会刚愎自用，要知道自以为是和刚愎自用是非常糟糕的，如果再加上认知不足，结果可想而知；二是派出的年轻人抗挫折能力是否足够，在经验和认知均有不足的情况下，面对这些困难的问题或环境，挫折是不可避免的，如果经不起挫折，可能既解决不了问题，还会毁了年轻人；三是如果派出的年轻人还不具备上述条件，那就要评估好需要解决的问题或需要改变的团队，行动失败了，结果是否可以承受；四是对年轻人扶上马还要送一程，要关心、关注他们，要给予他们足够的帮助和指导。

由于无法提供两个完全相同的工作环境，管理工作的结果往往无法做对比实验，当结果不好的时候，可以找到一万个说明其不成功的合理理由，却无法用成功的案例来做反证，这给了任务派出者和任务承担者很好的找借口或自我安慰的条件。投资股票则不然，市场就在那里，大家面对的环境是一样的，唯一不同的是投资者本人，结果好坏，特别是长期结果的好坏，足以说明投资者本人的认知和自控能力，即便为了维护面子找几句借口，心里也是虚的。

做管理工作结果不佳时可以找理由，拿自己的钱去投资找啥理由都没用，赚了就是赚了，赔了就是赔了，所以当企业起用年轻的一把手或 CEO 时，作为投资者要小心，要了解新任者是否思想封闭，是否自以为是或刚愎自用，如果是，不妨先回避看看。

关于关键岗位的用人，中国共产党的用人标准是值得学习借鉴的：要有一线、基层的工作经验，要有条条还要有块块的工作经验，要有一把手的工作经验……这些履历标准，更大概率防止了经验和认知的不足。管理和投资是相通的，因为买股票就是买企业的部分所有权，对于企业一把手或 CEO 的更换，不妨也用中国共产党的用人标准考察考察。

下一个是股权投资的时代

对于绝大多数的普通人来说，中国过去 20 年房地产的增值，使一个群体增加了极大的财富，造就了一大批中产。其原因是房产作为刚需，但凡有点能力的都要努力去够一够，在 20 年房价只升不降的大趋势里，在买房子几乎都会用到低息贷款这个优质杠杆的情况下，大多数通过买房赚到财富的，都是在被时代潮流裹挟中赚到的，而不是凭自己的投资能力。

在中国未来10年或更长的时间里，靠买房子发财可能很难了，而靠股权投资致富的时代到来了：一是证券市场越来越规范，越来越理性；二是创新成为主旋律，将造就一批又一批新的能创造新价值的公司；三是整个社会从供给缺乏过渡到供给过剩，供需市场结构调整，各细分市场都将快速提高集中度，那些有实力的好公司将优者通吃，变得强者恒强。

但可惜的是，股权市场不像房产市场，不是一个谁都能赚钱的地方。这里没有刚需的被迫投资，也没有确定的增长，股市巨大的非理性波动，对人性有着巨大的挑战，虽然总体看未来10年、20年股市整体是赚钱的，但这里最终会是一个少数有能力且能控制心性的人赚钱，而大多数韭菜赔钱的地方。房地产市场上帮助人们赚钱的杠杆，在股市里会变成让投资者倾家荡产的魔鬼。

没有投资能力的普通人，能分享社会财富创造的办法可能只有定投指数基金。认可自己笨可能就是一个优势，笨笨地定投，用熊市买的便宜去对冲牛市买的贵，最终获得一个社会平均收益，长期看是6%～8%的复合年化收益，能够战胜通胀和GDP的增长速度。

有人说，我可以委托投资能力强的人帮我投资。很不幸，识别投资能力很强的人本身并不比投资赚钱容易，除非你已经能稳定投资赚钱了，才能识别出那些投资能力很强的人，这说明你已经进入极少数具有投资能力的人的范围了。

什么股票投资方式最适合大众散户

今日头条上有一个问题推送给我：什么股票投资方式最适合大众散户？

我作答如下：

问题里讲的对象是“大众散户”，对于这个群体我想说：远离股市是最好的策略。

一是这个群体根本没有公司经营和股票投资的知识储备，二是这个群体根本没有股票投资应有的投资心态。这个群体只会如乌合之众般跟风，还自以为是地追涨杀跌，最终沦为韭菜。话说得很刻薄，但也算客观。

我非常敬佩本杰明·格雷厄姆，致力于发现、研究投资的真谛，穷其一生研究适合普通人投资的量化方法并推广。作为普通人中的一员，我本人也受益于本杰明·格雷厄姆，但正因为我是普通人，身边接触的也是大量的普通人，同时我也研究历史和人性，我深刻认识到普通人身上与生俱来的不适合投资且不可改变的人性弱点——来自基因遗传的特点。大多数人身上的这些特点，虽然在人类进化中总体是优势特点，但在面对投资时它们却是致命的缺点。

“大众散户”如果不投资股市，以10～30年为周期去定投沪深300指数基金，或者沪深300指数基金+必需消费品基金+金融基金+深红利基金+创业板50基金+恒生ETF基金这样一个基金组合，拿不用的钱、养老的钱闭着眼睛定投这个基金组合，长期看至少可以获得超越GDP增长的收益，并跑赢通胀。这个群体投资基金也最好是采用闭着眼睛定投，甚至是强制扣款的定投方式，否则自主决策就会被贪婪和恐惧左右，最终无功而返，甚至还会亏钱。如果再采取一点策略，比如大盘15倍市盈率以上时定投资金减半存着，待大盘15倍市盈率以下时加倍投出，收益率会更好一点。

当然，“大众散户”还可以选择把资金交给专业的投资机构、投资顾问帮自己打理，但难点在于如何识别投资机构、投资顾问的水平能力和品行。

大多数普通投资者并不适合直接投资股票，如果想分享上市公司的资本回报，我建议普通投资者可以通过投资股票基金，来获得资产达到甚至超过社会平均收益的水平。

我认为大盘平均市盈率大约是国债收益率2倍时（目前大约是小于15倍市盈率），是股票市场合理估值的中枢位置，以此为依据，推荐普通投资者采取如下策略来投资股票基金：

沪深300指数平均市盈率在12倍至16倍时每月定投沪深300指数基金，沪深300指数平均市盈率超过16倍时就减半定投资金，低于12倍市盈率时就加倍定投资金，超过20倍市盈率时就停止买入，超过30倍市盈率时就清仓等待，减投和等待期间的资金可投资于国债或货币基金。减投和等待期间积累的资金、卖出的资金可以分成10～15份，在沪深300指数平均市盈率达到 15 倍以下时加注到每月投资资金中，低于 12 倍市盈率时加双倍投入。

如果不单投资沪深 300 指数基金，可以选六只基金做组合替代：沪深 300 指数基金、必需消费品基金、金融基金、深红利基金、创业板 50 基金、恒生 ETF 基金。建议选场内规模比较大一些的 ETF 基金，费率低、买卖容易（场内基金是在股票市场里输入基金代码就可以买卖的基金）。

资金的投资期限一般要求不少于 10 年，即是说用于投资的资金 10 年内不会拿去干别的。

相信这套投资公式能大概率战胜大盘指数、GDP 增速、通胀、国债利率。一般情况下，长期年化收益率大概率能达到 8%，达到年化 10% 收益率的概率是很高的，赶上国运的话，达到年化 15% 也不是不可能。

这是我给不懂估值的普通投资者做的投资策略。对于大多数普通投资者而言，投资个股大概率是会赔钱的。在使用这套公式的时候需要注意的是，要绝对严格地坚守纪律，确定好每个月哪天买卖，不管当天是涨是跌，符合公式买的就要买，符合公式卖的就要卖，一定不要动脑子、不要犹豫。

这个投资公式不能让普通投资者一夜暴富，但却是有坚实的底层逻辑基础的，考虑了最大的概率，采用了更为保守的策略，作为资产配置的一种选择，可以帮助普通人保住自己辛苦劳动积累下的资产不被通胀侵蚀，还能获得超过社会平均资本回报的收益。如果能两代以上的人坚守这个策略，是可以把一个普通家庭变成富裕家庭的。

后　记

认知世界的方法千千万，世人眼中的世界千千万，本书的内容不过是对世界的一种认知，写这本书的初衷是想帮助那些像曾经陷入迷茫中的我的人认知世界，写完后才发现其实更是帮助我自己总结和认知世界。本书大约可以是认知世界的一个工具，一个非常粗糙的工具，所描述的既不是真实的世界，更不是真理，所以请批判地阅读、开放地阅读。如果这个工具不适合您，就不必再浪费时间读它，而且，读完就可以扔掉了——工具只是帮助自己达到目的的手段，就好像船是过河的工具，只有过河时才会使用，过了河或者不过河，都不要背着船是一样的。

在这里，我想引用古罗马哲学家，皇帝马克·奥勒留在其代表作《沉思录》中所说：

我们听到的一切，
都是一个观点，
而不是事实。
我们看见的一切，
都是一个视角，
却不是真相。

是的，本书也仅为个人的观点和视角，既非事实，也非真相。虽然本书对技术派做了大量的否定性描述，其实并不是技术派就一定是错误的和不能成功的，只不过是从我的认知范围和认知体系来看，他们的基本逻辑不成立。

本书并非专门为股票投资而写，而是在总结和分享对世界的认知、对价值的认知以及如何与世界相处、如何与自己相处，只不过世界如此之大，很难描述，于是借用股票市场来帮助说明罢了。无论赚了多少钱，赢得了多少名誉，获得了多高的头衔，如果解决不好对世界的认知、对价值的认知以及如何与世界相处的问题，则依然不能摆脱痛苦，不能获得安宁。如果能解决好这些问题，投资赚钱只是一个小小的副产品，精神层面、心灵层面的获得，是另一种不可计量的回报。如果本书的观点和视角，对您有所帮助或启发，就已经达到了我写作的初衷。《金刚经》在结尾时强调：“一切有为法，如梦幻泡影，如露亦如电，应作如是观。”如果我的观点影响了您，甚至改变了您原有的观点，但却使您坚信了我的观点，并捍卫这种观点，不容许这观点被挑战和被否定，那是我的失败，这并不是我的初衷，且违反了我的初衷。

本书成书付梓也是得益于方方面面，请允许我在最后表示对他们的感谢：

首先向我的家人致以深深的感谢！感谢父母以身作则，教我做一个正直诚实的人。父亲一生勤勉不辍，“天行健，君子以自强不息”；母亲宽厚仁德，“地势坤，君子以厚德载物”：他们是我一生的榜样。感谢妻子的陪伴，特别是在我最痛苦日子里的陪伴；还要感谢妻子将家庭财产全权交由我任意打理，从不干涉过问。感谢儿子，儿子就是一面镜子，照出了我平时看不到的自身缺点，帮助我自省和改变；还要感谢与儿子的一个约定让我走上了跑马拉松的路。感谢哥哥，从小教我、鼓励我勇敢，同时他对父母的照顾让我感动，也让我放心飘在远方。

其次要感谢百忙之中抽时间对此书予以点评和指正的师长和朋友们，感谢田春红、宋春光女士主动帮助核校和提出修改意见，你们的肯定让我有了更大的勇气和信心。感谢前人留下的著作，这些宝贵的思想财富是我跋涉在重修之路上的火把与拐杖。

最后要感谢所有在生活和工作中给我磨砺的人和事，你们同样帮助我成长。